차　　례

머 리 말

《조선어의미구조론》은 두가지 목적에서 집필되였다.

그 하나는 현대의미론의 연구성과들을 분석한데 기초하여 조선어의미론건설의 기초를 마련하는것이고 다른 하나는 지금까지 어휘의미분석에 머무르던 틀에서 벗어나 문장과 문맥의미까지 해석함으로써 조선어의미구조리론을 처음으로 체계화하는것이다.

현대의미론은 자연언어문법건설의 주류를 이루면서 여러가지 방향에서 개척발전하고있으며 그 연구성과들은 정보산업시대의 요구에 따르는 언어문자처리에 효과적으로 응용되고있을뿐아니라 언어과학자체를 의미론위주의 학문으로 정립해나가고있다.

조선어연구에 현대의미론연구의 성과들을 받아들여 우리의 언어학이 시대발전의 요구에 참답게 이바지하도록 하는 문제는 절실한 과제의 하나이다.

필자가 최근에 발표한 《현대의미론연구》와 함께 《조선어의미구조분석론》은 현대의미론의 개념과 범주, 견해와 주장들을 분석평가하면서 의미구조분석원리와 방법에 대한 지식을 주려는데 주목을 돌리였다. 또한 언어과학자체발전과 정보과학을 비롯한 최신과학기술발전에 언어학이 능동적으로 이바지하도록 하는데 힘을 넣었다.

제1장. 의미와 의미구조

제1절. 의미

1. 의미의 개념과 본질

《뜻이 깊은 말이라고 해도 경우에 맞지 않으면 우습게 들리거나 싱거운 소리로 되고만다. 인물이 처하여있는 정황에 따라서 같은 사상감정을 나타내면서도 말은 달라질수 있고 같은 말을 가지고도 서로 다른 뜻을 나타내는 때도 있다.》

통속적으로 말해서 언어의미란 말뜻이다. 말뜻은 단어와 문장을 비롯한 언어단위들에서 표현된다는것, 말을 하거나 듣는 사람, 말할 때의 정황에 따라 구체화되고 서로 다르게 개별화된다는것 그리고 말뜻은 언어의 내용면을 이루는것으로서 사람들사이의 의사전달의 내용, 사상감정의 표현으로 된다는것이 주되는 내용을 이룬다.

언어의미에 대한 이러한 통속적이며 과학적인 리해로부터 말뒤에 말이 있고 같은 말도 탁해서 다르고 툭해서 다르다는 심오한 철학적내용을 가진 명언과 속담이 나온것이다.

그러면 언어의미에 대한 언어학적리해에서 중요한것은 무엇인가?

첫째로, 언어의미는 말과 글의 내용면이기때문에 언어학의 주요한 연구대상으로 된다는것이다. 지금까지 의미가 언어연구대상밖에 놓인것은 언어체계를 순수한 기호의 체계로 보고 언어의 형식면만을 연구대상으로 취급하였기때문이다.

둘째로, 언어의미는 곧 말뜻, 글뜻이기때문에 말과 글의 여러 단위에서 다 나타난다. 어휘적의미 즉 단어의 《실질적의미》, 《지시적의미》만이 아니라 문장과 그 이상의 단위에서 이루어지고 표현되는 관계적의미, 문법적의미, 본문과 담화의 의미 등도 다 언어의미로 된다. 이것은 결국 의미론이 단순히 어휘의미구조만이 아니라 문장구조, 문맥구조, 본문구조, 담화구조의 내용면을 다루는 학문으로 된다는것을 의미한다. 현대언어학에서 의미론이 문법론, 구문해석의 기초로 되는 근거도 바로 여기에 있다.

셋째로, 언어의미는 정보전달내용과 사상감정을 표현하는데 작용하는 정황, 문맥 등 여러가지 언어외적측면들의 제약속에서 형성표현된다. 때문에 의미연구는 언어정황, 문맥을 떠나서 진행될수 없다.

이러한 관점에서 보면 언어의미의 언어학적개념의 폭은 대단히 넓으며 그의 본질은 매우 추상화되고 일반화되는 철학적깊이를 가지고있다는것을 알수 있다.

그러면 언어의미의 본질을 어떻게 해석할수 있는가?

《한 인간이 가지고있는 언어의 총량은 인식과 사유의 총량과 맞먹는다는 말이 있다. 자기가 볼수 없는 대상, 자기가 파악하지 못한 본질은 그 어떤 미사려구를 써도 사람들에게 전달될수 없다.》

인간의 자주적의식과 창조적능력에 의하여 인식되고 파악된 자연과 사회, 사람에 대한 지식이 언어적으로 형식화되였을 때 그 언어단위에 담겨진 정보적내용이 곧 언어의미로 된다. 때문에 언어의 총량과 인식과 사유의 총량이 맞먹으며 인식파악되지 못한 지식은 언어로 표현할수 없다. 이것은 언어적의미는 반드시 사람의 자주적의식과 창조적활동에 의하여 형성되는 인간사유의 결과물이라는것을 말하여준다.

결론적으로 말하여 언어학에서 의미란 자주성과 창조성, 의식성을 가진 인간이 언어를 수단으로 객관세계로부터 얻은 인식과 사유의 결과를 표현, 전달할 때 언어단위에 담겨진 정보적내용을 말한다. 이때 의미와 관련된 대상들을 보면 사람, 객관세계, 언어적수단이다.

여기에서 사람은 의미창조의 주체이며 객관세계는 사람의 인식과 사유의 대상이고 언어적수단은 음성 또는 글자이다. 음성과 글자는 의미의 형식을 이루고 객관세계는 의미창조의 대상을 이루며 이것을 대상으로 하여 의미를 창조하는것은 인간이다. 다시말하여 의미의 내용은 개념과 판단이고 의미의 형식은 음성 또는 글자이며 의미창조의 주체는 사람이다.

이것은 언어의미는 사람에 의하여 창조되는 사회적현상이라는 것을 말한다. 그것은 음성과 글자도 사람에게만 고유하고 사람에 의하여 창조되며 객관세계로부터 얻어지는 개념도 사람의 인식, 사유활동의 결과이기때문이다.

특히 깊은 뜻을 담은 글이나 문장을 만들려면 주위세계에 대한 과학적인식, 인간생활의 본질에 대한 정확한 리해와 인민적이고 규범적인 언어수단과 수법의 탐구가 안받침되여야만 실현될수 있다.

말을 하고 글을 쓰는 일반원리에 대한 이러한 리해는 언어의 본질적특성으로부터 출발한것이다.

언어는 자주적인간의 창조적로동과 의식활동과정에 창조되고 변화발전하는 사회적현상이다. 인간은 고도로 발전된 인간의 두뇌와 발음기관에 의하여 주위세계에 대한 과학적인식과 창조적사유 그리고 그것을 표현전달하기 위한 발화, 서사능력을 지니게 된다. 이것은 세대와 세대를 걸쳐 그리고 민족적테두리안에서 끊임없이 이어지고 발전완성되며 그에 따라 의사표현, 전달기능도 높아지고 언어도 발달된다.

이러한 일반적원리로부터 사람의 언어행위는 그것이 그대로 언어창조인 동시에 언어사용과 언어발전과정으로 되는것이다.

언어의미는 이 원리에서 벗어나지 않는다. 그것은 의미도 언어의 구성요소이기때문이다. 즉 어음 및 글자를 형식으로 한다면 의미는 그 내용으로 된다. 의미가 언어의 주요구성부분이기때문에 의미의 본질도 언어의 본질속에 있으며 의미의 창조와 변화발전도 언어의 변화발전 및 그의 사용과정과 직접적으로 련관되여있다.

언어의미는 자주성과 창조성, 의식성을 가진 인간이 인식과 사유과정에 얻어지는 개념과 지식을 음성이나 문자로 형식화하여 표현하거나 전달할 때 거기에 담겨진 정보적내용으로 나타난다. 때문에 언어의미는 인식과 사유, 객관세계의 대상과 현상을 음성과 글자로 형식화한 단어와 문장 등의 결합체로 이루어지는데 그것은 반드시 민족적인 공동의 인식과 규범성을 지닐 때에만 형성된다.

이러한 언어의미의 본질적특성은 무엇인가?

첫째로, 그것은 인간의 창조물이라는것이다. 사람의 자주적인 인식 및 사유활동과정에 객관세계에 대한 정확한 개념과 판단이 이루어지고 전 민족적인 언어의식에 기초하여 공동의 언어형식(단어화, 구문화)이 형성되고 규범화될 때에 언어의미가 완성되는데 이때의 그 모든 과정은 철저히 인간의 자주적이며 창조적인 의식활동과 언어구사를 통하여서만 실현된다. 언어의미의 창조와 변화발전은 곧 언어의 창조와 발전풍부화로 되며 이것은 전적으로 인간의 자주적의식과 창조적활동에 의해서만 이루어진다.

둘째로, 언어의미는 철저히 민족적성격을 가진다. 그 어떤 언어의미도 개인적인 창조물로 될수 없다. 같은 사물현상에 대해서 언어마다 서로 다른 언어형식(어음적외피)을 가지게 되고 한 언어(민족어)안에서 누구나 다 꼭같은 언어표현과 의미인식이 이루어지는것은 언어자체가 민족적성격을 지니기때문이다. 물론 인간의 론리적사유와 객관세계의 사물현상 그리고 사람의 발음기관은 공통성을 가진다. 그러나 그것이 언어와 언어의미를 형성하는데서는 민족적특성을 고유한 속성으로 가지게 된다. 아무리 인간사유의 론리적형식이 같고 사람의 발음기관이 공통성을 가지며 객관세계의 사물현상이 일치한다 하여도 사람들의 공고한 사회적집단인 민족에 따라 언어형식을 달리 취하게 되고 언어의미를 각이하게 쓰게 된다. 이것은 언어자체의 본질적특성인 동시에 민족의 고유한 특성을 나타내는 주요한 표징으로 된다. 여기로부터 언어의미는 민족에 따라 다르고 또 전 민족적으로 공통의 인식을 지니게 된다.

언어의미의 이러한 민족적성격은 그것이 다른 민족어와 구별되는 주요한 표식으로 되는 동시에 해당 민족안에서는 누구나 다 꼭

같이 인식하고 사용하는 특성으로 나타난다.

셋째로, 언어의미는 끊임없이 변화발전한다. 의미는 고정불변한것이 아니라 끊임없이 변화발전한다. 그러한 변화발전은 언어의 창조자이며 소유자인 인민대중의 언어사용과정에 의하여 이루어진다. 물론 언어의미는 의미적핵을 바탕으로 하여 기본의미가 보존되고 계승되지만 그것이 언어사용과정에 끊임없이 보충풍부화된다. 이것은 의미의 파생, 분화, 전의현상 등으로 나타난다.

언어의미의 이러한 가변성은 의미형성의 제 요소들인 인식과 사유, 사물과 현상, 음성과 글자의 변화발전에도 기인되지만 그보다는 언어사용과정에 사람들의 언어창조활동과 민족적언어문화전통에 더 많이 의존된다.

이처럼 언어의미는 본질에 있어서 인간의 창조물이고 민족적재부이며 사회적진보와 력사발전을 반영하고 추동하는 사회적의식의 한 형태이다.

2. 의미에 대한 기성리론개관

《의미》라는 단어가 쓰이기 시작한것은 고대그리스어 《semantikos》(뜻이 있는)로부터 보고있는데 이것이 처음 언어학적술어로 고착된것은 1883년 프랑스의 언어학자 미쉘 블레알이 《semantikos》라는 용어를 쓰기 시작하면서부터이다. 이때로부터 의미에 대한 여러가지 견해와 주장들이 나와 오늘까지도 계속 론의에 론의를 거듭하고 있다.

의미에 대한 지금까지의 견해와 주장을 종합하면 다음과 같다.

△ 자연론적견해와 계약론적견해

이 견해들은 의미에 대한 초기견해의 두개 류파로서 고대로마시대부터 제창된것이다. 자연론적견해는 주로 언어의미가 자연적련관을 이루고있다고 보면서 대표적인것으로 소리본딴말을 들고있다. 이들은 단어의 음성적외피와 그것이 지시하는 대상, 현상간에는 필연적인 관계가 맺어져있다고 보았다.

자연론적주장은 스토아철학자들에 의하여 제창되면서부터 하나의 리론적체계를 갖추게 되였다. 그들은 지어 명사의 첫소리는 그 명사가 지시하는 대상물의 속성을 모방한다는 결론까지 내렸다. 이것이 더 전개되여 자연론이 실재론으로까지 발전되였는데 여기서 플라톤이 대표적역할을 놀았다.

계약론적주장은 언어와 의미사이에는 인간의 약속에 따르는 관계가 있을뿐이라고 보면서 어떤 명명이건 그것은 자연적련관에 의하여 이루어지지 않고 순수한 계약에 의하여 이루어진다고 주장하였다. 소리본딴말도 사실상에 있어서 언어마다 다른것으로 보아 자연적련관에 의한것이 아니라 계약의 산물이라고 하였다. 이것의 대표적창시자는 아리스토텔레스이다.

계약론은 점차 명명론으로 변화발전하였다. 결국 자연론과 계약론은 실재론과 명명론으로 발전하였는데 이것들간의 본질적차이는 언어의미해석에서 두드러지게 나타난다.

실재론자들은 《책상》이라는 명명은 《나무책상, 편수책상, 량수책상…》 등 실물로서의 구체적인 대상이 생겨나면서 그 속성이 어음과 련관되여 단어가 발생되였다고 주장하고 명명론자들은 《책상》의 실체가 어떻게 구체화되건 그것이 글을 쓰는 상이라는것으로 약속이 되면서 명명이 형식화되였다고 주장한다.

△ **심리주의적견해와 물리주의적견해**

심리주의적견해는 언어의미를 인간의 심리속에 존재하는 관념적인것으로 주장하는 견해이다. 이들은 개념을 의미와 일치시키면서 인간이 주위세계로부터 얻은 개념이 곧 의미라고 주장한다. 이것을 처음 정식화한것은 쏘슈르인데 그는 언어를 기호의 체계로 보면서 언어는 사물과 명칭이 결합된것이 아니라 언어적외피로서의 기호와 인간의 두뇌에 주어진 개념이 서로 결합된것이라고 주장함으로써 의미와 개념을 동일시하였다.

개념을 곧 의미로 보는 심리주의자들은 이 리론을 개념설, 표상설, 련상설로 전개하여 설명하고있다.

개념설은 어떤 명명은 그 지시물이 지니고있는 공통된 속성의 총체를 의미하는것이므로 《물》이라는 단어의 의미는 결국 《H_2O》 즉 순수한 물의 속성을 지닌 액체일반을 가리킨다.

표상설은 명명에 의하여 사람의 심리속에 떠오르는 대상,현상이 곧 의미인데 《집》이라고 했을 때 사람들에게 주는 표상 즉 각이한 형태의 건물이 이 단어의 의미라고 본다.

련상설은 표상이 일반화되여 나타내는 심리적총화물로서 《집》이라고 했을 때의 표상(표상설)은 사람마다 자기가 보아온 체험에 의하여 각이하게 떠오르는 각이한 건물이지만 그것들이 련상되여 총화된 《건물》의 일종이라는 개념이 곧 이 단어의 의미라고 본다.

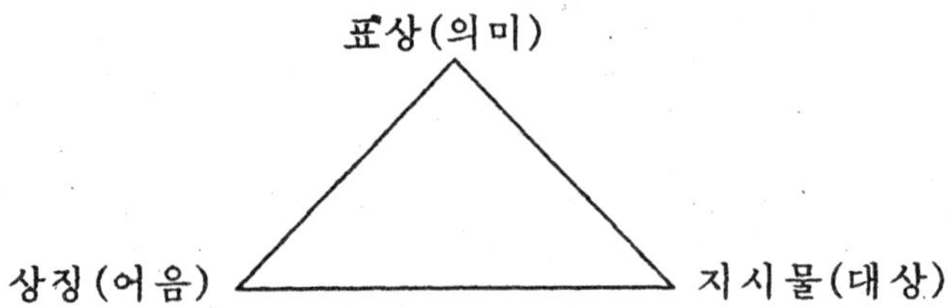

이러한 리론들이 싸피어, 리챠드 등에 의하여 많이 전개되면서 언어의미해석에서 중심적위치를 차지하기도 하였다. 특히 리챠드의 의미삼각형(1921년)은 하나의 정설로 인정되기도 하였다. 의미삼각형에서 지시물은 곧 지시되는 대상물, 현상을 말하며 표상은 개념 곧 의미이고 상징은 언어적외피 즉 말소리나 글자이다.

물리주의적견해는 의미를 심리주의적립장에서 규정함으로써 의미분석에서 주관적이고 개성적인 결과를 초래하기때문에 과학성을 보장할수 없다는데로부터 객관성과 과학성을 가진 《외피》의 정의를 하려는 시도에서 나온것이다. 이들은 의미는 곧 지시물 그자체라고 보는것이다. 즉 《학생》이라는 단어의 의미는 사람이다. 《슬픔》의 의미는 눈물, 울음과 같은것이다. 이것은 결국 언어의미를 언어에서 완전히 떨어져나온 객관세계의 사물자체로 보는것이기때문에 의미와 대상물(지시물)이 같은것으로 된다.

물리주의자들은 어떠한 단어의 의미를 파악하려면 그 단어가 지시하는 대상이나 현상에 대한 과학적리해가 있어야 하며 그러한 인식에 기초하여 찾아내는 대상, 현상이 곧 의미로 된다고 보았다.

불룸필드는 《소금》이라는 단어의 의미를 알려면 소금의 과학적개념인 NaCl이라는 인식이 있어야 하며 그러한 인식에 기초하여 지시되는 《소금》이 그대로 의미로 된다고 하였다.

물리주의는 심리주의에 대치하던 나머지 언어의미를 완전히 언어밖의 객관세계에로 이끌어가는 결과를 낳았다.

△ **행동주의와 사용론적견해**

행동주의적견해는 언어의미가 자극에 의한 인간행위로 나타난다고 보는 주장이다. 행동주의심리학에 기초를 둔 이 주장은 주로 언어가 인간심리에 대한 자극과 반응을 일으켜 일정한 행위를 초래하게 되는데 그 행위가 바로 의미라고 보고있다.

실례로 《춥다》는 어휘의미는 덧옷을 입거나 온풍기를 켜는것으로 나타난다고 보면서 이러한 행위를 언어행위속에서 고찰하면 그것이 그대로 언어의미임을 알수 있다고 주창하고있다.

행동주의적견해를 일부 문맥적의미라고도 하는데 그것은 단어가 자극, 반응을 일으키려면 구체적인 문맥속에서만 실현될수 있다고 보기때문이다. 같은 단어라고 하여도 문맥과 장면에 따라 서로 다른 행위를 일으키는데 이것은 그 단어의 의미가 문맥속에서만 실현되고 또 문맥에 따라 의미가 서로 달라지기때문이라는것이다.

보웬은 《책》이라는 단어의 의미는 《읽고싶은것》이라는것을 조건반사실험결과로 소개하였는데 그에 의하면 처음에 책을 보여주기만 하면 읽고싶어지고 다음에 책을 보여주면서 《책》이라는 단어를 발음만 하면 역시 읽고싶어지고 나중에는 《책》이라는 말만 하여도 읽고싶어지는 반응이 나타나는데 이 과정은 곧 언어의미가 지시물→명칭→반응→행위로 옮겨져 이루어진다고 하였다.

이러한 행동주의적주장은 언어주위환경과 련관시켜 설명하면서부터 이것을 문맥적의미라고 하는데 대표적으로 블로취트라게는 언어표현의 모든 의미는 그것이 쓰이는 모든 장면에 공통되는 특징이라고 하였다.

이와 반면에 의미에 대한 언어사용론적견해는 주로 《사용조건설》로 나타나는데 그들은 《한 어휘단위가 그 사용자에게 어떤 사용조건하에서 쓰이는가 하는것을 알아내는것이 곧 그 어휘의미를 이루는것》이라고 하고있다. 여기에서 사용조건이란 말하려는 주관적의도와 말할 때의 객관적환경 즉 독자와의 관계, 문체, 사회적제약

등이 다 포함되는것으로 설명한다. 결국 어휘는 쓸 때마다 사용조건이 다르고 사람마다 다르며 시대와 사회제도에 따라 다르기때문에 그 어휘의미도 그만큼 폭이 넓고 다양하다고 보아야 한다는 것이다.

이것은 언어체계로서의 언어의미를 론하는것이 아니라 정보전달과정에 실현되는 의미현상을 중심에 놓고 관찰한것이다. 때문에 어휘의미는 그 어휘가 다른 어휘들과의 관계속에서 주어진 조건이 밝혀지며 사용조건의 해명은 곧 어휘들의 관계로 보아야 한다고 주장하고있다.

와이스체인은 《어휘의미는 그 어휘단위를 그 언어속에서 사용하는 용법이다.》라고 했으며 룐스는 한 어휘의미는 다른 어휘와 맺는 관계속에서 그 어휘가 담당하는 지위, 몫이라고 하였다.

△ 진리조건적견해와 의사표현적견해

최근시기 활발히 론의되는 진리조건설은 자연언어의미는 반드시 문장을 단위로 하여 진리와 허위를 식별하는 방법으로 해명한다는 견해이다. 이들은 문장의 론리형식은 개별언어안에 내재하는 자립적 공통의미의 총체로 볼수 있는 《중립적의미》에 의하여 이루어지는데 이것이 의미표시로 된다는것이다. 즉 언어단위가 문장구조의 제약속에서 여러가지로 쓰일 때 그 전체를 관통하는 기초적의미를 중개물로 하여 개개의 의미를 밝혀내야 한다고 보고있다. 어떠한 자연언어일지라도 모호성을 떠난 언어는 없기때문에 그것을 직접 관찰해서는 의미를 해득할수 없고 모호하면서도 정확하게 전달되는 언어구사 즉 문장단위에 기초하여 개개의 단어들이 지닌 중개의미를 특수언어현상으로 도출해낸 다음 그것을 진리치로 기준 삼아 언어의미의 값을 정한다는것이다.

프라그는 진리에는 그에 적응된 정황, 조건이 있지만 허위에는 그것이 없다고 하면서 문장구조의 론리형식은 반드시 그 진리치가 있기때문에 그것을 구명하면 의미를 알수 있다고 하였으며 달쓰게는 진리치를 정의하는 새로운 방법을 고안해내는것이 언어의미의 만족스러운 해석방법을 찾는것이라고 하였다.

이와는 달리 의사표현의 견해는 의도설에 기초한것으로서 사람이 말을 할 때에는 반드시 그 어떤 의도가 있어서 발화하는것인데 바로 말하려고 하는 그 의도가 의미라는것이다. 이것이 최근 화용의미론까지 산생시키면서 급격히 론의대상에 오르게 된것은 말할 때의 사람의 각이한 의도 즉 질문, 명령, 권고, 약속, 동의, 거부 등 등이 의미내용의 주요구성성분으로 된다는데로부터이다. 발화행위를 대상으로 청자를 제쳐놓고 필자의 립장을 세세히 관찰하면 곧 거기에 언어를 수단으로 무엇보다 의도, 목적을 추구하고있음을 알 수 있는데 그러한 의도와 목적이 곧 언어의미의 내용을 이룬다. 그러나 독자와의 《협력의 원칙》속에서만 필자의 의도가 구성, 실현되므로 언어행위(화행)과정을 종합적으로 고찰해야 한다고 보고있다.

의미와 관련한 견해와 주장들은 이밖에도 여러가지가 있다. 이것을 종합해놓고 보면 의미에 대한 문제는 고대로부터 오늘 현재에 이르기까지 각이한 철학적방법론과 서로 다른 립장에서 언어의미를 다루고있을뿐아니라 순수한 언어학적과업으로만이 아니라 심리학적, 론리학적, 기호학적, 문학적과제로 그것을 다루고있다.

이러한 각이한 견해들을 언어학적측면에서 종합하면 다음과 같은 도표로 묶을수 있다.

의미론의 류형

철학적기초	리 론	주 장	언어단위
자연주의	실재론	어음과 의미는 필연적, 자연적련관관계에 있다.	어 휘
계약설	명명론	어음과 의미는 인위적인 약속에 의한 관계에 있다.	
심리주의	개념설	의식에 주어 진 개념이 의미이다.	
	표상설	의식에 주어 진 표상이 의미이다.	
	련상설	의식에 주어 진 표상의 총체가 의미이다.	
물리주의	기계론	지시된 대상자체가 의미이다.	

철학적기초	리 론	주 장	언어단위
행동주의	반응설	자극과 반응에 의해 일으킨 행위가 의미이다.	
환경설	사용조건설	언어사용시에 주어 진 조건이 의미이다.	
중계론	진리조건설	문장구조의 론리적형식을 이루는 기초가 의미이다.	문장
의도설	화용론	언어행위의 의도와 목적이 의미이다.	언어행위

3. 의미의 구성내용

의미가 자립적인 구조체를 가진 언어현상이라고 한다면 반드시 그것은 일정한 구성요소들의 집합체로 간주할수밖에 없게 되여있다. 그것은 언어의미의 구조체를 눈에 보이도록 드러내기 위해서도 그렇고 구조적체계의 내적관계를 분석하려고 해도 응당 그것을 이루는 요소들의 질적상태를 알아야 하기때문이다.

언어의미의 실질적인 모양새를 최대한의 가능성을 다해 로출시키려는 시도에서부터 지난 시기 여러가지 수법들이 적용되여왔다. 어떻게 하면 언어의미를 《가시화》할수 있으며 어떤 수법이 《의미론의 접근방법》에서 가장 현실성이 있는것이겠는가 하는것이 그 대표적시도들이였다. 이것은 의미가 과연 실질적존재인가 아닌가 하는 것은 뒤젖혀놓고라도 그것이 언어현상으로서의 자립적인 구조물로 인정할수 있는가 없는가 하는데로부터 온것이다.

그런데 지난 시기의 의미구성에 대한 연구결과는 의미의 어느한 측면들을 위주로 《접근방법》, 《가시화규칙》들을 세웠기때문에 그 어느것도 의미구조전체를 드러내게 할수는 없었다. 이러한 제약성에 대하여서는 지난 시기 의미론의 온갖 류파와 견해들이 의미현상에 대한 완전한 해명을 주지 못한데서 그대로 나타난다.

그러면 의미를 자립적인 구조체라고 할 때 그 구성내용을 어떻게 보아야 하겠는가? 다시말하여 의미의 구성내용은 무엇인가?

이 문제는 앞에서 의미의 본질을 리해하면서 제기한것과 같이 의미현상을 철저히 사람을 중심으로 고찰하여야 한다.

의미의 구성내용은 사람의 언어의식 그자체만도 아니고 지시되는 대상, 현상만모 아니며 대상, 현상이 의식에 반영된 개념만도 아니다. 의미구성의 내용은 바로 인식과 사유, 대상과 현상, 개념과 판단의 총화로 이루어진다.

△ 의미의 실체

의미내용의 실질적구성체는 언어형식에 담겨진 정보적내용이다. 어떠한 사상이나 의도를 상대방에게 전달하기 위하여 음성이나 글자로 언어규범에 맞게 형식화하였을 때 그 형식을 외피로 하여 표현전달되는 정보적내용이 의미의 실체이다. 때문에 의미의 실질적구성체는 해당한 단어와 문장 등이 담고있는 내용과 의도라고 말할수 있으며 이것이 곧 언어교제에서는 정보전달의 내용을 이룬다.

실례로 단어《꽃》에 대한 의미의 실체는 이 단어가 지니고있는 정보적내용인데 그것은 조선말을 쓰는 사람들의 언어생활과정에 이 단어가 어떤 내용의 정보전달을 실현하는가 하는데 따라서만 총화될수 있다. 《아름답고 향기로운 물체》, 《사물이나 사건의 활성》의 정보적내용을 《꽃》이라는 언어형식에 담아 표현전달하는것은 조선어단어 《꽃》의 의미의 실체이다. 즉 《진달래꽃》, 《목란꽃》과 같이 실질적인 대상을 지시하기 위해서 쓸 때 《꽃》의 의미에는 대상물에 대한 지시를 나타내는 정보적내용이 있다.

《녀성은 사회의 꽃》, 《항일대전의 나날에 피여난 한떨기의 꽃》이라고 할 때의 《꽃》의 의미에는 아름답고 고상한 대상에 대한 사상정신세계를 정보적내용으로 전달하려는 형상적표현이, 《꽃피는 청춘시절》, 《열여덟 꽃나이》라고 할 때의 《꽃》의 의미에는 인생의 활성기에 대한 정보적내용을 전달하려는 의도가 담겨져있다. 이러한 정보적내용과 의도는 언어의미의 실질적내용을 이루며 이것을 떠나서 언어의미는 존재하지 않는다.

다시말하여 언어의미의 구성내용에서 의미실체는 기본구성요소로 되며 그것만이 본질적으로 언어현상의 범주에 속한다.

△ 의미의 객체

의미의 실체는 어데까지나 정보적내용에서 고도로 추상화되고 일반화되여있지만 그것이 형성, 지시되는 대상, 현상은 구체성을 띠게 된다. 바로 의미실체의 구체적인 지시대상, 현상이 의미의 객체로 된다. 모든 언어의미는 그 무엇인가를 표현전달하며 교제의도를 실현하자는데로부터 형성리용된다. 그런데 의미실체자체는 물질적인것도 정신적인것도 아니다.

언어의미가 물질적인것도 정신적인것도 아니면서도 객관세계의 무한대한 대상, 현상을 지시하고 온갖 사건과 현상의 본질을 정확히 파악, 인식, 표현, 전달할수 있게 되는것은 바로 의미의 객체가 있기때문이다. 의미의 객체는 어디까지나 객관세계의 물질적존재이거나 이미 의식에 주어진 현상, 사건이다. 때문에 객관적사물현상이라는 주위세계의 일반적물질세계와 론리법칙을 의미객체로 할 때에만 민족공동의 언어의미의 실체가 발생되고 표현될수 있으며 전달될수 있다.

우에서 실례로 든 《꽃》의 의미객체는 자연계에 존재하는 식물의 번식기관 그자체이다. 비록 《혁명의 꽃》, 《꽃피는 시절》이라 할 때의 의미객체도 역시 식물의 꽃으로부터 비유된 《혁명가》, 《청춘》이라는 대상, 현상 그자체에 머무른다. 그러나 이러한 객관세계의 물질적존재나 사건, 현상이 의미의 구성부분인가? 그렇지는 않다. 그것은 언어가 아니라 물질세계의 존재와 사실에 지나지 않는다. 그러나 언어의미의 실체가 바로 그러한 객관세계의 존재와 현상들을 출발적기초로 하여 발생되고 또 바로 그러한 존재와 현상을 표현전달하려는 정보적내용을 가지고있기때문에 언어의미의 객체로서 의미의 구성내용속에 포함되게 된다.

△ 의미의 매체

의미의 객체로부터 의미의 실체에로 다리를 놓아주는 매개물이 바로 의미의 매체이다. 의미매체는 인간의 인식과 사유과정을 거쳐 주어지는 개념, 판단을 기본으로 하고있다. 자주적인 의식과 창조적활동능력을 가진 인간은 감각기관을 통하여 주위세계의 사물, 현상을 인식파악하고 그로부터 얻어지는 지식을 표현, 전달하게 되는데 이때에 지식의 표현, 전달단계에서 얻어지는 개념, 판단은 아직 정신, 론리적과정이며 언어현상의 이전단계이다. 그런것만큼 인식과 사유과정에 이루어지는 론리적개념이나 판단은 언어현상이 아니다. 그러나 객관세계의 물질적존재나 법칙들을 지식으로 총화하여 전달, 표현할 때의 언어의미는 반드시 개념과 판단을 필수적전제로 하게 된다. 또한 의미매체는 사람의 감각기관을 통하여 객관세계의 사물, 현상을 기초로 해서만 주어지는것만큼 의미객체가 없이는 형성될수 없다.

이처럼 의미매체 그자체로서는 언어현상이 아니고 또 의미객체가 없이는 존재할수 없는 비언어적현상이지만 언어의미는 필수적으로 의미객체를 의미매체를 통해서만 실체화할수 있다. 때문에 의미매체 역시 의미의 구성내용에 포함된다.

실례로 《꽃》이라는 단어의 의미가 얻어지려면 《꽃》이라는 식물기관이 존재해야 하며 그것을 사람의 시각, 후각, 청각 등을 통하여 개념과 판단이 이루어져야만 한다.

이와 같이 언어의미는 구성내용에서 의미실체를 축으로 하여 그 주위에 의미객체와 의미매체를 필수적으로 포함하게 된다.

이러한 론리적현상은 언어의미만이 특수적으로 지니고있다. 왜냐하면 의미실체가 의미의 실질적구성체라면 그것이 바로 의미의 본질적속성을 이루며 따라서 의미는 곧 의미실체이고 의미객체와 의미매체는 의미가 아니라 다른 현상일따름이기때문이다.

언어의미는 사실상 형식적외피를 말소리나 글자로 씌워놓았을 뿐 의미자체는 인간사유의 일반적결과물에 불과하다. 음악, 무용, 회화와 같은 예술의 의미는 다만 선률, 동작, 선이라는 형식적외피가 언어적외피와 다를뿐 그 의미 즉 정보적내용과 같은 성질의것이다. 그러므로 언어의미에서 언어적형식이란 사실상 비본질적인것이고 의미의 본질적속성은 론리적내용에 있다. 때문에 그것은 객관세계의 일반사물현상과 법칙, 인간의 사유와 인식의 일반형식에 의존된다. 이것은 언어의미에서 민족적인것은 어데까지나 언어적형식에 있고 의미의 본질적속성과 그 기초는 인류공동의 인식과 사유, 주위세계의 일반물질세계와 법칙에 있다는것을 말하여준다.

단어 《꽃》의 어음적외피는 조선어에 고유한것이지만 꽃의 실질적존재와 꽃에 대한 인간의 인식과 사유(개념과 판단)는 어데까지나 세계공통의것이고 인류공통의것이다. 그런것만큼 언어의미를 과학적연구대상으로 하여 분석하려면 반드시 의미의 구성내용에 의미실체와 함께 주위세계의 물질적존재의 본질, 인간사유의 공통속성을 포함시켜 고찰하여야 한다. 여기로부터 의미의 구성내용에 의미실체와 의미객체, 의미매체를 필수적요소로 포함시켜 보는것은 방법론상에서도 타당한것이다. 더우기 언어현상가운데는 의미실체가 곧 의미객체로 녹아붙거나(고유명사, 지시대명사 등) 의미실체가 의미매체와 녹아붙는(학술용어, 부호화된 인공언어 등) 경우가 많은 비중을 차지하는것만큼 이것은 더욱더 절실히 필요한 분석방법이라고 본다.

4. 의미의 표식

의미의 구성내용에서 본것처럼 언어의미는 의미실체와 함께 의미객체와 의미매체를 포함하고있기때문에 언어적현상으로서의 언어의미를 식별하는데서는 여러가지 복잡한 문제들이 제기된다. 다시말하여 어떤것을 언어의미라고 볼것인가 하는 문제는 쉽지 않으며 그것을 하나의 기준에 따라 식별하려면 정확한 표식이 주어져야 한다.

여기로부터 언어의미의 식별표식문제는 의미의 내용파악에서 필수적요구로 제기된다.

언어의미의 식별표식에서 가장 중요한 문제는 의미실체에 중심을 두고 기준을 설정하는것이다. 만일 의미식별표식을 의미객체나 의미매체에 두고 기준을 정한다면 그것은 언어의미가 아니라 대상, 현상과 같은 물질세계자체나 개념, 판단과 같은 론리적현상을 의미라고 인정하는 결과를 가져올수 있기때문이다.

그러면 언어의미의 식별표식에서 중요한것은 무엇인가?

첫째로, 어음적외피와 의미객체와의 관계가 민족공동의 인식에 기초하여 이루어져야 언어의미로 된다는것이다. 다시말하여 임의의 말소리집합체가 어떤 대상, 현상을 가리킨다는 《약속》이 민족어사용자모두에게 꼭같이 인식되여야 언어의미라고 할수 있다.

실례로 《갈매기》라는 어음복합체를 놓고 볼 때 조선사람은 누구나 《바다새》의 한가지라는 공통의 인식이 이루어져있다. 때문에 《갈매기》의 언어의미는 어떤 특종의 바다새이며 그것과 류사한 대상에 대한 형상적지시까지도 인식의 범위에 포함할수 있게 되여있다.

그런데 《갈매기》라는 어음복합체를 분해하면 《갈》, 《매》,《기》, 《갈매》, 《매기》 등으로 갈라지는데 이때 그 각각의 어음현상들은 역시 대부분이 의미객체와 민족공동의 인식에 기초한 련관이 이루어진다.

즉《갈》—진펄에 나는 식물, 《매》—육식하는 새, 《갈매》－토질의 성분

이러한 련관에 기초한 언어의미는 《갈매기》와는 전혀 무관계한 련관이므로 민족공동의 인식에서 다른 언어의미로 인정된다. 때문에 《갈매기》는 하나의 단어에 대한 언어의미로 전 민족적교제가 실현되고 정확한 의사표현과 전달이 이루어진다.

그러나 새로 개발생산한 벼수확기의 이름이나 담배 혹은 샤쯔의 어느 한 상품이름을 《갈매기》라고 이름지었을 때 그것은 언어의미를 획득하지 못한다.

왜냐하면 그때의 어음적외피와 지시물사이의 관계는 전 민족적이 아니며 또 본래의 어음복합체에 대한 의미매체와 새로운 의미매체사이에 련관관계가 없기때문이다.

둘째로, 어음복합체가 의미실체에 접근하지 못하고 의미객체나 의미매체에 머무를 때에는 언어의미가 아니다. 이때의 정보적내용은 지시명(명명, 명칭)이거나 개념자체이다.

《리영철은 학생이다.》에서 《리영철》은 언어의미가 없으며 《학생》은 언어의미가 있다고 보는것은 첫 대상의 어음복합체와 지시물사이에 직접적련관이 이루어져 거기에 머무르고말았기때문이다. 《그는 학생이다.》에서 역시 《그》는 지시자체에 머무르고 의미실체를 획득하지 못하였다. 여기로부터 고유명사, 지시대명사, 감동사, 기호, 암호따위는 어휘적의미를 가지지 못하고 다만 지시로 끝날뿐이다.

왜냐하면 이것은 우선 첫째 표식에서 설정한 전 민족적공동의

인식이 이루어지지 않고 따라서 의미실체를 가지지 않을뿐아니라 의미객체에서 어음복합의 관계가 끝나고말기때문이다.

그러나 명칭, 명명의 단위에 대해서는 일괄적으로 보지 말아야 한다. 같은 고유명사라고 하여도 어떤 사람의 이름이 《오째》, 《부엌녀》라면 그것은 고유명사이기도 하지만 거기에는 언어적의미가 존재한다. 또한 같은 상품의 이름에 속하는것이라 하여도 《갈매기》(담배), 《바삭과자》(과자)에서 담배의 이름은 언어적의미가 없으나 과자의 이름에는 언어적의미가 존재한다.

이러한 여러가지 현상을 식별할 때 언어적의미에 대한 유무는 어디까지나 해당한 어음복합체가 의미객체에 머무르고 마는가 의미실체에로 접근하는가 하는것을 보아야 한다. 물론 《갈매기》의 경우 이 어음복합체나 《담배》라는 지시물에 머무르는것이 아니라 《바다새》라는 의미실체에로 접근해질수 있는데 그때에는 벌써 의미객체가 완전히 달라지기때문에 의미자체가 달라지고 만다. 따라서 담배이름으로서의 《갈매기》는 언어의미를 가지지 못하고 의미실체가 없이 의미매체만 가진 약속적인 기호에 지나지 않는다.

어음복합체가 의미매체에 머무르고 의미실체에 다가가지 못하는 경우에도 역시 어휘적의미는 가지지 못한다.

《물의 화학적개념은 H_2O이다.》, 《소금의 화학적개념은 NaCl이다.》에서 《물, 소금》은 언어적의미를 가지지만 그것을 정확히 개념화한 H_2O, NaCl은 언어적의미를 가지지 않으며 단어가 아니다. 학술적개념을 표식하는 어음복합체는 다만 기호적으로만이 아니라 일반단어형식으로 표시되는 경우도 많으나 그때 그러한 어음복합체가 순수한 개념표식에 그치고 의미실체에로 이어 지지 못한다면 그것은 언어의미로 되지 않으며 따라서 그러한 어음복합체는 해당 민족어어휘구성속에서 학술적표식을 지시하는 부류에 지나지 않는다.

셋째로, 그 어떤 어음복합체도 해당한 의미객체와 의미매체를 가지지 못하면 언어의미를 획득할수 없다. 사람에 따라 감정정서적으로 어떤 어음적외피를 임의로 복합하여 언어적외피나 의미색체를 부여하려는 시도가 있다. 이것은 주로 작가들이나 문필가들에 의하여 어휘창조에서 볼수 있으며 특히 자연계의 바람소리, 물소리, 동물의 울음, 어떤 모양 등을 의성, 의태적으로 표현할 때 나타난다.

이러한 경우 그것이 사전에 없는것이라도 《새 단어창조》로 보겠는가 말겠는가 하는 문제가 제기되는데 이때에는 역시 그 어음복합체가 의미매체나 의미객체를 가지는가 못 가지는가 하는것을 기준삼아야 한다. 전 민족적인식에서 그러한 어음복합체가 지시하는 대상, 현상이 없거나 또한 관념이나 개념적으로 주어지는것이 없다면 그것은 의미로 되지 않으며 따라서 그러한 어음복합체는 단어로 인정되지 않는다.

5. 의미의 류형

1) 언어단위에 따르는 의미류형

언어의미의 부류에서 첫째가는 분류기준은 언어단위이다. 언어적단위에서 가장 기본적인 부류는 단어, 문장, 본문이다. 이러한 기준에서 볼 때 언어의미의 류형도 역시 뚜렷하게 구별된다.

△ 어휘적의미와 실질적의미

단어는 언어의 기본단위이며 따라서 언어의미의 기본류형도 바로 어휘적의미이다.

어휘적의미를 흔히 사전적의미, 지시적의미라고 하는데 이것은 민족어어휘구성속에 있는 단어와 표현이 담고있는 뜻을 말한다.

지난 시기 대부분의 언어학계에서는 어휘적의미를 언어의미의 전부로 보았다. 다시말하여 언어적의미는 사전적인 단어의 의미만을 인정하고 문장(구문)이나 언어행위(본문)에서의 의미는 언어의미의 개념밖에 놓고 언어학의 대상으로 삼지 않았다.

그러면 어휘적의미의 특성은 무엇인가?

그것은 우선 민족어사용자들이 언어교제과정에 쓰는 개개의 단어가 담당하고있는 의미적내용을 정적상태에서 기록해놓은것이다. 때문에 어휘적의미는 어디까지나 언어사용과정에 나타날수 있는 단어의 의미를 전제적으로 서술해놓은데 불과하다.

앞에서 본것처럼 의미매체와 의미객체가 서로 련관되고 객관세계의 모든 사물현상이 련관되여있기때문에 그것을 반영한 민족어의미실체는 복잡한 련관속에서 다양하고 풍부한 정보적내용을 포괄하고있다. 이러한 풍부하고 복잡한 어휘단위의 의미를 모조리 세분하여 기록하기는 어려운 일이며 따라서 사전적의미가 곧 어휘적의미의 전부는 아니다.

다음 어휘적의미는 실질적의미만을 나타낸다. 즉 추상적인 문법적의미, 문맥적의미를 제외한 실질적인 정보적내용만을 인정한다. 여기로부터 어휘적의미와 문법적의미, 실질적의미와 관계적의미, 언어적의미와 비언어적의미라는 개념이 성립되게 하였다.

다음 어휘적의미의 가장 중요한 내용은 그것이 다른 모든 언어적의미의 기초로, 바탕으로 된다는것이다. 현대언어학에서 구문적의미, 화행적의미, 본문의미 등을 론의하지만 이 모든 경우에 근본바탕을 이루는 의미는 어휘적의미이다.

△ **구문적의미와 문법적의미**

언어행위의 기본단위로서의 문장이 지니는 의미를 문장의미 또는 구문적의미라고 한다.

구문적의미는 구조주의언어학이 언어에서 의미를 완전히 배제한데로부터 그것을 반박하여 문장구조의 의미분석을 주되는 목표로 내세우면서 등장한 변형생성문법에서부터 급격히 제기되고 성행한 개념이다.

구문적의미는 크게 두가지 내용을 포괄하고있다. 하나는 어휘적의미를 출발로 하여 개개의 어휘가 문장구조내에서 다른 단어와 관계를 맺으면서 실현되는 문장론적단어결합 즉 구문론적의미를 말한다. 이것은 보다 쉽게 말하면 사전적인 어휘의미가 문장속에서 현실적의미로 실현된 의미인데 그 한계를 어휘적단위에 두지 않고 문장에 확대하여 고찰하는것이다.

다른 하나의 내용은 문장의 론리적구조로부터 얻어지는 관계적의미 즉 어휘의 실질의미를 《삽입》하지 않은 상태에서 문장성분들의 관계에 의하여 산생되는 론리적의미를 말한다. 이것을 문법적의미라고 한다.

이러한 내용을 가지는 구문적의미의 해석과 서술은 현대문법서술의 기본을 이루며 문장구조해석의 주되는 목적도 구문의미해석에 귀착되고있다. 따라서 현대언어학에서 문법이 중심분야를 이룬다면 거기에서도 기본은 구문의미해석이다.

△ **본문의미와 문맥적의미**

현대언어학에서 새롭게 론의되고있는 《담화문법》이나 《본문언어학》에서 론의되는 언어외적의미를 본문의미 또는 문맥적의미라고 한다.

《출발시간이 5분밖에 남지 않았습니다.》(《서두르시오.》), 《벌써 다 읽었단말이지.》(《의문스럽다.》)에서와 같이 언어행위과정에 주어지는 장면과 문맥을 비롯한 언어환경의 지배를 받아 이루어진 의미를 말하는데 이것은 해당한 언어구조나 어휘에 직접 관계되는 의미라고 볼수 없다. 화자와 청자와의 관계와 대화환경, 사회적조건과 관습 등이 위주로 되여 이루어지는 의미라 하여 언어외적의미라고 보고있다. 이때에 의미표현의 언어적환경에서 기본을 이루는것은 문맥이기때문에 그것을 문맥적의미라고 한다.

2) 의미실체의 특성에 따르는 의미류형

△ **기본뜻과 갈라진뜻**

의미실체를 구조적으로 해부하면 의미소를 핵심으로 하여 여러가지 정보적내용이 주위에 첨가된다는것을 쉽게 알수 있다. 이때에 의미소는 원시적의미 즉 시초부터 마지막까지 변함이 없이 굳어진 의미원천으로서 언제나 정보적내용의 바탕에 놓인다. 때문에 전달, 표현되는 정보적내용의 바탕에 놓이는 의미를 기본으로 하여 점차 부차적인 의미들이 파생되는것이 의미변화의 일반적인 합법칙성이다.

기본뜻과 갈라진뜻은 어휘적의미의 다의성으로도 나타나고 뜻빛갈이나 의미폭으로도 나타난다.

그러면 기본뜻과 갈라진뜻의 차이는 어디에 있는가?

기본의미는 의미객체에서 구체성, 물질성을 가지는 반면에 파생의미는 일반성, 추상성을 가지는것이 첫째 특징이다. 즉 의미객체의 면에서 보면 기본의미가 지시물을 가질수 있어도 파생적의미는 그것이 파괴되고 다른 지시물 또는 추상적현상을 가리키는 경우가 보통이다. 물론 기본뜻이 물질적인 지시대상을 가지는 경우 갈라진뜻도 구체적인 물질적지시물을 가지는 경우도 있지만 그것은 기본뜻과 지시물이 아니라 그것을 형태적으로 본딴것에 불과하다.

이러한 현상은 의미객체의 관점에서만이 아니라 의미매체의 시점에서도 같은 론리가 이루어진다.

기본뜻은 다음으로 가장 오래전부터 형성공고화된 의미로서 시초의미, 원시의미의 개념에 속하는것이 일반적이다. 여기에 비하여 갈라진뜻은 후기의미 또는 보충적의미로서 뒤에 생겨나 언제나 보조적기능밖에 수행하지 못한다.

이처럼 기본뜻과 갈라진뜻의 차이는 단순히 언어생활에서 주도적기능과 부차적기능을 논다는데 있는것이 아니라 의미객체와의 관계에서 직접적인가, 간접적인가 하는 기준과 의미발생에서 시초적인가, 후기의것인가 하는 기준을 위주로 분석처리하여야 한다.

○ 《불》－기본뜻 《연소결과물》…물질성, 시초의미
　　　－갈라진뜻 《운동의 기세》…추상성, 후기의미
○ 《기생충》－기본뜻 《벌레》…물질성, 시초의미
　　　－갈라진뜻 《사람》…보충적물질성, 추가의미

△ **투명구조의미와 불투명구조의미**

언어의미가 눈에 드러나지 않고 손에 잡히지 않는것으로 하여 의미실체를 가시화하려는 시도들이 여러 갈래로 제기되였다. 그러나 의미구조체자체의 투명성이 희박한 조건에서 의미실체의 가시화는 매우 어려운 과제로 남아있다. 여기로부터 의미를 비교적 잘 드러나는 부류와 보다 덜 드러나는 부류로 가르고 그의 투명성정도에 따라 의미구조분석방법을 달리하려는 요구가 제기된다. 여기에서 의미의 투명성이란 의미실체자체로서는 평가할수 없기때문에 의미객체나 의미매체가 어느 정도 가시화되는가 하는 정도를 말한다. 다시말하여 의미의 객체나 매체가 뚜렷하게 지시하거나 표상이 안겨오는 경우는 투명구조의 의미라고 하고 그것마저 모호할 때에는 불투명구조라고 한다.

결국 투명구조의미와 불투명구조의미의 식별기준은 의미객체와 의미매체에서 찾게 되는데 이것은 의미구조분석에서 때로는 의미자체보다 개념이나 지시물을 놓고 평가하지 않을수 없는 경우에 두드러지게 나타난다.

투명구조와 불투명구조의미의 차이는 무엇으로 식별하는가?

의미성분화가 쉽게 이루어지면 그것은 투명구조의미이며 성분화를 위해 보조적인 수법이 많이 가해질수록 그것은 불투명구조의미이다.

《노루》—성분화〔동물, 초식, 포유, 야생〕
—구별성분〔야생〕
《소》—성분화〔동물, 초식, 포유, 가축〕
—구별성분〔가축〕
《마음》—성분화〔심리, 의식, 기질〕
《생각》—성분화〔심리, 의식, 사유〕
—구별성분〔기질, 사유〕
〔기질〕—〔천성, 불변〕—《마음》 ×
〔사유〕—〔의식, 활동〕—《생각》 ○

보는것처럼 투명구조의미는 성분화를 통하여 구별적표식이 쉽게 얻어지지만 불투명구조의미는 성분화가 어렵고 결과에 도달하기 힘들다. 의미매체에 준하여 《마음》과 《생각》의 공통성분이 심리적이고 의식의 개념에 속한다는것은 쉽게 찾아낼수 있으나 그 차이를 기질적인것과 의식활동 즉 사유적인것으로 성분화하면 《마음》이 결국 불변적이고 천성적인것으로 규정되기때문에 성분화가 이루어지지 않는다. 이때에는 다른 보조적수법 즉 시간적관계, 결합적관계 등을 밝히기 위한 방법을 도입하여 구체적인 문장속에서 단어결합적의미로 해명해야 한다.

이처럼 투명구조의미와 불투명구조의미는 의미실체를 의미객체와 의미매체로 되돌려놓고 성분화할 때에 그 분석가능성의 정도를 기준으로 구별하여야 한다. 이것은 흔히 의미의 내용이 머리에 쉽게 안겨오는가, 안겨오지 않는가 하는 형태로 갈라보는것과 류사하다. 그러나 투명구조와 불투명구조의 구별은 의미구조분석방법을 결정하는데서 필수적요구로 나서기때문에 그것은 철저히 성분화의 가능성정도를 기준으로 갈라보아야 한다.

3) 의미객체의 특성에 따르는 의미류형

△ 대상적의미와 현상적의미

의미객체의 가장 큰 구별표식은 객관세계의 물질적존재와 그 상태 및 운동형식으로서의 현상이다. 여기로부터 의미실체가 관계를 맺는 객관세계란 결국 물질적존재로서의 대상(지시물)이 아니면 온갖 물질적존재의 운동과 그 성질에 대한 본질과 상태로서의 현상이다.

이것은 의미객체를 기준으로 의미내용을 분류할 때 필수적으로 대상적의미와 현상적의미로 갈라보게 된다.

대상적의미란 현실세계에 존재하는 물질적대상이 의미객체로 지시될 때이고 현상적의미란 비물질적존재로서의 대상과 물질적존재의 속성, 본질, 사건을 의미객체로 지시할 때이다.

실례로 《사과가 향기롭다.》, 《사과가 두알 있다.》에서 《사과, 두알》은 대상적의미이며 《향기롭다》는 현상적의미이다.

대상적의미와 현상적의미의 분류는 주로 의미구조분석에서 명명적단위, 행동적단위, 속성의 단위 등으로 구분되고 의미객체를 주위세계의 물질적련관과 운동성의 련관, 속성의 련관으로 모형화할 때에 출발적요구로 제기된다.

△ 단순구조의미와 합성구조의미

의미객체를 이루는 현실세계의 모든 사물현상은 련관속에 존재하면서 상하위의 층위관계와 론리적결합관계를 이루고있다. 이때에도 언어의미실체에 관계할 때에는 그중의 어느 한 측면 또는 여러 측면의 련관관계가 반영된다. 론리적으로 어떤 관계가 이루어지는가에 무관계하게 객관세계의 련관의 일부가 의미실체에 반영된다.

실례로 조선어에서 《총각》과 《처녀》의 의미객체는 결혼전의 남, 녀를 가리키지만 다른 언어에서 《처녀》는 시집간 젊은 녀자를 가리킨다. 이때 조선어단어 《총각》, 《처녀》는 단순구조의미를 가지는데 상대하여 다른 언어에서 《처녀》는 복합구조의미에 속하게 된다.

다른 실례로 대부분의 언어에서 《아침》, 《낮》, 《저녁》, 《밤》이 하루의 시간구분을 위한 기본어휘로 된 조건에서 의미객체는 여기에 따라 구별되는것이 일반적이다. 그러나 이때에도 《아침+새벽》,

《낮+점심때》, 《저녁+초저녁》, 《밤+한밤》과 같이 시간개념이 덧붙여 쓰는 경우가 더 많기때문에 이러한 단어의 의미구조는 합성적으로 보아야 한다. 즉 정확한 하루시간구분의 개념이 아니라 《식사시간》이라든가 《기상, 취침, 작업시간》의 개념으로 구체화될 때 그 의미객체는 달라지거나 합성화되기때문에 그것을 합성구조로 보는 것이 편리하다. 왜냐하면 의미구조분석과 의미대응관계설정에 의하여 두 언어이상의 자동번역, 정보처리시에 단순구조인가, 합성구조인가 하는것이 필수적요구로 제기되기때문이다.

4) 의미매체의 특성에 따르는 의미류형

△ 일반적의미와 개별적의미

물질세계의 반영으로서의 의식은 개념이나 판단과 같은 론리적사유화과정을 거쳐 의미실체와 관계를 맺으면서 의미매체를 이루게 되는데 이때에 의미류형은 일반화개념의 관계로 분류된다.

의미매체로서의 일반과 개별이란 론리적사유 그자체가 아니라 의미실체와 관계하였을 때의 특성을 말한다.

실례로 《맛》이라는 단어에 비하여 《신맛》, 《쓴맛》, 《단맛》 등은 보다 구체화되여있다.

이것은 언어현상자체가 바로 일반과 개별의 관계속에서 체계화되여있고 그것으로 하여 언어교제실현이 가능하게 되기때문이다.

의미류형으로서의 일반적의미와 개별적의미는 이러한 어휘적의미의 체계안에서 구별되는 경우도 있으나 주로는 문장과 문맥, 담화과정에 이루어지는 의미매체를 기준으로 설정한 분류이다.

실례로 《맛》이라는 단어의미는 일반의미류형에 속하지만 《간장, 된장, 김치의 맛》, 《혁명하는 맛》, 《손재주를 피우는 맛》이라고 할 때의 《맛》의 의미는 개별의미류형에 속한다. 이것은 특히 문맥사전, 콩고르단스 등과 같은 기계사전의 뜻풀이에서 필수적요구로 된다.

△ 직접적의미와 간접적의미

의미매체가 의미실체와 관계할 때 의미객체와 어떤 론리적련관을 가지는가에 따라 직접적의미와 간접적의미로 구분한다. 즉 의미매체가 의미객체와 직접적련관을 가지고 의미실체에 접근한다면 그것은 직접적의미로 되며 의미객체를 뛰여넘어 의미실체와 련계를 가지면 그것은 간접적의미로 된다.

실례로 《뜨겁다》는 단어의 의미는 감각기관이 의미객체인 《열》에 접촉하여 얻어진 의미매체가 의미실체로 접근하였을 때와 그러한 직접적련관이 없이 의미실체를 이루는 때의 경우를 들수 있다. 즉 《물이 뜨겁다.》에서 《뜨겁다》는 직접적의미이고 《정성이 뜨겁다.》에서 그것은 간접적의미이다.

이러한 현상은 한 단어의 여러 의미에서 구별되기는 하지만 많은 경우에 한 단어로 직접적의미만을 또는 간접적의미만을 가진다. 순수한 학술적개념을 가진 전문과학기술용어와 일반어휘의 의미류형의 차이는 전적으로 직접적의미와 간접적의미의 차이로 나타난다.

의미류형에 대한 이러한 분류기준과 원칙은 전적으로 의미구조분석의 요구로부터 제기된것이며 따라서 매개 의미류형의 구별표식은 의미분석의 중요한 수단으로 리용된다.

제2절. 의미성분

모든 대상현상이 자립적인 존재나 사건으로 인정되자면 자기의 고유한 구조를 갖추어야 한다. 그것은 물질세계와 론리형식의 일반법칙이다.

의미는 언어의 한 구성부분으로서 자립성을 가진 현상인것만큼 자기의 고유한 구조를 가지기마련이다.

그러면 의미구조란 무엇이고 과연 그러한것이 존재하는가 라는 문제는 의미론에서 시작부터 론의되여왔으나 그것은 아직 뚜렷한 결과를 얻지 못하고있다.

의미구조에 대한 연구가 매우 큰 난점에서 벗어나지 못하고있는 주되는 요인은 의미구조를 이루는 요소와 질서를 해명하기 어려운것과 관련된다. 구조의 필수인자인 구성요소와 련관법칙(질서)을 밝혀내는것이 구조의 본질을 해명하는데서 선차적과제이기때문에 더욱 그러하다.

언어의 다른 부분들은 구조해명이 비교적 직관성을 가지고 완성되지만 의미구조만은 그것이 이루어지지 않으며 그것때문에 한때는 의미가 과연 《언어현상》의 한 구성부분인가 하는 회의적 태도가 심하여 의미론이 언어학의 테밖으로 밀려나기까지 한것이다.

가령 단어의 형태구조라고 하면 그것은 쉽사리 구조의 요소로서 말뿌리, 말줄기, 덧붙이로 보며 그 질서는 말뿌리를 핵으로 앞뒤(좌우)에 덧붙는것을 법칙으로 인정하고있다.

그러나 단어의 형태구조처럼 단어의 의미구조를 해명할 방도는 뚜렷이 나서지 않고있다.

이러한 전제밑에서 가장 타당성있는 의미구조해석리론으로 제기된것이 《의미성분》리론이다. 의미성분에 대한 개념은 처음 생성의미론자들이 들고나왔는데 그들은 주로 촘스끼의 초기 표준리론과 그로부터 출발한 해석의미론의 주장을 뒤집기 위한 방편으로 의미성분문제를 제기하였다. 그후 의미성분리론을 정립한것은 1973년 니다의 《의미분석리론》에서부터이다. 여기에서는 어휘적의미를 지시적의미의 관점에서 고찰하면서 의미마당의 한계안에서 의미는 성분화된다고 주장하였다. 그리고 의미성분이 매개 어휘의 시차적구별성분으로 되는 핵심성분과 의미마당안에서 다른 어휘와의 련관을 지어주는 공통성분으로 분해된다고 보았다. 그후부터 의미의 구조체를 해명하는데서 의미성분리론－의미의 성분화와 의미분해, 핵심성분과 공통성분의 개념이 널리 도입되였다.

1. 의미의 성분화

추상적이고 무정형적인 의미가 구조체를 이루고있다고 본다면 그의 구조적요소들 역시 형체가 잡히지 않는것이라고 보아야 할것이다.

여기로부터 언어의미의 구조체를 이루는 요소는 반드시 어휘의 의미로부터 분해하여 얻어지는 성분들을 가시화할수 있는 방법 즉 의미구조의 구조적요소들을 눈에 드러나도록 형식화하는 방법을 찾아야 한다. 그것이 바로 의미의 성분화방법이다.

의미의 성분화방법의 출발적전제는 모든 어휘의 의미는 반드시 다른 어휘의 의미와 련관되여있으며 하나의 어휘의미는 다른 어휘의미들과의 련관속에서만 정의할수 있다고 보는것이다. 《푸르다》는 단어의 의미는 세상에 푸른색 하나뿐일 때에는 《푸르다》는 개념이 형성되지도 존재하지도 않으며 오직 《검다》, 《희다》, 《누르다》 등의 의미가 있기때문에 푸른색의 개념과 《푸르다》의 단어 및 그의 의미가 생길수 있다.

이러한 립장에서 보면 자립적인 하나의 개념이 생겨나고 그로부터 어휘와 의미가 발생할 때에는 반드시 그 개념과 어휘 및 의미의 련관이 이미 이루어져있다는것을 말한다.

바로 이 련관속에서 어휘의미를 갈라서 세분화하고 종합하여 정의하는것이 의미의 성분화이다. 다시말하여 의미의 성분화라는것은 어휘－의미적련관에 따라 의미표식들을 세분화하여 놓는 과정이다. 이것은 해당 어휘의 의미를 정의하는 과정과 일치한다.

실례로 《아버지》라는 단어의 의미를 정의하려면 다음과 같은 린접단어와의 련관속에서만 해석할수 있다.

《아버지》－나를 낳은 녀자의 남편(성)

－나의 친족에서 가장 가까운 1세대(세대＋1)

－나의 혈통에서 친족(계통 1)

이러한 정의는 《아버지》라는 단어를 성, 세대, 친족계통이라는 동물세계의 론리－개념을 기준으로 하여 서술한것이다. 여기에서 남자, ＋1세대, 친족1계통이라는 요소는 《아버지》가 가진 성분으로 된다. 그런데 이 성분들은 아버지만이 지니는것이 아니라 이와 련관된 단어들이 공통으로 가지는것들이 있다. 그중에 아버지만이 가지는 성분은 련관된 단어들에 따라 차이가 난다. 그것을 표에 의해서 식별하면 다음과 같다.

계통 / 성 / 세대	계통1		계통2		계통3
	남성	녀성	남성	녀성	남녀
+1세대	아버지	어머니	아저씨	아주머니	사촌
0세대	자기	자기	형제	자매	
−1세대	아들	딸	조카	조카	

《아버지》는 《어머니》와의 관계에서 성별표식 하나만이 구별되고 《아들》과의 관계에서는 세대표식 하나, 《딸》과의 관계에서는 성별과 세대, 조카와의 관계에서는 세대, 계통, 질녀와의 관계에서는 계통, 세대, 성별이 구별되는 식으로 갈라진다. 즉 공통성분을 가진 친족이름들은 어느 하나를 기준으로 할 때 공통성분에서 차이나는 요소수가 1개로부터 시작하여 점차 많아 진다. 이것은 그것을 한 단어의 의미로부터 점차 먼 거리에 있는 단어들의 의미성분을 나타낸다고 보아야 할것이다.

여기에서 《자기》라고 한것은 《나》이며 나가 아닌 딴 사람의 립장에서 《아버지》는 언제나 《1》이 붙은 상태의것이다.

친족관계에서 공통성분을 어느 정도 공유하는가에 따라 그 단어들의 의미성분이 달라지는데 가령 《아버지, 아들》은 하나씩의 서로 다른 성분만을 가진것으로 하여 의미성분이 가장 가까운 단어들이다. 이 세 단어를 놓고 핵심성분을 가른다면 《아버지》는 《어머니》에 대하여 《남자》, 아들에 대하여 《+1세대》이며 《어머니》는 《아버지》에 대하여 《녀자》, 아들에 대하여 《+1세대》이고 아들은 《아버지》에 대하여 《−1세대》, 《어머니》에 대하여 《남자》라는 표식을 각각 하나씩 차이나게 가지는데 이처럼 의미성분화의 개념은 바로 객관세계의 론리(동물세계의 혈통관계)를 기준으로 매개 단어가 가진 지식적의미를 세분화한 후 그것들의 련관관계를 가지고 단어들의 의미구조를 가르는것을 말한다. 이것은 언어학적으로 크게 두가지 문제점에 부닥친다.

첫째로, 객관세계의 론리－개념의 체계와 단어의 체계가 일치하지 않는다는것이다. 우에서 실례로 든 친족관계만 실례로 보아도 알수 있다.

<table>
<tr><th>조선어</th><th>마쟈르어</th><th>영어</th><th>로어</th><th>말레이시아어</th></tr>
<tr><td>형</td><td>Batya</td><td rowspan="2">Brother</td><td rowspan="2">Брат</td><td rowspan="4">Sudora</td></tr>
<tr><td>동생</td><td>Ocs</td></tr>
<tr><td>누나</td><td>Nene</td><td rowspan="2">Sister</td><td rowspan="2">Сестра</td></tr>
<tr><td>녀동생</td><td>Neg</td></tr>
</table>

보는것처럼 언어마다 개념에 따르는 단어의 의미폭이 같지 않으며 하나의 공통개념에 대하여 어떤 언어는 4단어, 2단어, 1단어로 지칭하고있다. 이러한 불일치현상은 거의 모든 언어의 대부분의 어휘집단들에서 나타나는 현상이다.

둘째로, 어휘는 개념적부류에 속하지 않는 의미성분들을 지니는 경우가 많다. 우에서 든 례에서 《아버지》를 놓고 보아도 생물학적술어들에서 일부 언어들은 종자교잡시 《아버지》(《감자 1대잡종의 아버지켠》, 《렬양교잡에서 엄지수양의 아버지켠》)라는 례를 들수 있다. 종교에서 《성부》의 의미로 《하느님아버지》 등의 경우를 들수 있다. 이것은 사람의 친족성분과 개념상에서는 같다고 볼수도 있으나 실제적인 어휘성분에서는 공통성분도, 구별적표식도 갖추지 못한다. 어휘의미에는 비유적인 과정으로 이루어지는 이러한 의미가 많은데(《바늘귀》, 《버선코》, 《봇나무 눈》 등) 그것들이 공통성분을 가지지는 못한다.

그러나 의미구조체를 이루는 요소들이 바로 의미성분이며 의미성분이 린접된 어휘들과의 관계속에서 얻어지는 개념적표식이라는 것은 언어의미를 분석하는데서 유용한 수법이다.

의미의 성분화가 바로 의미들이 지닌 성분들을 요소별로 갖추고 그중에서 공통성분과 핵심성분을 식별하는것이라면 의미분해는 성분화된 의미를 구조체로 정의할수 있도록 서술하는것을 말한다.

다시말하여 의미분해는 성분화에 의하여 얻어진 성분요소들을 자료로 하여 개별적어휘들의 의미들의 구조적표식을 제시하는것이다. 이것은 흔히 사전의 올림말(어휘)의 주석 같은 형식에서 찾아볼수 있다.

〔아버지〕—자기를 낳은 어머니의 남편

〔어머니〕—자기를 낳은 직계의 웃녀자

의미분해는 서로 의존되여 진행된다. 《아버지》의 의미는 《어머니》에 의존되여있고 《어머니》의 의미분해에 의하여 《아버지》의 의미는 완전분해된다. 즉 《아버지》의 의미성분인 직계, 웃사람이라는 요소는 《어머니》에 의하여 얻어진다.

2. 의미성분의 류형

의미성분은 단어의 성질에 따라 여러가지 형태를 가진다. 대부분의 명명적단어들은 계층적관계의 의미성분을 가지는가 하면 추상적의미의 단어들은 보통 시간적배렬의 의미성분을 가지고 또 많은 단어들은 론리적배렬의 의미성분을 가진다.

계층관계의 의미성분은 단어들이 의미적으로 련관을 이룰 때 그것을 식별해주는 의미성분이 계층을 이루는 그러한 성분을 말한다.

실례로 《녀자어린이가죽구두》, 《어린이가죽구두》, 《녀자가죽구두》, 《가죽구두》, 《구두》, 《신발》이라는 명명을 식별해 주는 의미성분들은 계층을 이룬다.

[신발]
|
성별 [남자, 녀자]
|
재질 [가죽, 천, 비닐]
|
형태 [구두, 운동화, 편리화]
|
크기 [문수, 어른, 어린이]

단어 《신발》이 공유하고있는 의미성분은 매우 넓지만 그중의 어느 성분요소 하나씩만이라도 따로 가지면 자립적인 단어를 이룬다. 때문에 신발의 의미마당령역에서 임의의 단어는 의미성분을 어느만큼 가졌는가에 따라 자기의 계층이 규정된다. 의미성분이 많을수록 아래위치에 놓이고 적을수록 웃위치에 놓인다. 즉 《구두→가죽구두→어린이가죽구두→녀자어린이가죽구두》에서 《구두》가 제일 높은 위치이고 《녀자어린이가죽구두》가 제일 아래위치이다.

이때 매 단어의 의미성분은 공통성분의 기능을 가지면서 그중 어느 한 성분요소가 식별기능을 수행한다.

시간배렬의 의미성분은 이와는 다르게 시간적으로 완전히 차이나는 성분요소들이 라렬된다. 이때 시간이라고 하는것은 주로 행동성을 가진 추상적의미에 포함된 의미성분요소들이 직선상에서 차례를 이루는데 앞에 놓이는 요소가 시간적으로 먼저이고 뒤에 놓이는 요소가 시간상 뒤늦다는 의미에서이다.

그러한 경우를 단어 《과오, 후회, 반성, 자책, 질책, 비판》들을 실례로 볼수 있다.

시간	성 분 요 소	단 어
1	잘못된 일을 범했다.	과오
2	잘못된 일을 돌이켜본다.	후회한다.
3	잘못된 일을 뉘우친다.	반성하다.
4	잘못된 일을 스스로 책망하다.	자책하다.
5	잘못된 일을 꾸짖는다.	질책하다.
6	잘못된 일을 고치도록 한다.	비판하다.

여기에서 《과오》는 그아래의 모든 단어들에 대하여 전제로 된다. 즉 잘못된 일이 없이 후회하거나 반성하지 않으며 역시 자책, 질책, 비판할수 없다. 때문에 아래의 5개 단어의 의미성분에는 《잘못된 일》이라는 성분을 공유하고있다. 마찬가지로 《반성》은 《후회》를 거친 다음에 그것까지 포함해서 이루어지며(《과오를 잘 돌이켜보고 반성한다.》) 역시 《자책》, 《질책》, 《비판》

도 그앞의 모든 성분들을 차례로 공유하면서 새로운 성분요소를 더 가진다.

이러한 관계를 언어생활에서 충분히 립증할수 있다.

○ 《이미 저지른 과오를 놓고 이제 와서 후회한들 소용있나.》

《후회만 하지 말고 자기 반성을 잘해야 과오를 고쳐.》

《과오를 시정하자면 자기 반성을 잘한 다음 자책감을 가질 줄 알아야 해.》

《과오에 대해서 자책했으면 되게 자신을 질책해야 고쳐.》

《과오를 놓고 아무리 후회하고 반성하고 자책감을 가지고 자신을 질책해도 결함의 원인을 똑똑히 찾아 자신을 사상적으로 비판하지 않으면 고치지 못해.》

시간적으로 완전히 차이나는 의미성분류형은 이처럼 먼저 이루어진 성분요소를 전제로 하면서 새로운 성분요소를 보충해나가는것인데 단어의 의미성분식별에서는 제일 뒤에 오는 성분요소가 핵심성분으로 된다.

즉 《후회》-《뉘우치다》

《반성》-《느끼다》

《자책》-《스스로 책망하다》

《질책》-《꾸짖다》

《비판》-《고치도록 하다》

어느 언어에서나 행동을 나타내는 단어들의 경우에 시간적준위에서 공통성분을 가지는 어휘집단이 있으며 이것들의 의미성분화를 진행해야 의미구조해석이 이루어지는것만큼 이 류형도 필수적수법으로 된다.

론리적식별의 의미성분류형은 계층이나 시간의 식별원리를 다 포함한다고도 볼수 있으나 두드러진 련관만을 전면에 놓고볼 때 이 류형이 따로 갈라져나온다고 보고있다.

론리적식별의 의미성분류형에서 중요한것은 언어의미를 개념의 론리성에 철저히 준하면서도 어느것을 핵심성분으로 선택하는가 하는것이 기본으로 된다. 례를 들어 량과 질, 모양과 색갈, 새것과 낡은것, 맛과 냄새 등과 같은 개념의 호상관계에서 어느것을 의미성분의 기본식별표식으로 선택하였는가 하는데 따라 단어들의 의미성분이 구별된다.

이러한 관계를 식물의 부분기관인 《꽃》, 《열매》를 놓고 설명할 수 있다.

성분 / 단어	식물기능		리용도			형태		색갈		냄새	
	수분(수정)	종자(번식)	식용	약용	관상	고운것	미운것	고운것	미운것	향기	악취
열매(벼, 콩, 사과, 배, 밤…)	×	△	○	△	×	×	×	×	×	×	
꽃(목란, 진달래, 장미…)	△	×	×	△	○	○	×	○	×	○	

※ ○………완전한 성분

△………부분적인 성분

×………비성분

식물의 부분기관으로서의 《열매》와 《꽃》은 생물학적개념으로서는 공통된 기준이 설정된다. 그러나 구체적인 어휘 즉 《벼, 콩, 사과, 배, 밤, 도토리…》 등등과 《목란, 진달래, 장미, 국화…》 등등의 어휘적의미를 이루는 의미성분은 서로 다르게 선택된다. 즉 알곡이나 과일 기타 열매의 기본의미성분은 식용이며 보조성분이 약용일뿐 다른 개념은 무시되며 《꽃》의 여러가지 종류들은 형태, 색갈, 냄새와 관상용의 성분을 가지고 나머지 개념은 무시된다. 이것은 언어생활속에서 해당 어휘들이 획득한 구체적인 의미이기때문에 아무리 개념상에서 주요한 위치에 있다고 하여도 어휘적의미에서는 그것이 선택되지 않는다.

의미의 성분화와 의미분해, 의미성분의 류형에 대한 개념들은 오늘 어휘의미해석에 널리 쓰이고있다. 일반적인 어휘의미해석으로 하는 사전의 주석(올림말뜻풀이)을 들수 있거나 학술적단어의 술어해석

(개념정의)을 들수 있고 인공언어에 의한 콤퓨터어휘처리에서는 기계사전작성, 문장의미해석을 들수 있다.

이때에 적용되는 수법을 현대의미론에서는 의미성분에 따르는 어휘의 명명수법, 뜻풀이수법, 개념정의수법, 론리적분류법 등 4가지로 갈라보고있다.

3. 의미성분화에 의한 의미구조해석

의미성분화는 본질에 있어서 의미객체와 의미매체의 론리적개념을 구별적표식으로 의미실체를 분해하는것을 말한다. 때문에 의미성분화에 의한 의미구조해석은 객관세계의 사물현상과 론리형식의 분류도식을 기준으로 의미구조를 분석서술하는 방법이라고 말할수 있다.

의미실체의 구성과 짜임을 객관세계의 일반론리도식에 의하여 해석한다면 자연히 모양, 색갈, 크기와 같은 형태학적기준이나 조성성분, 맛과 같은 질적기준이 전면에 나서게 된다.

모양을 실례로 본다면 주위세계의 모든 사물현상을 곡선과 직선으로부터 각이한 형태를 이룬다고 간주할수 있다. 좀더 구체적인 기하학적도형으로 말하면 곡선은 원과 타원형, 직선은 직각형과 사변형이며 그의 전형적도형은 《○△□》이다.

이것을 시초적형태로 한다면 다음과 같은 모양의 도형이 얻어진다.

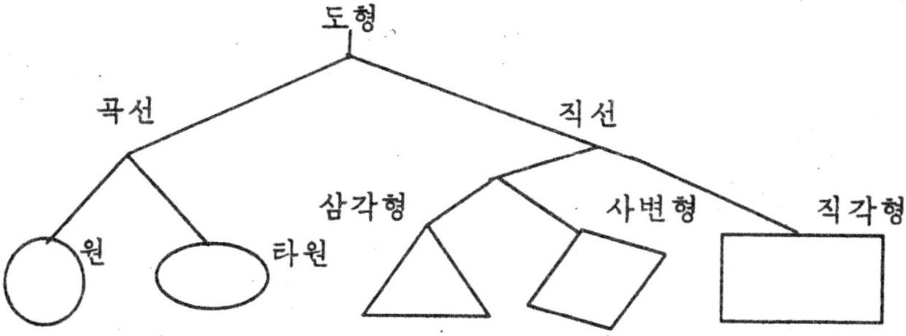

이것을 다시 론리도식으로 세분하면 다음과 같은 도형을 얻을 수 있다.

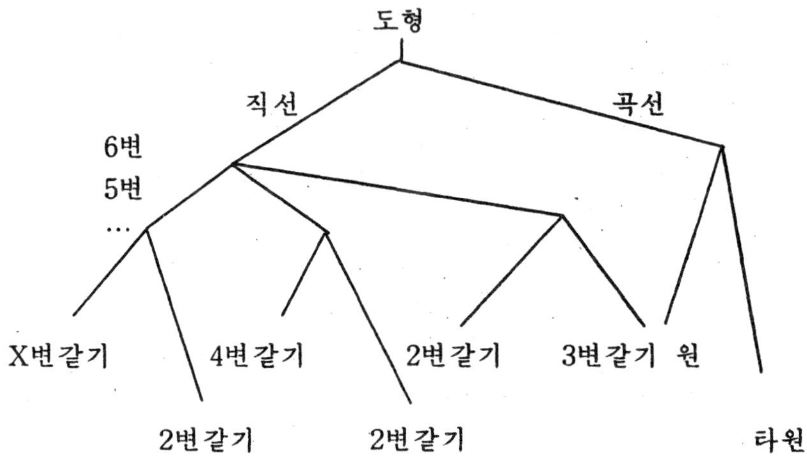

이러한 도형적원리에 기초하여 주위세계의 모든 사물에 대한 형태학적모습을 분해한다면 의미실체의 개념을 론리적으로 그려낼 수 있다.

례를 들어 《타래못》의 모양에 대한 구별은 못의 머리부분이 나타내는 도형적특성에 따라 《둥근타래못, 반둥근타래못, 정3각못, 부등3각못, 정4각못, 부등4각못…》 등으로 구별할수 있으며 이것이 의미성분의 구별적표식을 나타낼수 있다. 즉 《못》이라는 단어의 성분요소에는 재질, 기능, 형태 등으로 가를수 있는데 이때에 형태에 대한 의미성분을 도형적기준에 따라 분해할수 있다.

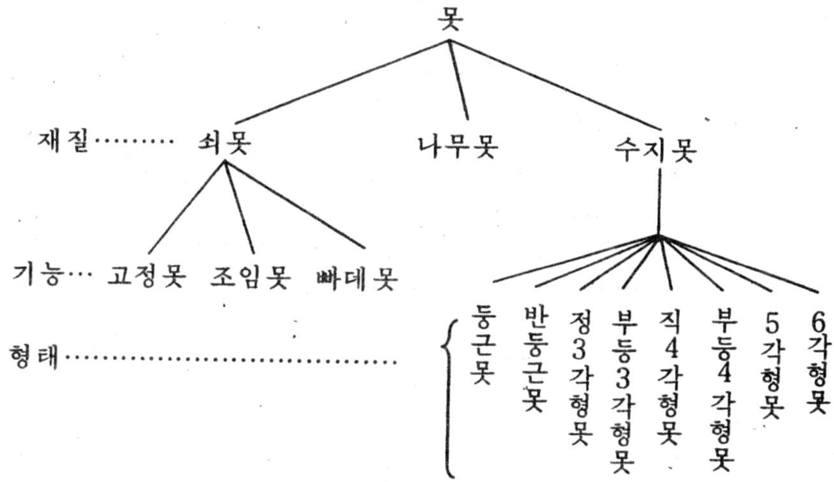

의미성분은 결국 물질적형태와 기능, 성질 등을 론리개념으로 세분화하여 얻어지는 요소를 기준으로 하기때문에 그 어떤 의미에도 적용될수 있다.

형태가 아니라 색갈을 출발적기준으로 한다면 3원색, 기본5색 등을 기준으로 하여 갈라나갈수 있다. 가령 《흰색, 검은색, 푸른색, 누른색, 붉은색》의 기본5색을 출발로 한다면 수많은 의미성분요소를 얻어낼수 있다. 이러한 원리에 기초하여 조선어의 색갈의 이름이 근 500여가지에 이르게 된것도 하나의 실례로 된다. 조선어에서 《검푸른색, 진록색, 곤청색, 연록색, 연청색, 흑곤색, 진곤색》 등의 단어들이 지닌 의미성분에서 공통성분은 《검은색》과 《푸른색》이며 그것을 출발로 하여 새로운 성분요소들이 첨가되는것이다.

의미성분화에 의한 의미구조해석은 물질세계의 명명적단위들만이 아니라 명명적대상의 속성, 운동 등도 같은 론리적개념의 분류도식을 기준으로 하여 실현할수 있다.

실례로 인척관계에 대한 성분화의 론리적기준을 보면 다음과 같다.

성분 \ 단어	아버지	어머니	아들	딸	형제	자매	아저씨	아주머니	조카	조카딸	4촌
성별(남, 녀)	남	녀	남	녀	남	녀	남	녀	남	녀	남녀
세대 (+1, 0, −1)	+1	+1	−1	−1	0	0	+1	+1	−1	−1	+1, 0, −1
계통 (직계+1, +2)	직	직	직	직	+1	+1	+1	+1	+1	+1	+2
혈통(친척, 인척)	친	친	친	친	친	친	친인	친인	친	친	친

의미성분화의 결과가 얻어지면 모든 의미구조의 해석은 충분히 진행되며 따라서 의미의 내적성분들을 현실세계와 련관시킬수 있다.

이것은 의미실체가 의미매체나 의미객체와 맺은 관계를 풀이하면 곧 의미구조의 해석이 실현된다는것을 말한다.

운동의 성분화를 놓고 보아도 역시 형태, 방향, 속도와 같은 론리적개념을 기준으로 할수 있다. 가령 형태라면 그것은 사물운동의 일반적형태로서 원과 직선이 출발적기초로 되고 방향이라면 앞뒤좌우가 출발점으로 되고 속도라면 운동기관의 동작이 출발점으로 된다.

실례로 운동형태를 보면 원에 대해서 《돌다》, 직선에 대해서 《가다》, 방향에서 앞은 《가다》, 뒤는 《오다》, 속도에서는 운동기관, 례하면 한발, 두발, 4발의 동작을 기준으로 할수 있다.

즉 《기다》—〔4발〕

《걷다》—〔2발/4발〕

《뛰다》—〔1발/2발〕

《날다》—〔0발〕로 성분화할수 있다.

이처럼 의미성분화의 방법은 의미구조를 요소별로 세분하여 구체적표식과 공통성분을 찾아냄으로써 어휘의미의 련관관계와 개별적특성을 해석하는데서 효과적인 수법으로 된다. 이것은 특히 의미구조를 기계적 수단을 리용하여 자동분석하거나 여러 언어의 대비연구, 번역 등에서 효과적방법으로 적용될수 있다.

제3절. 의미소

의미의 최소단위를 의미소라고 하는데 이것은 형태소의 내용물을 말한다. 다시말하여 최소의 의미를 가진 단위를 형태소라고 하는데 이때 형태소와 의미소는 하나로 엉켜진 최소언어단위이다. 형태적으로 아무리 작게 갈라질수 있다고 해도 거기에 의미소가 엉켜지지 않으면 형태소라고 할수 없다. 그러나 의미를 쪼갤수 있는껏 쪼개여 거기에 따라 형태가 이루어질수 있는 한 그 내용물을 의미소라고 할수 있다. 결국 형태소는 형식이고 의미소는 내용이며 형식은 내용에 의존되고 내용은 형식을 규정짓는다.

실례로 《너구리, 갈구리, 아구리》에서는 《구리》를 공통요소로 취할수 있지만 거기에 그 어떤 《의미쪼각》도 갈라져나오지 않기때문에 그것을 형태소라고 할수 없다.

《멋쟁이, 안경쟁이, 심술쟁이》에서는 《쟁이》와 《누렁이, 야옹이, 덜덜이》에서는 《이》는 각각 대상적의미소를 충분히 가지고있기때문에 형태소라고 할수 있다.

《송아지, 강아지, 망아지》에서는 《아지》가 《새끼》의 의미소가 있는가 없는가 하는것은 《돼지》→×《동아지》, 《토끼》→×《통아지》, 《염소》→×《염송아지》로 류형화되여있지 않고 따라서 전 민족적인식의 《의미》를 획득하지 못한만큼 《아지》는 새끼의 의미소를 가지지 못하며 따라서 《소－ㅇ아지》, 《가＋ㅇ아지》, 《마＋ㅇ아지》로 형태분해를 할수 없다.

의미소의 의미는 실질적의미만을 념두에 두지 않는다. 문법적, 추상적의미도 역시 의미소범주에 속한다. 《울다》－《울음》－《울보》에서 말뿌리 《울》이 충분한 형태소를 이루는만큼 그뒤에 붙은 《－다》, 《－ㅁ》, 《－보》가 실질적 또는 문법적의미를 가졌는가에 관계없이 형태소를 이루며 거기에는 역시 《동사》, 《명사》, 《사람》이라는 의미정보를 가진 의미소가 있다.

1. 의미소의 한계성과 표식

의미소가 최소의미단위라고 한다면 그 최소의 한계가 어데까지이며 또 의미소의 한계를 넘어선 최대한계는 어데까지인가 하는 문제가 제기된다. 왜냐하면 언어의미는 말을 하고 글을 쓸 때 문장과 문맥환경속에서 실현되기때문에 이때의 의미소는 매우 다양한 변이형태를 띠고 나타나기때문이다.

실례로 단어 《놀다》의 경우를 보자.

① ㄱ) 5.1절 하루를 대성산에서 잘 놀았다.(휴식－즐거움)
ㄴ) 월요일도 떨쳐나 월말전투를 벌렸다.(휴식－작업)
ㄷ) 일자리없이 노는 사람은 하나도 없다.(휴식－작업)
ㄹ) 놀고있는 자재를 다 동원리용한다.(휴식－물체)

② ㄱ) 양지바른 산비탈에 아지랑이가 그물그물 놀고있다.(운동－물체)
ㄴ) 오늘 따라 싱겁게 놀고있는 영수를 꾸짖었다.(운동－사람)
ㄷ) 손이 곱아서 손가락이 제대로 놀지 않는다.(운동－기관)
ㄹ) 상자속의 유리관이 놀지 않게 틈막이를 하였다.(운동－물체)

③ ㄱ) 언어는 인간교제에서 기본역할을 논다.(역할－현상)
ㄴ) 부모의 언행은 자식들의 수양에서 근본작용을 논다.(역할－사람)
ㄷ) 야외극장에서 새로운 연극을 논다.(역할－공연)
ㄹ) 짬시간만 있으면 장기를 논다.(역할－유희)

보는것처럼 동사 《놀다》의 의미는 대충 분해하여도 크게 3가지, 작게 10여가지이상으로 쪼개진다. 이때에 의미소한계를 어떻게 긋겠는가 하는것이 문제이다.

현실과 련관된 대상-론리적관계를 보면 우선 ①휴식과 ②운동은 완전히 맞서있으며 ③역할은 그 관계가 보다 더 멀어지고있다. 다시말하여 《휴식》은 운동의 보다 높은 형태이다. 이것을 모두 합쳐 《놀다》의 《놀-》이라는 형태소에 담겨진 하나의 의미소라고 하겠는가 하는것이다. 이때에 《놀-》에 담겨진 의미소를 하나로 보아야 한다. 그것은 비록 지금에 와서 《놀다》의 의미가 정반대되는 대상론리적관계로까지 번져졌으나 그 밑에 깔려 있는 원시적의미는 하나이기때문이다. 그 원시적의미는 《휴식》도 《운동》도 아니고 《역할》도 아니며 오직 《즐거운 행위》(잘 놀았다.)이다. 이 《행위》의 개념이 점차 갈라진뜻으로 번져져 서로 맞서는 개념에로까지 전개된것이다. 그런데 이 원시적의미란 사실상 가장 추상화된 개념이다. 다시말하여 《놀다》의 개념을 고도로 추상화하면 《즐거운 행위》에 이른다고 보아야 한다.

이러한 관점에서 의미소를 리해할 때 다음과 같은 개념이 세워진다.

첫째, 《의미소의 최소한계》는 현행적인 언어행위(담화)에서 쪼개지는 가장 작은 론리적개념이다. 우에서 본 10여개이상의 의미를 념두에 둘수 있다.

둘째, 《의미소의 최대한계》는 다른 의미에로 넘어서기 이전까지의 론리적개념이다. 우에서 본 3가지 의미를 통합해서 최대한계라고 리해할수 있다. 만일 우에서 례로 든 《놀다》가 《물건 같은것이 부족되고 희귀하다.》의 의미를 가진 《놀다》(《한겨울에도 과일이 놀지 않고 흔하다.》)로 넘어서면 그것은 다른 의미소로 보아야 한다.

셋째, 《의미소의 표식》은 해당한 의미의 전체를 관통하는 추상적이며 기본적인 개념을 말하는데 그것은 대체로 원시적의미로 표현된다. 본문에서 쓰인 의미가 매우 다양하고 복잡한 련관을 이룬다고 하여도 그것이 하나의 추상화된 원시적개념으로부터 출발된것이라면 하나의 의미소로 보아야 하며 이때 의미소구별표식은 해당 언어발전의 합법칙성에 비추어 가장 일반화된 근간적의미라는 타당성을 찾을수 있어야 한다.

이것은 마치도 《음운》과 《어음》, 《음소》와 《말소리》의 관계에서처럼 《의미소》와 《의미》를 일반과 개별, 추상적인것과 구체적인것의 관계로 보는것과 같다.

2. 의미소의 견고성

우에서 본것처럼 의미로 실현된 의미소는 매우 다양하다. 하나의 의미소가 여러개, 지어 수십개의 의미로 쓰이는 경우가 보통이다. 이것을 두고 지난 기간 의미소의 《변이성》에 대하여 론한것이 많다. 그러나 실제에 있어서 의미소는 변이성이 없다. 의미의 다양한 실현은 의미소의 변이성인것이 아니라 언어행위에서 그의 실현일따름이다.

의미소가 변이성을 가지지 않는 리유는 그의 견고성에 있다.

의미소의 견고성은 본질적속성이다. 왜냐하면 의미소에 변이성이 있다면 그것은 벌써 의미소가 아니라 현실화, 구체화된 의미에 불과한것이기때문이다.

의미소의 견고성은 우선 형태소의 변화에도 아무러한 변화를 일으키지 않는데서 나타난다.

《놀다》-《놀이, 놀음, 놀쇠》 등으로 각이한 품사전성을 가져와도 《놀-》의 의미소는 변하지 않는다. 이때 덧붙은 형태소 《-이, -음, -쇠》는 비록 서로 다른 의미소를 가지고있다 하더라도 《놀-》의 의미소는 그에 관계없이 자기의 기본개념을 고수하고있다. 더우기 《놀다》→《놀다가, 놀아서, 놀 땐, 놀고, 놀지…》 등의 다양한 문법적형태를 가지는 경우에도 《놀-》의 의미소는 그대로 유지된다.

의미소의 견고성은 또한 문체와 문맥, 환경과 장면에서 아무리 다양하게 쓰인다 하여도 그 의미를 직결시키는 민족어소유자들의 공동의 인식에서 잘 나타난다. 그것은 하나의 의미소가 다양하게 실현되는 경우나 하나의 형태가 여러개의 의미소를 가지는 경우나를 막론하고 본문속에서 형태와 의미를 직결시켜 인식하는것은 곧 의미소의 견고성에 기인되는것이다. 의미소의 견고성이 없으면 언어교제가 실현될수 없다.

《잔치집에 선돌애비 놀듯》(행동)과 《대장쟁이집에 식칼이 놀다.》(희귀하다)에서 《놀-》의 의미를 뚜렷이 갈라서 인식할수 있는것은 바로 의미소의 견고성으로부터 오는것이다. 의미소에 대한 민족어사용자들의 공동의 인식이 파괴되면 그것은 벌써 민족어어휘구성에서 규범성이 상실된것을 의미하며 사회적교제가 제대로 실현되지 않게 된다. 수십만 단어와 그것을 천태만상으로 쓰는 과정에 실현되는 언어의미란 그 변이와 변화가 헤아릴수 없지만 그래도 아무러한 불편없이 오히려 더 표현력있고 효과적으로 교제를 실현하는것은 의미소의 견고성으로부터 출발되는것이다.

의미소의 견고성에 대한 리해는 공시태적관점에서 가지는것을 기본으로 한다. 물론 필요에 따라 력사의미론적관점에서 의미소의 견고성을 론할수도 있으나 이것은 언어에 대한 력사적연구시에 국부적으로 적용되는 방법이다. 왜냐하면 어원론적으로 의미소를 고찰한다는것은 현행 언어의미구조를 분석처리하는데서 편향과 주관을 범하게 할수도 있고 또 대부분의 의미에 대하여 어원론적의미를 찾아낸다는것은 불가능하기때문이다. 앞에서 본 원시적의미(의미소의 표식)란 력사의미론적관점에서가 아니라 현행 의미구조에서 일반화의 기초에 놓이는 근간적의미라는 뜻이다.

3. 의미소의 류형

의미소를 류형별로 가르자면 여러가지 기준을 설정할수 있겠지만 실용면에서는 주로 외적형식을 기준으로 분류하는것이 합리적이다. 의미소의 외적형식은 형태소나 어휘소를 념두에 둔것으로서 의미소를 나타내는 표현면을 가리킨다.

이러한 측면에서 볼 때 의미소는 여러가지 류형을 가진다.

△ 령형태의 의미소

의미소는 있는데 형태소가 표현되지 않는것을 말한다.

○ 저－[나][낮춤]：여기에서[낮춤]의 존칭의미소는 따로 표현면을 가지지 않는 령형태의미소이다.

집집－[집][여럿]：여기에서 [여럿]의 복수의미소는 형태적으로 주어지지 않는 령형태의 의미소이다.

조선어동사, 형용사의 원형(《주다, 곱다》)과 일부 형태(《쓰오, 맵소》)에서 《현재시칭》의 의미소는 령형태의 의미소이다.

△ 단일형태의 의미소

하나의 형태에 하나의 의미소가 표현되는 류형이다.

○ 진달래－[진]＋[달래] ×

－[진달래]

희다－[희]＋[다] ×

－[희다]

△ 복합형태의 의미소

둘이상의 형태소가 하나의 의미소로 표현되는 경우이다.

○ 소리, 노래－[성악]

희다, 하얗다, 허옇다－[백색]

△ 령의미소

형태는 있으나 의미소가 표현되지 않는 류형이다.

○ 동해바다－[바다]는 령의미소의 단어이다.

우리들－[들]은 령의미소의 형태이다.

△ 복합의미소

하나의 형태에 여러개의 의미소가 표현되는 류형이다.

○ 물－[H_20], [액체], [물감]…

타다－[연소], [수여], [승차], [연주]…

의미소류형을 이와 같은 관점에서 가르는 목적은 주로 단어의 의미구조적분류를 손쉽게 하려는데 있다. 루크드나 람은 자기의 형식문법에서 이 원리를 도입하여 단의어, 뜻같은말, 소리같은말들을 식별하고있다. 즉 단의어는 단일형태의 의미소($S_1 \rightarrow M_1$)이며 다의어는 복합의미소(S_1, S_2 …$S_n \rightarrow M_1$)이며 뜻같은말은 복합형태의 의미소($S_1 \rightarrow$ M_1, M_2, M_3, M_4… M_n)이다.

이상에서 보는바와 같이 의미소문제는 언어일반에 내재하는 의미구조문제로 설정되였다. 그러나 의미소문제는 반드시 언어의 민족적특성과 결부하여 분석하여야 한다.

언어의 의미는 개념과 구별된다. 개념은 론리적범주로서 보편적성질을 가지지만 언어의 의미는 개별적민족어에 따라 자기의 고유한 특성을 가진다. 더우기 의미소는 매개 언어의 형태류형적특성에 따라 구별되는 형태소와 직접 련관되여있기때문에 반드시 언어의 민족적특성과 결부하여 분석되여야 한다.

지난 기간 최소단위로서의 형태소와 의미소문제를 순수 개념분류의 립장에서 고찰하고 그것을 언어일반에 도입적용하려는 시도들이 많았다. 때문에 류형학적으로 완전히 구별되는 언어들사이에 의미소대응규칙을 만들거나 형태소대비사전을 작성하는 것과 같은 구조주의적분석방법들이 언어실천에서 실패를 면할수 없게 되였다.

의미소문제는 언어발전의 합법칙성과 언어의 민족적특성에 철저히 기초하여 고찰할 때 언어의미분석과 연구에서 의의있는 문제로 리용될수 있는것이다.

그러면 조선어에서 의미소분석과 관련하여 특징적으로 제기되는 문제는 무엇인가?

그것은 첫째로, 한자어문제이다. 한자어는 개개의 글자가 뜻을 가지고있기때문에 본질상 한자어의 매개 글자는 형태소를 이룰수 있으며 따라서 의미소를 가진다고 볼수 있다.

창문→창+문 { 창구멍, 창유리, 창호지 / 문짝, 문발, 나들문 }

책상→책+상 { 책가방, 책뚜껑, 력사책 / 상보, 밥상, 상다리 }

학교→학+교 { 학생, 학습, 학과 / 교장, 교원, 교재 }

이러한 관계로 우리 말에 많이 섞여있는 한자어의 형태구조와 그에 따르는 의미구조를 특별히 잘 처리하여야 한다. 원리적으로 본다면 뜻글자인 한자는 어떤 경우에도 매개 글자가 자기의 자립적인 의미를 지니고있지만 우리 말 단어를 이룬 다음에는 철저히 단어구조에 종속되는것이다. 때문에 단어구조의 특성을 위주로 하여 형태소와 의미소를 구분하는 원칙을 세워야 한다.

두소리마디이상으로 이루어진 한자말이라고 하여도 그 개개의 글자가 말뿌리나 덧붙이의 성질을 가지지 못하면 그것은 형태소로 분해될수 없으며 따라서 개개의 글자가 의미소를 가지지 않는다.

군대, 군인, 군사→《군》이 공통으로 갈라져나올수 있고 또 《군》하나로서 충분한 의미와 단어조성능력의 형태를 가지지만 이 단어들이 단순단어로 인정되는 이상 《군+대, 군+인, 군+사》로 분해할수 없으며 따라서 의미소를 가지지 않는다. 왜냐하면 이것은 조선어의 단어이기때문에 조선어적특성에 녹아든 구조로 보아야 하기때문이다.

둘째로, 우리 글자가 가지는 정보적특성을 특별히 고려해야 한다. 자모자이면서 마디글자로 묶어서 쓰는 우리 글의 특성에 맞게 형태소구분과 의미소구별을 잘하여야 한다.

우리는 마디글자를 기본으로 글말생활을 하지만 자모자에도 의미정보가 붙어다니는 경우가 있기때문에 우선 이것을 잘 식별하기 위한 방법을 탐구해야 한다.

《보다》→《본다, 볼것이다, 봤다》에서 《-ㄴ다》, 《-ㄹ것이다》, 《-ㅆ다》가 형태구별되는데 이때 《ㄴ, ㄹ, ㅆ》 같은것은 시간정보를 표현하는 형태소라고 말할수 있다. 그런데 마디글자를 단위로 하는 우리 글에서 이러한 자모자를 따로 떼내여 의미소를 분석한다는것은 매우 어려운 문제점들을 제기하고있다. 그런것만큼 우선 어떤 자모자가 어떤 의미정보를 가지는가 하는것부터 목록화하며 뚜렷한 자료적기초를 가져야 한다. 그것은 특히 문법정보가 아닌 어휘정보들이 글자변형에 따라 같은 의미의 서로 다른 단어로 표현되는 경우에 더욱 그러하다.

《하나》→《한사람》, 《한둘》, 《둘》→《두사람》, 《두셋》, 《셋》→《세사람》, 《서너명》에서처럼 《하나》와 《한》, 《둘》과 《두》, 《셋》과 《세, 서》가 서로 달리 표기되는 다른 단어이지만 의미소는 절대적으로 갈다.

이러한 어음변종에 따르는 이형뜻같은말이 많은 조건에서 단어식별을 철저하게 글자표식에 따라서 하는것은 우리 글자의 정보처리에서 매우 중요한 의의를 가진다.

제4절. 의미마당

의미소를 의미구조해석의 출발개념으로 할 때 의미의 련관관계는 다양하게 이루어진다. 즉 의미소를 핵으로 하여 계층적, 결합적 구조형식을 갖추고 여러 갈래의 련관을 이루면서 의미구조체를 이룬다. 이러한 련관관계를 포괄적으로 정의하기 위하여 의미마당리론이 도입된다.

1. 의미마당의 개념

의미마당(Semantic field)이란 론리의미적으로 련관된 단어들의 집단이 가지고있는 의미령역을 말한다. 한 언어안에 있는 모든 단어들은 론리－개념적으로 다른 단어들과 련관되여있으며 그 넓이에서 차이는 있어도 련관관계를 가지지 않는 단어는 없다. 이러한 원리에서 보면 모든 개별단어들의 의미는 그것 하나로서는 정의할수 없고 오직 다른 단어와의 관계속에서 린접단어의 의미에 의지해서만 해석될수 있다.

의미마당리론은 바로 이러한 의미의 련관관계를 반영하여 나온 리론이다.

이것을 처음으로 정립한것은 트리에이다. 그는 의미마당리론을 처음 제기하면서 의미적련관관계를 철저히 개념의 련관관계로 제기하였다. 따라서 트리에의 의미마당리론은 개념의 마당에 대한 리론이다.

모든 단어들은 개념이 가지는 론리적련관에 따라 《친족성》을 지니는데 이것이 바로 의미마당의 령역을 이루며 그것이 외적으로는 어휘층이나 련관어로 나타난다. 때문에 의미마당리론에서는 개념의 마당과 어휘층이나 련관어가 하나의 통합적체계를 이루게 된다.

의미마당리론의 리론적출발점을 두가지 방향에서 해석할수 있다.

첫번째의 리론적출발점은 훔볼트의 언어마당론인데 이것을 직접적으로 계승한것이 앞에서 본 트리에의 론리-개념마당리론이다.

이 리론은 어데까지나 객관세계의 사물현상의 련관과 그 반영에 의하여 형성된 론리적련관에 기초를 두고있다. 때문에 이것을 개념적련관의 마당리론으로 고찰하며 현대의미론에서 이것이 의미마당의 주류를 이룬다.

두번째의 리론적출발점은 슈트의 언어기호론을 계승한 마토제를 비롯한 의미론자들에 의하여 전개된 관념마당리론이다. 이것은 사물현상이나 론리의 련관보다도 언어사용과 발전과정에 형성된 현상과 관념의 련관관계를 반영한 의미마당론이다.

이 두가지 견해의 공통성은 어휘들이 론리-련상에 의하여 련관을 이루는데 이때 그 련관의 린접성정도에 따라 의미마당이 구획된다고 보는것이다. 여기로부터 의미마당을 어휘들의 의미적련상군이라고 말하고있다.

의미마당리론에 의하여 우선 어휘들은 계층구조를 이룬다. 즉 매개 어휘는 린접된 어휘들과 층위관계를 가지는데 그것은 모든 어휘들이 자기의 상위어휘와 하위어휘의 관계속에 존재하는것으로 나타난다. 이때 웃위치의 어휘가 포함된 어휘마당의 령역은 언제나 아래위치의 어휘가 포함된 의미마당의 령역보다 크다. 이것은 곧 웃위치어휘의 의미마당속에 아래위치의 의미가 포함된다는것을 말한다. 반대로 아래위치어휘의 의미마당은 웃위치어휘의 의미를 포괄하지 못한다.

결국 작은 령역의 어휘마당의 합이 큰 령역을 가진 어휘마당의 령역으로 되며 따라서 큰 어휘마당의 합은 어휘구성총체를 망라한다. 이러한 론리적개념은 의미마당을 개념의 마당으로 본데서 온것이다. 때문에 의미마당에 의한 어휘의 계층도 본질에 있어서는 개념의 계층이며 개념의 아래웃위치관계를 해당 어휘들이 있는 경우에 어휘층으로 표현할따름이다.

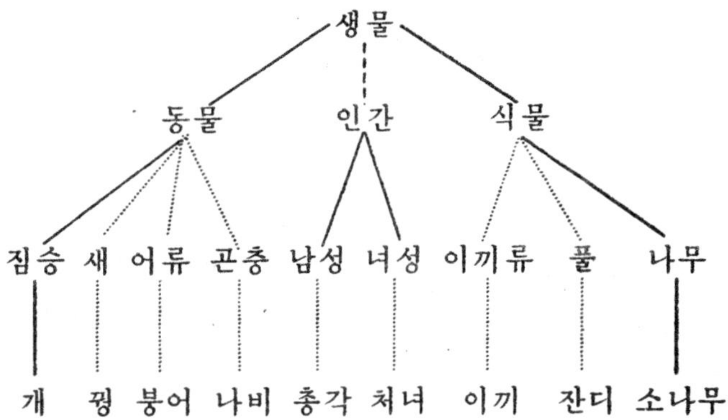

《개, 꿩, 붕어, 나비, 총각, 처녀, 이끼, 잔디, 소나무》라는 조선어단어로부터 상위관계와 그에 따르는 계층구조를 보면 개념적으로 그림과 같이 표시할수 있다. 그러나 계층구조를 개념으로 나타내자면 이 그림은 매우 불충분하고 부정확하다. 왜냐하면 《생물》에 대한 학술적개념은 매우 정밀하게 체계화되여있으며 그의 대부분 계층별 명칭은 학명으로 되여있고 과학적으로 분류화되여있기때문이다. 학명이 곧 어휘라고 보기 어려우며 어휘와 학술적술어와는 질서가 다른것이다.

때문에 계층구조는 어휘의 구조인 동시에 어휘의 의미구조로 되여야 한다는 결론이 나온다. 즉 어휘가 출발점으로 되여야 하며 같은 계층에 개념은 있어도 학술적이름밖에 일반어휘가 없으면 계층구조를 이루지 못한다.

의미마당리론은 다음으로 어휘들을 련관어체계로 묶어나간다. 계층구조는 아래웃위치의 층위관계라면 련관어관계는 넓게는 층위관계를 포함하고 좁게는 오직 좌우의 련관관계만을 표현하는 련관어체계이다.

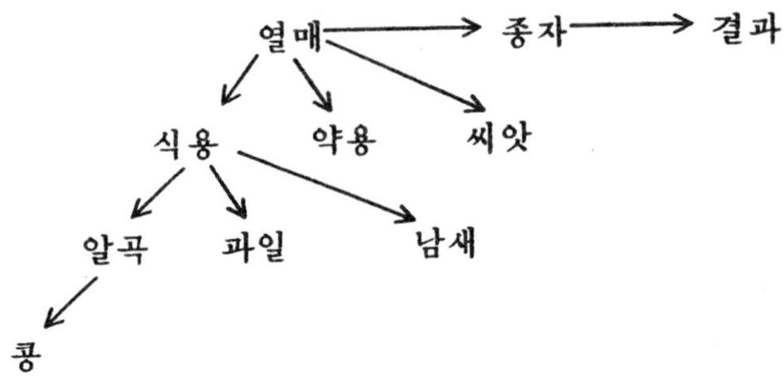

도식에서 수직방향에 놓인 《열매－알곡》이 층위관계라면 수평방향에 놓인 《열매－종자－결과》나 《벼－강냉이－콩…》따위는 련관어계렬에 속한다.

2. 의미마당의 류형

의미마당리론은 출발적기초가 서로 다른데로부터 오늘날 일련의 류형으로 갈라져 고찰되고있다. 다시말하여 견해와 주장에 따라 의미마당을 서로 다른 각도에서 고찰하고있으며 그 결과 의미마당류형으로 갈라지고있다. 이것을 의미마당의 류형이라고 한다.

△ 어휘론적의미마당

어휘를 단위로 하여 의미련상군이 이루어지는 경우이다. 이것을 흔히 계렬식(paradigmatic)의미마당이라고 하는데 전적으로 트리에의 론리－개념적련관에 기초한 류형이다. 사전적단어를 단위로 하는만큼 언어사용시의 문장론적, 문맥적의미는 의미련상에 참여하지 않는다.

《상, 부상, 국장, 부국장, 과장, 부과장, 부원, 보조부원》 등과 같은 직함의 층위관계와 《얼굴, 머리, 눈, 입, 코, 귀…》와 같은 인체기관의 련접관계 등을 비롯하여 대부분의 단어들이 그 전체의 대상－론리적공통성으로 하여 련관을 맺는다.

이것을 어휘단위에서의 의미련상군이라 하여 어휘론적의미마당이라고 한다.

△ 문장론적의미마당

문장에서 단어들의 결합관계에 따라 의미현상이 일어나는 경우를 말하는데 이것을 흔히 결합식(syntagmatic)의미마당이라고 한다. 이것을 처음 제기한것은 포지그이지만 그후 문장론적관계로 의미마당을 전면 해석한것은 아프레샨이다.

이 류형의 의미련상군은 주로 단어들이 문장속에서 문장론적제약을 받으면서 의미마당을 이루는것들이다.

실례로 《연필》, 《글》, 《쓰다.》의 세 단어의 전형적인 1차결합(문장)은 《연필로 글을 쓰다.》이며 따라서 《연필－쓰다》의 련관이 이루어진다. 그런데 《글》대신에 《그림》이 보어에 들어오면 《연필－그리다》(《연필로 그림을 그리다.》)가 된다. 이와 달리 《연필》이 보어에 놓이면 《연필－깎다, 사다, 주다, 보다》 등의 련관이 이루어진다.

문장론적단어결합속에서 어떤 단어가 어떤 단어와 결합할수 있는가 없는가는 형태론적측면에서가 아니라 의미론적측면에서 식별된다. 즉 《연필》은 글을 쓰거나 그림을 그리는 도구 또는 사거나, 주거나, 받거나, 버릴수 있는 물건이라는 의미적련관이 표식으로 된다.

매개 언어를 놓고볼 때 문장론적, 형태론적규칙이 다르지만 의미적공통성이 비교적 보편성을 띠기때문에 문장론적의미마당의 특성은 여러 언어에서 일반적인 성격을 띠고 나타난다. 때문에 문장론적의미마당의 류형이 오늘날 격문법과 같은 의미론건설에서 많은 응용성과를 보이고있다.

△ **형태구조적의미마당**

근간적인 단어를 출발어휘로 하여 이러저러한 방식으로 새 단어들이 파생되여나가는것은 단어조성의 보편적인 수법이다. 그가운데서도 출발어휘의 단어구조가 변형되면서 새로운 어휘들이 조성되는 경우가 많은데 이때 이 어휘들의 의미는 하나의 공고한 련상군을 이룬다. 이처럼 한 단어의 형태구조 즉 외적구조가 변형되면서 여러가지 어휘들을 파생시킬 때 생기는 의미적련상군을 형태구조적의미마당이라고 한다.

○ 《푸르다－파랗다－퍼렇다, 푸르스럼하다－파르스름하다－퍼러스름하다－푸릇푸릇하다－파릇파릇하다…》

○ 《아이－애－애기－아기…》

특히 조선어에서와 같이 본딴말을 비롯한 상징부사와 성질형용사에서 어음론적변형에 의한 의미련상군의 형성은 매우 류형화되여있다.

형태구조적의미마당리론을 제기한것은 기로인데 그는 여기에서 형태구조의 공통어휘소를 출발점으로 하는 수많은 의미련상군이 확산된다는 견해를 내놓았다. 즉 우의 례에서 보면 《푸르다, 풀, 푸성귀, 풋(나물)…》에서 《푸》와 《애기, 애기모, 애기차, 애솔, 애어리다…》에서 《애, 애기…》와 같은것들이 공통어휘소이다.

△ 문맥적의미마당

담화과정이나 본문에서 어휘의미는 보다 구체화되고 다양화되는데 이때의 의미련상군은 사전적 또는 문장론적의미마당과 달리 이루어진다. 대체로 어휘의미의 다의성, 의미색체, 문맥적의미 등과 같은것들은 다 언어행위속에서 구체적으로 실현되므로 이때에 이루어지는 의미적련관만이 정보적내용의 체계성과 순차성을 보여줄수 있다. 실례로 《참 잘 생겼다.》, 《3소대에서 불이 붙었다.》의 정보적내용 즉 문맥적의미가 《잘 생겼다—못 생겼다》, 《불이 붙었다－고조되였다》라면 그것은 반드시 문맥환경속에서 파악전달될수 있는것이다.

문맥적의미마당에서 1차적으로 의미련상을 이루는것은 쌍어휘들이다. 포지그는 쌍어휘의미련상군을 1차적(본질적)의미마당이라고 하면서 주로 진술(동사, 형용사)과 객체(명사)와의 련상관계를 주되는 대상으로 분석하였다. 즉 《먹다－밥, 마시다－물, 피우다－담배, 보다－눈, 듣다－귀, 핥다－혀…》와 같고 련상관계는 1차적련상군을 이루며 그것이 《톱이 잘 먹다.》로 쓰이는 문맥에서 보면 《톱－밥》의 2차련상이 이루어져 《톱밥》이라는 어휘가 산생될수 있다고 보고있다.

문맥환경에서 의미마당은 특히 비유의 다양한 수법과 형상적수단에 의하여 풍부한 어휘련상군을 이룬다.

○ 가슴을 울렁이는 천둥의 기다림
심장에 이는 열풍의 기다림이였나이다
하늘에 오색채운 드리우고
하나된 이 땅우에 백화만발한데
꽃물결 금물결 일렁이고

소리소리 만세 부르는 환호의 바다속에
찬란한 태양을 받들어 모시는
열광의 기다림이였나이다

송시의 매 련에는 자연을 나타내는 단어가 한둘씩 쓰이였는데 그때 어휘는 다 비유적 또는 형상적의미를 나타내고있다. 이때에 《천둥, 열풍》은 혁명을, 《오색채운, 백화만발, 꽃물결, 금물결》은 환희와 영광을, 《태양》은 수령을 표현하는 의미련상을 이루면서 시적감흥과 사상주제적내용을 표현전달한다.

이상의 세가지 견해를 의미마당의 《류형》이라고 보는것은 그것들이 각각 방법론상제약성은 있어도 언어의미구조를 해석하는데서는 한측면씩 말아주는 몫이 있다고 보기때문이다.

이 세가지 류형에서 공통적인것은 출발적립장이나 문제고찰방법에서는 차이가 있어도 각각 어휘를 전면에 놓고 의미마당을 고찰했다는것이다. 개념적의미마당, 문장론적의미마당, 본문의미마당 할것없이 출발점은 개념, 문장속에서의 단어들의 결합관계, 본문에서 어휘들의 의미거리를 잡고있으나 의미마당의 실체를 어휘로 잡고있는데서도 공통성이 있으며 이것이 또한 언어의미분석방법개척에 기여한 측면이고 유익한 점이다.

언어의미란 개념도, 단어들의 관계도(문장에서), 언어사용시의 문맥적련관도 아니지만 그것이 무시되여서는 안될 필수적요소들인것만은 확실하다. 왜냐하면 의미란 언어의 외적형식과 내적의미의 관계속에서 이루어질뿐아니라 언어나 지시표현하는 객관적대상, 현상, 언어적환경의 지배속에서 단어와 문장, 본문을 통하여 실현되기때문이다.

때문에 언어의미해석을 위한 의미마당리론은 응당 어휘를 초점에 놓고 개념, 문장, 본문과의 관계속에서 종합적으로 전개하는것이 극히 필요하고 유익한 방법이다.

3. 의미마당의 계층구조

어휘의미마당을 개념의 의미마당으로 제기한 트리에는 자기의 의미령역을 가진 매개 어휘는 다른 의미령역과 련관속에 존재한다고 보았다. 그는 다음의 영어어휘들을 실례로 들어 이것을 설명하였다.

례 : ① red(붉은색) : scarlet(주홍색), crimson(심홍색), vermillion(진홍색)…

② colour(색) : red(붉은색), black(흑색), yellow(황색)…

례 ①에서 단어 red가 지닌 의미마당은 《주홍색, 심홍색, 진홍색…》 등이다. 그런데 례 ②에서는 단어 red가 자기의 의미보다 더 포괄적인 단어 《색》(colour)의 의미령역에서 한 부분을 담당하고있다. 이렇게 놓고보면 red는 colour에 대하여 부분마당(sub-field)에서 동시에 자기 아래에 보다 작은 부분마당을 가지게 된다. 결국 매개 단어는 자기의 의미마당을 가지는 동시에 자기 상위의 부분마당으로 되면서 단계적으로 오르기도 하고 내리기도 한다. 이것이 어휘적으로는 계층적(hierarchical)성격을 띤다. 계층구조를 우에서 내려다 보면 나무가지모양을 이루는데 매개 어휘들은 일정한 층에 망라되여 상위계층에 매이고 또 그러한 상위계층은 다시 상위계층에 매이는 식으로 련결되여 궁극적으로는 최고위계층에 하나의 언어마당으로 통합된다. 이것은 한 언어에 전체 어휘구성을 의미구조적으로 체계화한것이라고 말할수 있다. 이것을 나무가지모양으로 그리면 다음과 같다.

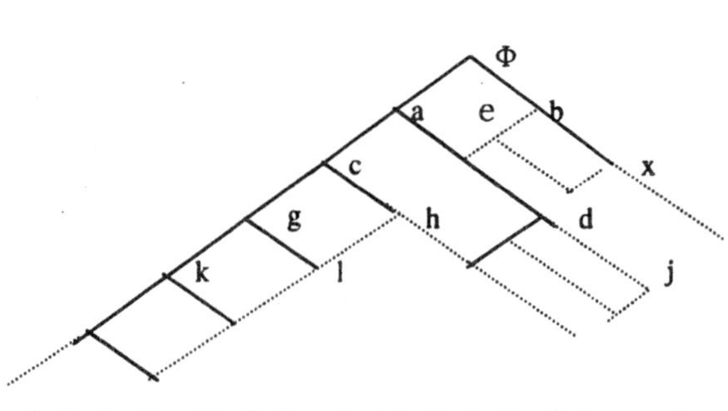

이 나무가지그림에서 맨 꼭대기에 있는 Φ는 어휘전체의 통합적의미를 상징하는것으로서 구체적인 어휘는 놓일수 없다. 그것을 출발로 하여 한 언어의 어휘전체가 계층적구조에 매여 아래로 내려가면서 계속 체계화된다. 만일 Φ가 어휘전체를 상징하지 않고 어느 한 부분마당의 웃부분을 대표하는것이라면 그때에는 거기에 어휘가 놓이지만 아래로 내려가는 나무가지모양은 변함이 없다.

계층구조의 내적련관을 보면 b는 a의 아래어이고 c는 b의 아래어인 동시에 a의 아래어이다. 이러한 의미에서 아래관계는 이행적관계(transitive)이면서 비대칭적(nonsymmetric)관계이다.

이러한 계층구조를 거꾸로 보면 한쪽 방향의 둘레뜻(unilateral implication)관계라고 말할수 있다. 다시말해서 보다 구체적인 의미를 지닌 어휘는 아래에 놓이는데 이러한 하위어는 보다 포괄적이고 일반적인 의미를 지닌 상위어를 의미적으로 포함하였다고 말하는것이다.

만일 이 관계가 거꾸로 설립될 때에는 결국 량쪽 방향 둘레뜻 관계가 이루어지는데 그것이 바로 뜻같은말이다.

이처럼 의미마당의 계층구조는 의미를 개념과 일치시켜보면서 어휘구성의 체계성을 의미의 체계, 즉 개념의 체계로 고찰한 방법이다.

의미와 개념은 일치하지 않으며 서로 별개의것이다. 의미는 언어적현상이고 개념은 론리적현상이지만 언어의미의 개념은 매체로 형성되고 변화되는만큼 뜻풀이를 개념과 련관시켜서 하는것은 하나의 수법으로 리용될수 있다.

4. 의미마당의 어휘결합구조

어휘의 사전적인 의미는 결국 문장속에 들어간 그 어휘가 다른 단어와 결합될 때 실현되는데 이때의 결합관계가 의미마당의 구조에 작용한다. 포지그는 어휘적결합관계에 의해 의미마당을 해석하면서 주로 동사와 명사의 결합관계에서 그것을 설명하였다. 동사와 결합할수 있는 명사를 찾아내기 위해서는 우선 다음과 같은 방법을 적용할수 있다.

① What does one bite with? Teeth. (물어 뜯는것? 이발)
② What does one lick with? tongue. (핥는것? 혀)
③ What is it that barks? dog. (짖는것? 개)

이것은 결국 문장속에서 《이발로 물어 뜯다.》, 《혀로 핥다.》, 《개가 짖다.》는 단어결합이 자연스럽게 이루어짐을 의미한다. 이때 어휘의 결합관계는 동사를 축으로 어떤 부류의 명사들이 결합하는가 하는것으로 나타난다. 동사를 축으로 결합하는 명사들은 종적(수직)으로 직접구조의 의미마당을 이루지만 횡적(평행)으로는 동사들간에만 의미마당을 이룬다.

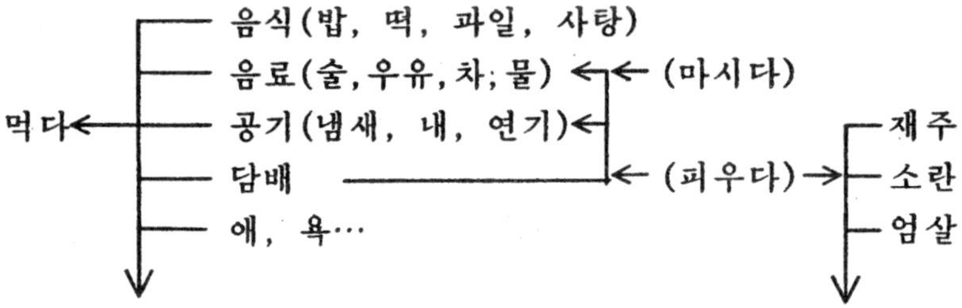

의미마당의 구조로 볼 때 음식류의 단어집단에서 《고체형》의 단어 《밥, 떡, 과일, 사탕》과 《액체형》의 단어 《술, 우유, 차, 물》 등 그리고 음식은 아니지만 기체형의 단어 《담배》 등이 수직선상에서 1차적인 련관인 직접구조를 이루며 그것들이 수평으로 이어지는 《마시다》, 《피우다》 등의 동사와 련관을 이룬다. 수평상에서의 린접구조도 《먹다》의 수직관계에 있는 《냄새, 연기》가 동사 《피우다》에 의해 《재주, 소란, 엄살》과 련관을 이루지만 의미마당령역에는 들어오지 않는다.

수평상린접으로 동사들의 의미마당령역이 확대된다면 수평방향의 린접은 거의 끊어짐이 없이 계속 이루어질수 있다. 이렇게 되면 의미령역이 가장 큰 동사는 결국 우리 말에서 《하다》, 《되다》, 《시키다》, 《있다》 등과 같은것일것이다.

또한 동사를 축으로 단어들의 결합관계를 고찰할 때 다만 명사만을 대상으로 할것이 아니라 명사구까지 전개하여야 하므로 이때에는 의미마당구조가 매우 복잡하게 성립된다.

어휘결합관계에 의한 의미마당구조는 일부 측면에서는 직관적으로 밝혀지지만 어휘구성전반에서는 보다 타당성을 가지지 못하는 점이 아직 많이 나타난다. 이러한것으로 하여 지금까지는 보어위치에 오는 명사에 한한 동사결합관계의 의미구조에 국한하여 해석하는 정도에서 더 전진하지 못하고있다.

이것은 포지그의 어휘결합관계보다 트리에의 개념련관의 의미마당분석이 보다 보편성을 띠는것으로 인정되고있다는 론거로 된다.

5. 의미마당의 의미공간구조

하나의 어휘가 문체, 주제별로 가장 먼 거리에 있는 본문에 자연분포되였을 때 그 어휘가 전체 본문에서 획득한 통합적의미를 의미공간이라 한다. 매개 단어의 의미공간이 서로 다른 단어와 교차되면서 이루어진 의미령역을 의미마당이라 한다. 그리고 한 단어가 본문에 따라 의미적으로 서로 다르게 쓰이면서 나타내는 의미차를 의미거리라고 한다.

실례로 《물》이라는 단어의 의미구조를 볼 때 《액체》, 《강, 호수》, 《H_2O》와 련관되여있는데 이때에 의미마당은 그림에서 동심원부분이고 의미거리는 직선을 그은 구간이다. 이 전체 면적이 의미공간으로 된다.

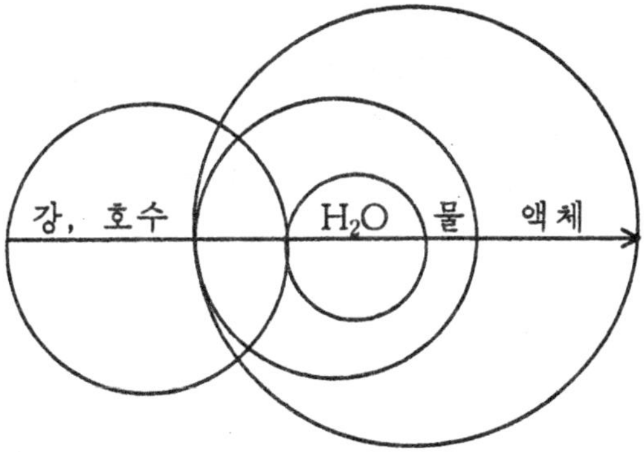

만일 일반대화나 소설 같은데서 《물》의 의미와 화학이나 물리학과 같은 본문에서 《물》의 의미차이를 보면 《물》-《H_2O》의 의미거리가 분명히 나타날것이며 그것이 《액체》나 《강, 호수》(《물건너마을》)와 련관될 때는 최대거리로 나타날것이다. 그리고 이 4개의 의미단위가 완전중복되는 부분은 하나의 의미적공통령역을 이룬다.

이러한 구조는 구체적인 담화나 본문에서는 문맥과 장면에 따라서만 의미실현결과로 나타난다.

일반회화체와 과학기술문체, 공식사무문체와 같은 문체의 차이에 따르는 어휘의미거리는 매우 멀어지는 동시에 문학예술문체와 같은 형상적글에서는 의미마당의 령역이 뚜렷이 나타난다.

이러한 방법은 주로 본문의 정보량결정이나 시소러스작성에서 활발히 쓰이고있다.

가령 몇개 본문의 정보론적공통성(내용이 류사한가, 그렇지 않은가)을 재는 문제는 그 책의 가치를 평가하는데서 중요한 기준으로 된다. 반복성을 피하고 새로운 문제성을 제기하고 많은 새 정보들을 담고있는가, 없는가 하는것이 바로 신간(새로 출판하는 론문, 도서)의 가치평가에서 중요한 기준으로 되기때문이다.

이때 본문의 어휘들에 대한 일반공간구조를 계측수단으로 리용할수 있다. 연구된 결과에 의하면 비교되는 본문들사이에 첫째, 의미마당이 좁은 서로 다른 어휘가 많이 쓰인 본문일수록 그 본문들의 내용은 새로운 정보가 많으며 둘째, 의미거리가 짧은 서로 다른 어휘가 많을수록 본문들간의 내용차이가 크다고 보고있다.

다른 문제로서 시소러스작성시에 표준열쇠어선택은 반드시 단어결합의 의미공간상에서 핵심의미의 명칭을 택해야 한다는것을 근본원칙으로 삼고있다. 우의 그림에서 보면 《물분해》, 《물분자》 등의 화학검색어에서 《물》은 《H_2O》여야 하며 《물관리》, 《물갈이》 등의 농학검색어에서는 《물》이여야 하지만 《호수넓이》를 《물넓이》로 해서는 안된다.

제2장. 어휘의미구조

제1절. 어휘의미의 본질과 표식

1. 어휘의미의 본질적내용

언어의미가 크게 실질적의미와 관계적의미 등으로 이루어진다면 언어체계안에서 실질적의미를 직접 담당하고있는것은 어휘의미이다. 그것은 언어의 기본단위인 단어가 지니고있는 의미가 어휘의미이기때문이며 언어의 기본기능인 사물현상에 대한 지시의 역할도 바로 어휘의미가 담당하고있기때문이다.

그러면 어휘의미의 본질 즉 그 실체는 무엇인가?

어휘의미란 단어의 물질적외피인 어음복합체(또는 글자렬)속에 담겨진 해당한 사물현상의 명명, 지시의 내용이다. 이러한 명명, 지시의 내용은 본질에 있어서 단어의 외적형식인 말소리나 글자렬과 해당한 사물현상과의 련관관계의 총화인데 그것의 실제적인 내용은 대상, 현상, 속성, 운동이 지니고있는 개념을 인식파악하고 표현전달하기 위하여 인간이 창조한 기본언어단위의 내용물이다. 여기로부터 단어를 이루는 어음복합체나 글자렬은 그의 형식이고 그속에 담겨진 의미는 내용이라고 말할수 있다.

어휘의미의 본질적실체가 이처럼 단어의 물질적외피인 문자렬과 해당한 대상, 현상, 속성, 운동과의 련관관계의 총화이기때문에 물질적현상도 아니고 뚜렷한 구조체를 가지고 직관화되지도 않는다. 언어교제과정에 즉 문장, 본문, 담화문 등을 통하여 어휘의미가 구체적언어정황속에서 실현될 때에만 의식되고 전달될뿐이다.

그러면 어휘의미를 정량적으로, 정성적으로 분석할수 없는가,

그것이 없다면 사회적, 민족적언어규범은 어떻게 실현하며 사람들 사이의 언어교제의 불일치와 혼란을 어떻게 막을것인가, 다시말해서 인간과 그 주위세계의 복잡다양한 대상, 현상, 운동, 변화, 관계, 속성 등에 대한 명명, 지시의 내용에 대한 옳고 틀림에 대한 기준 평가를 무엇으로 어떻게 하겠는가 하는 문제이다.

이러한 언어학적과제를 해결하기 위한 창조물이 바로 언어학 사전이며 어휘의미도 바로 그러한 언어학주석사전에 의해 직관화된다.

△ **사전적의미**

어휘의미의 대표적인 서술형태가 바로 주석사전에 수록된 뜻풀이이다. 그러나 이 뜻풀이는 사실상 해당한 어휘의미 그자체는 아니고 다만 단어의 뜻을 사람들에게 알려주기 위하여 서술해 놓은데 불과한것이다. 이 서술의 원천은 사전작성시기까지 해당 단어를 사용한 언어생활결과를 총화한것이며 뜻풀이자체는 개개의 단어가 표현전달한 정보적내용을 역시 같은 자연언어로 기술한것으로 된다.

여기서 문제로 되는것은 첫째로, 어휘의미라는 객관적구조체자체를 해부한것이 아니라 그 시기까지 해당 언어사용자들의 언어생활을 총화하여 놓고 해당 단어가 표현전달한 정보적내용을 기술하였다는 점이다.

이것이 곧 의미의 본질을 해명하거나 개념을 해석한것으로 리해하기는 곤난하다. 왜냐하면 《개》라는 동물의 본질과 개념을 《사냥》, 《수색》, 《애완》, 《육용》이라는 사용도의 관점에서 총화하여 설명할수 없기때문이다.

문제점은 둘째로, 어휘의미를 서술(주석)하면서 역시 어휘(자연언어)로 표현하기때문에 그의 본성이나 개념은 어휘의미의 미해명을 그대로 안고 서술된다는것이다. 《물》이라는 물질의 성분을 분석하려면 다시 물을 쓰기보다는 다른 물질을 화합해 보아야 하듯이 자연언어의 본질을 밝히려면 그 수단이 아닌것을 사용하는 방법이 나와야 한다. 만일 한 언어의 어휘의미를 그 언어의 어휘로 풀이한다면 풀이한 언어의 어휘의미자체는 무엇으로 밝히겠는가 하는 것이다.

실례로 《비》의 뜻풀이를 《하늘에서 내리는 물》, 《물》의 뜻풀이를 《비와 같은 액체》라고 한다면 같은말되풀이로 들어 갈것임에 틀림없다.

문제점은 셋째로, 뜻풀이자체의 출발점이 일관하지 못하다는것이다. 어떤 단어는 의미기술, 어떤 단어는 개념서술, 어떤 단어는 대상, 현상지시로 각이한 방향에서 이른바 뜻풀이를 하고있다. 이것은 어휘의미라는것은 사실에 있어서 어휘의미구조체의 해석이 아니라 어휘자체의 용도해설이나 론리개념서술에 지나지 않는다는것을 말하여 준다.

현대언어학에서 언어의미해석의 주되는 문제점이 바로 이 3가지에 있기때문에 여러가지 수법과 수단들을 도입용용하려고 시도하고있다. 본질상 형식언어와 형식문법이 개발되고 각이한 방법들에 따르는 여러가지 의미론이 개척되는 리유도 바로 의미해석을 자연언어가 아닌 인공언어수단에 의하여 해석서술하고 의미해석의 일관성을 보장하려는데 있다.

△ 어휘의미의 한계성

한 단어의 의미가 어떤 구조체를 이루는가 하는것을 밝히려면 우선 해당 단어의 의미한계를 구획하는 문제가 나선다. 왜냐하면 언어의미는 서로 련관되여있고 한 단어의 의미는 다른 단어의 의미에 의존하여서만 해석할수 있기때문이다. 또한 한 단어의 의미내부에서도 다의성이 있기때문에 다의성의 한계 즉 몇개의 의미가 한 단어속에 포함되는가 하는것을 밝혀야 한다.

다른 단어와의 련관속에 있는 의미의 한계로 하여 어휘의미의 모호성이 제기되고 한 단어 내부의미의 구획이 뚜렷치 않음으로 하여 다의성과 의미빛갈문제가 제기된다.

실례로 《땅》과 《흙》이라는 단어의 지시적의미는 뚜렷하다. 그것은 이 어음적외피(기호)와 대상지시물과의 약속이 명백하기때문에 사람은 그것을 쉽게 식별한다. 그러나 의미한계를 굳기, 크기, 색갈 등의 개념으로 설명하는가 아니면 용도에 따르겠는가, 심리에 따르겠는가 하는 문제가 제기된다. 왜냐하면 이 두 단어의 의미성분을 찾자면 대상물의 론리-개념적 또는 심리적현상에서 표식을 잡아야 하기때문이다. 여기로부터 《흙》은 땅의 하위에 놓이며 흙의 의미가 땅의 의미속에 포함된다는것과 흙이 땅으로부터 분리될수 있는 의미표식은 다른 단어 《돌》이나 《물》이 아니라는것으로부터 찾아야 한다.

즉 땅 : [>흙>돌>물…]로 성분화한다면

흙 : [+땅, -돌, -물…]로 성분화된다.

그리고 《땅》과 《흙》의 내부의미한계도 역시 여러가지로 해석할수 있게 되여있다. 물론 사전적의미도 몇개씩의 의미를 가지고있다고 한정할수 있으나 그것은 어휘사용의 표현적의미의 가지수일뿐이지 의미구조의 내부한계를 구획한것으로는 되지 않는다.

땅 : [-바다, -하늘, +륙지][-령해, -령공, +령토]

[<논, >밭, >지방]

흙 : [-돌, -물, +땅][-모래, -자갈, +땅]

의미한계문제는 이처럼 언어의 모호성과 다의성해석의 기본고리로 되기때문에 그것을 해결하는데 따라 어휘의미구조의 내용적측면들이 점차 밝혀지게 된다.

현대의미론은 의미한계를 해석하기 위하여 의미구조의 류형을 포함, 련결, 대립, 중첩 등의 표식으로 구별하여 분석하는 수법들을 개척함으로써 뜻같은말, 뜻비슷한말, 련관어, 뜻반대말류형의 성분적표식들을 뚜렷이 밝혀내고있다.

△ **의미형식**

어휘의미의 형식은 다양하다. 의미의 내용을 형식화한것이 음운적형태로 나타난다는것은 공통적이지만 의미의 내용과 형식의 관계에서는 많은 차이를 가지며 그것으로 해서 의미형식의 다양성이 존재한다.

의미형식과 의미내용의 관계를 해석하는데서 기본요소는 음운과 의미성분이다. 같은 음운에 같은 의미성분이 주어질 때 절대적뜻같은말이 되며 반대로 하나의 음운에 서로 다른 의미성분이 주어지면 다의어, 뜻반대말, 소리같은말이 된다.

이처럼 의미성분을 시차표식으로 하여 의미형식을 식별하면 한 언어안에서 같은 어음적외피를 가진 단어들의 의미가 매우 다양한 형식으로 갈라진다는것을 알수 있다. 이러한 원리때문에 무한대한 의미성분에 대한 제한된 어음적외피 즉 어휘구성을 한정할수 있는것이다. 이 원리의 작용이 없으면 객관세계의 다양성과 무한대성을 기초로 하여 조성되는 의미성분이 역시 무한대하고 다양한 어음적외피를 요구하게 되며 따라서 어휘량은 무한대하게 늘어난다. 그러한 의미형식을 인간이 기억하고 습득하여 리용한다는것은 불가능하며 따라서 언어에 의한 인간교제가 이루어지기 매우 어렵다. 그러나 같은 의미형식에 다양한 의미성분을 담는 원리와 다양한 의미형식에 따라 어휘식별을 하는 원칙에 따라 의미체계가 형성됨으로써 인간은 제한된 어휘량을 가지고 언어교제를 아무러한 불편없이 진행하는것이다.

의미형식은 매우 치밀한 구조와 체계를 가지고있다. 의미형식의 구조는 음운구조에 의하여 담보되며 음운형식의 체계성은 어휘구성의 체계성으로 나타난다. 의미성분의 질을 음운구조의 특성으로 식별할 때 그것은 전형적인 의미형식의 구조가 음운구조에 의하여 담보된다는것을 말하여준다.

○ [머리－마리][봉오리－봉우리][밝다－붉다]
[어머니－에미－어멈][아버지－애비－아범]
[반짝반짝－번쩍번쩍－빤짝빤짝－뻔쩍뻔쩍]
[발갛다－벌겋다－빨갛다－뻘겋다]

이때 음운의 구조적체계성은 의미내용의 시차적표식으로 작용하기때문에 의미형식과 의미내용의 일치성 또는 적응성으로 나타난다. 이것은 음운과 의미가 필연적련관이 없다는것을 과학으로 인정하면서도 음운의 구조적특성을 의미의 미세한 차이까지도 련관시킬수 있다는것을 보여준다. 따라서 언어에서도 역시 내용과 형식의 통일성에 대한 일반원리가 작용한다는것을 증명할수 있다.

의미형식의 체계성은 특히 합성어와 어휘론적단어결합에서 의미내용과 의미형식의 일치성을 보장하는데서 두드러지게 나타난다. 어휘구성의 체계성은 바로 이러한 의미내용과 의미형식의 일치 및 적응관계 즉 의미형식의 체계성에 의하여 담보된다.

이러한 의미형식의 체계성이 존재하지 않으면 사물현상자체의 체계성이나 론리의 체계성이 곧 어휘의 체계성으로 몰리해 되는 비언어적현상이 지배되는것을 막을수 없다.

○ [파일]－사파, 배, 복숭아, 살구, 앵두…

[시간]－그그제, 그제, 오늘, 래일, 모래, 글피…

사실상 [파일]의 성분을 이루는 어휘부류나 [시간]의 성분을 이루는 어휘부류는 대상－론리적체계성으로 하여 하나의 어휘부류로 묶이여질따름이다. 이것을 어휘의 체계성이라고 말할수 없다.

어휘의 체계성은 의미형식과 의미내용의 구조적일치성에서 찾아야 한다. 그러한 구조적단위는 형태소와 의미소이다. 의미형식의 관점에서 형태소는 말뿌리(P)와 덧붙이(E)이다. 조선어단어의 의미형식을 구조적으로 형식화하면 다음과 같은 류형이 있다.

－단순단어 : P형 : 꽃, 나무, 잘, 푸르다

$_{E}P$형 : 뭇사람, 맏형, 헛기침, 내밸다

P_{E}형 : 푸념질, 게으름뱅이, 놀부, 아름답다

$_{E}P_{E}$형 : 헛손질, 맏형님, 휘둥그래지다, 엇서보다

－합성단어 : $P \cdot P_{0}$형 : 봄비, 해빛, 물고기밥, 오르내리다

$P \cdot P_{E}$형 : 글짓기, 콩마당질, 기계모내기

$P_{E} \cdot P_{E}$형 : 높이뛰기, 펌프식거르개, 글씨쓰기

$_{E}P \cdot P$형 : 이붓 오랍동생, 풋나물국, 생배추김치

$_{E}P \cdot P_{E}$형 : 왼손잡이, 생무우지지개, 헛발차기

－형식단어 : $E \cdot E$형 : 햇것, 별짓, 숫지다

$_{E}(P) \cdot {}_{E}(P)$형 : 창문, 책상, 군대

조선어단어구조의 류형에서 매개 부류는 일정한 한계안에서 다양한 의미군을 이룬다. 같은 의미구조류형안에서 의미군을 이루는 어휘부류는 어휘－의미론적인 체계성을 갖추었다고 보아야 하는데 그것은 이때에 바로 의미형식과 의미내용의 일치성이 보장되기때문이다. 즉 민족어의 어휘구성안에서 어음적외피와 론리개념의 체계성이 일치되는 관계에 놓일 때에는 어휘의 체계성이 이루어진다.

○ 올사과, 올벼, 올종자, 올무우

늦사과, 늦벼, 늦종자, 늦무우

사과술, 배술, 인삼술, 단술

사과졸임, 배졸임, 인삼졸임, 단졸임

이처럼 의미형식은 의미내용에 제약되면서도 다의어와 뜻같은말, 소리같은말과 뜻반대말을 구별시키는 표식으로 되면서 언어교제의 주요한 공간으로 작용할뿐아니라 어휘의 식별표식과 어휘구성의 체계성을 보장하는데서 필수적구성부분으로 된다.

현대언어학에서는 어휘의미형식을 연구하는 학문이 어휘론이고 의미내용을 연구하는 분과가 의미론이라고 하는 견해가 많으나 어디까지나 어휘론과 의미론이 과학적학문으로 건설되자면 응당 의미형식과 의미내용을 유기적련관속에서 고찰하여야 한다고 본다.

△ 의미내용

의미내용은 의미형식을 규제하는 의미성분들을 말한다. 다시말하여 어음적외피를 가지도록 조건지어주는 의미성분의 총체가 의미내용으로 되는데 이것은 주로 론리개념의 형태로 나타난다.

앞에서도 본것처럼 언어의미는 어휘의미, 구문적의미, 본문의미의 류형을 가지는데 여기에서 어휘의미내용은 대상현상이 인간의식에 반영되여 론리개념으로 의식화되는 동시에 그것이 어음적외피로 형식화되여 언어현상으로 완결될 때 이루어진다. 그러나 문장이나 본문의 의미는 보다 고급하고 전개된 인간사유활동의 총화에 얻어진 지식 즉 완결된 정보적내용으로 이루어진다. 여기에 어휘의미와 문장 및 본문의미의 내용상 차이가 있다.

어휘의미의 내용을 이루는 론리개념적성분은 본질상 언어현상자체는 아니다. 이것은 어데까지나 대상, 현상이 의식에 반영되여 의미형식으로 형식화될 때 리용되는데 불과하고 그것이 언어현상으로 되려면 현실세계와 인간사유과정과의 관계, 인간의 발음기관과 언어의식의 작용결과가 있어야만 한다. 이러한 복잡한 과정속에서 얻어진 어휘의미는 고도로 추상화되고 모호성을 띨뿐아니라 어휘부류에 따라 그것이 또 다양한 형태로 나타난다. 여기로부터 어휘의미를 직관화하거나 서술하며 해석 및 분석하려면 자연히 론리개념성분으로 다시 되돌아가지 않을수 없다.

이것은 결국 어휘의미가 현실세계의 대상, 현상도 아니고 그것이 인간의식에 반영된 론리, 개념도 아니지만 모호하고 추상화된 언어의미를 실질적으로 묘사서술하고 분석종합하려면 그 실체가 직관적으로 안겨오는 론리-개념에 정착할수밖에 없다는것을 보여준다. 이로부터 의미성분을 개념의 성분으로 보는 실제적리유도 또 의미마당이나 의미공간에 대한 리해를 개념령역에서 찾는 원인도 여기에 있다.

어휘의미내용에는 여러가지 류형이 있다.

명명적어휘들을 보면 고유명사부류와 같이 대상을 직접 지시하는 어휘부류 즉 사람이름, 고장이름, 기관단체이름 등과 같은것들의 의미내용은 오직 《지시성분》만이 존재하며 따라서 이때의 의미내용은 해당한 구체적이고 개별적인 인물, 대상에 대한 지시적의미만을 가진다. 반면에 일반명사들을 보면 개별적이고 구체적인 지시는 주어지지 않고 그와 련관된 범위의 대상에 대한 일반화된 지시적의미와 함께 그것이 현실세계에서 가지는 여러가지 련관관계를 포괄하는 비유적의미와 형상적의미를 가진다. 따라서 여기에는 허다한 다의성, 동의성, 반의성을 가진 의미성분들이 분화된다. 이와는 달리 학술용어부류들은 학술적개념의 정밀성, 단의성을 지닌 의미성분으로 제한된다. 다른 품사들의 경우 사물, 현상의 상태, 특성, 운동, 정도 등이 의미성분으로 되면서 이것들 역시 대체로 론리개념적성분으로 규정된다. 그러나 불완전명사나 보조동사, 문법적형태(토) 등은 완전히 추상화되거나 대상론리적성분과 문법적성분을 공유하는것으로 되면서 의미성분이 매우 모호하고 일반화되는 성질을 가진다.

이처럼 어휘의미내용은 비록 언어적현상이기는 하지만 그것을 묘사서술하기 위한 의미성분은 론리개념의 성분들로 나타난다.

2. 어휘의미의 표식

△ 음운론적표식

의미의 형식이 음운론적단위들로 이루어진다는데 대해서는 앞에서 보았다. 이것은 의미내용에 의하여 규제되는 외적형식이 사람의 말소리라는 규정일따름이다. 사람의 모든 음성이 다 어휘적의미를 가지는것이 아니므로 어떤 조건속에서 음성이 의미의 외적형식으로 되는가 하는 문제는 매우 복잡하다. 왜냐하면 언어단위들을 콤퓨터로 처리하거나 분석할 때에 임의의 음운단위 또는 문자렬을 의미하는 문제 즉 주어진 음운단위나 문자렬이 어떤 어휘적의미를 가지고있는가 하는것을 밝혀내는 문제가 콤퓨터에 의한 자연언어처리에서 가장 복잡하고 어려운 문제로 제기되기때문이다.

이 문제해결을 위해서 전통언어학에서는 최소의 유의미적단위를 형태부라고 하고 현대언어학에서는 형태소와 의미소라는 개념을 도입하고있다.

어휘의미에 대한 음운론적표식에서 기본은 매개 음운(글자)과 그의 조합들이 가진 엔트로피와 련접엔트로피를 조사분석해내는것이다.

실례로 [흐], [흐르], [흐물], [흐하], [흐흐], [흐르다]에서 보면 어휘의미의 불확정성정도가 가장 큰것이 [흐]이며 다음 가는것이 [흐르]이고 반면에 [흐르다, 흐물, 흐하, 흐흐]는 엔트로피가 령이다. 그것은 조선말을 쓰는 사람이라면 단어로서의 [흐르다, 흐물, 흐하, 흐흐]를 모를 사람이 없다는것을 말하여 주지만 반면에 [흐]나 [흐르]는 아직 무슨 뜻을 나타내는것인지 확정하기 어렵기때문이다. 여기로부터 엔트로피의 크기에 따라 어휘의미가 결정된다는것을 알수 있다. 다시말하여 임의의 어음복합체 또는 글자조합이 해당 민족어사용자들속에서 어느만한 어휘정보를 주는가 하는데 따라 어휘의미표식으로 될수도 있고 되지 않을수도 있다. 아무리 어음요소를 복합시켜도 민족어사용자들에게 어떠한 의미도 전달하지 못한다면 그것은 엔트로피가 최대량에서 멀어지지 않으며 그 어떤 어휘의미표식으로도 될수 없지만 실례로 《아름》, 《아름답》, 《아름답다》는 식으로 어음요소를 늘이면 처음에는 《한아름》이라고 할 때의 《아름》이 아니면 《아름답다》의 두소리마디중단으로 50%로 정확도를 가진 의미표식으로 되며 그것이 《아름답다》로 완결되면 엔트로피는 《0》에 이르러 100%의 의미표식을 가지게 된다.

△ 대상론리적표식

어휘의미가 실질적으로 《어느것인가》 하는 문제는 매우 많이 론의되지만 정확한 대답을 얻지 못하고있다.

실례로 《사과》의 의미를 놓고 말한다면 현실세계에 존재하는 과일 그자체와 그것이 사람들의 의식에 반영된것 즉 《둥글다, 붉고

누르다, 달고 향기롭다》 등의 개념과 그리고 조선말로 《사과》라는 어음복합물과 앞의 대상론리적개념과의 관계에 의하여 주어진 지시적의미 등 몇가지로 해석하고있다.

그것은 어휘의미의 개념과 본질은 반드시 언어적현상으로 해석되여야 하지만 의미의 표식은 언어적현상으로는 해석되지 않기때문이다.

어휘의미의 표식에서 음운론적으로 형식화된 단어 또는 표현의 외적표식을 규제하는데 작용하는 대상론리적표식이 기본을 이룬다. 즉 임의의 형식구조를 가진 어음복합체가 단어 또는 표현으로 인정된다면 그것은 반드시 어휘의미를 가지고있는데 그것을 식별하기 위한 표식은 대상론리적측면에서 찾아야 한다.

대상론리적측면에서 어휘의미의 표식을 찾는다는것은 어휘단위로 형식화된 어음복합체를 외피로 하여 이루어진 내용물이 민족어사용자 모두에게 공통적으로 인식되는 현실세계의 대상, 현상 또는 론리적인 개념을 찾는다는것을 말한다.

현실세계에도 그러한 공통인식의 지시물이 없고 민족어사용자들에 공통적으로 주어지는 개념이 없다면 그것은 어휘의미가 아니며 따라서 그러한 어음복합체는 순수한 비언어적음성흐름에 불과한것이다. 그러나 《하느님》, 《도깨비》와 같이 현실세계에도 없을뿐아니라 지시물로서 공통인식을 줄수 없는 대상이라 하더라도 그것이 사람들의 언어생활을 통하여 민족어사용자들에게 공통의 인식으로 굳어질 때에는 의미표식으로 되며 그것이 구체화되여 《예수》, 《그리스도》 등으로 대상화되여도 역시 마찬가지의 표식기능을 가진다. 언어의미표식이 현실세계의 대상자체와 차이나는 점은 바로 대상물의 물리적존재자체가 아니라 인간의식의 반영결과물이라는데 있다.

제2절. 어휘의미의 구조와 류형

어휘의미를 사전적단어의 뜻이라고 단순화하여 보는 조건에서도 그 구조는 매우 복잡하고 다양하다. 그런것만큼 직관화되지 않은 어휘의미구조를 해석하는것은 매우 어려운 과제이다.

어휘의미구조를 밝히는데서 출발점으로 되는것은 의미생성의 기초로 되는 기저구조와 그로부터 어휘사용과정에 표현되는 표면구조를 옳게 해석하는것이다.

1. 어휘의미의 기저구조

의미의 본성과 그 발전의 합법칙성에 따라 이루어지는 어휘의미의 구조적체계를 어휘의미의 기저구조라고 한다. 이것은 인간사유와 인식의 론리적공통성, 객관세계의 사물현상의 련관관계를 바탕으로 하고있기때문에 언어일반에 하나의 원리로 작용한다.

어떤 대상이나 현상에 대한 명명, 지시가 주어지면 그때에 벌써 의미생성이 전제로 되는데 이것은 단어의 형식적인 어음복합체와 대상, 현상의 속성사이에 련관관계가 이루어졌다고 보아야 할것이다. 물론 이때에 단어의 형식(어음복합체)과 내용(대상, 현상의 속성의 개념)의 대응은 자의적이기때문에 언어마다 같은 대상에 대한 외적형식(어음)은 서로 다르다. 다시말하여 단어의 외적형식은 언어마다 다르지만 그 내용 즉 생성된 의미는 언어일반에 작용하는 공동의 원리에 따르는 구조를 가진다.

그 구조가 바로 기저구조이다.

실례로 조선어단어 《붉다》의 외적인 어음복합체나 글자렬은 고유한것이다. 다른 언어들에서는 다 서로 다르게 발음하고 표기한다.

그러나 그의 기저의미가 《속성－색갈》, 《련관－희다, 검다, 푸르다…》, 《언어문화－사회주의적, 혁명적》에 기초하고있다는것은 인류공동의 인식이다.

이처럼 언어환경이나 문맥조건에 따라 변화발전되는 의미가 아니라 인간사유의 론리적공통성, 객관세계의 사물현상의 련관관계 등에 따라 이루어지고 전개되는 어휘의미구조가 바로 기저구조이다.

어휘의미의 기저구조를 사전적뜻풀이에서는 기본의미, 어원적의미로서는 원시의미라고 부를수는 있으나 그것은 현상적인 측면에서 본것이지 본질적으로는 출발점과 내용이 서로 같을수 없다.

그러면 어휘의미의 기저구조는 구체적으로 어떤 형태를 이루는가?

어휘의미의 기저구조를 W(Sb)로 표시하고 구체적인 단어를 서술하면 다음과 같다.

실례로 단어 《붉다》의 기저구조로 $W_1(Sb)$이라고 하면 그의 관계구조는 $W_1(Sb)\uparrow\downarrow W_2(Sb)$, $W_3(Sb)$, Wn(Sb)이다.

여기서 $W_2(Sb)$～Wn(Sb)은 《붉다》의 의미를 출발점으로 하는 하위의미단어가 적어도 몇개이상 쉽게 한정하기 어려울만큼 있다는것이다. 다시말해서 《붉다》의 의미로부터 갈라진 단어 《빨갛다》, 《뻘겋다》, 《발갛다》, 《벌겋다》, 《발그스름하다》, 《붉으스럼하다》, 《붉으레하다》 등의 상위에 놓이는 의미구조임을 표현한다.

단어 《붉다》의 언어문화관계구조를 보면 $W_1(Sb) <-> Wn(Sb)$으로 서술할수 있는데 이것은 색갈을 나타내는 어떤 단어와 《붉다》가 대립관계에 있다는것임을 의미한다. 즉 《붉다》를 《사회주의적》인것이나 《혁명적》인 의미가 공통된 사회적의식으로 형성되였다면 그에 상반되거나 대립되는 《자본주의》, 《기회주의》, 《비사회주의》적인 의미와의 관계속에서 이루어진것이다. 례를 들면 $W_2(Sb)$는 《황색》이나 《회색》일수 있다.

어휘의미의 기저구조에 대한 이러한 해석을 우에서 실례로 든 기본뜻, 갈라진뜻, 뜻빛갈과의 대비속에서 고찰하면 더 뚜렷해 진다.

사회적의미로서의 기본뜻은 단어가 지닌 의미가운데서 기둥뜻을 이루면서 공고한 지위를 가진 부분이며 갈라진뜻은 기본뜻에서 갈라져나온 보충적뜻이며 뜻빛갈은 해당한 의미에 덧붙여지는 감정정서적측면을 말한다. 여기에서 기본뜻은 의미적상수로 보고 갈라진뜻은 의미적변수로 보며 뜻빛갈은 의미구조대상밖에 놓아왔다.

이러한 관계를 기호화하면 $W_1(S)=W_1(S_1)$, $W_1(S_2) \square W_1(S_1)$, $\cdots$, $W_1(S_n) \square W_1(S_{n-1})$로 된다.

여기서 $W_1(S)$ — 어휘의미

$W_1(S_1,\ S_2,\ S_3 \cdots S_n)$ — 의미적상수(기본의미)

$W_1(S_{n-1})$ — 의미적변수(파생의미)

$W_1(S_{n-1})$은 n번째 기본의미에서 파생된 의미이다.

뜻빛갈을 의미구조에서 제외하는 문제는 더 론의할 문제이다. 기저의미나 기본뜻, 갈라진뜻에서 뜻빛갈문제를 도외시하면 자연언어처리에서 많은 문제점들이 미해결로 남게 된다.

실례로 《붉다》가 순수 론리적관계로서의 사회주의와 자본주의적인것에 대한 상징적표현의 뜻을 가지고있는것만은 사실이지만 실제적인 언어교제에서 이 표현적의미는 보다 중요하게는 의미색채가 더 큰 작용을 한다.

혁명가들에게 있어서 《붉은기정신》은 불굴의 신념과 의지의 감정을 진하게 나타내고있다면 제국주의자들과 반동들에게 있어서 《빨갱이》는 혁명가들에 대한 비렬한 적대감과 공포감을 강하게 표현하고있다.

이처럼 같은 의미를 가진 단어나 표현을 누가 쓰는가에 따라 서로 다른 감정과 정서를 나타내기때문에 뜻빛갈은 구조화에서 제외되거나 어려운 문제로 남아있다.

어휘의미의 기저구조가 기본뜻이나 갈라진뜻, 뜻빛갈과 구별되는 주요한 표식은 의미해석의 출발점이 서로 같지 않은데 있다. 즉 기저구조는 해당한 단어와 련관된 단어들사이의 관계를 표현하는 구조라면 기본뜻, 갈라진뜻은 해당한 단어의 어음적외피와 대상, 현상과의 관계를 해석하는 구조이다.

어휘의미의 기저구조는 표층에서 나타나는 언어현상과는 관계없이 자기의 고유한 론리적련관체계를 가진다.

○ [춥다, 추위, 겨울] < − > [덥다, 더위, 여름]
↑↓ ↑↓
[차다, 얼음] < − > [뜨겁다, 불]
↑↓S ↑↓S
[쌀쌀하다] < − > [훈훈하다]
| |
[춥지 않다, 덥지 않다]

보는것처럼 《춥다》와 《덥다》의 의미적출발점은 춥지도 덥지도 않은 기준점이 있기때문에 형성된다. 그런데 보통 이 기준점의 언어적현상은 무시되고 그 좌우, 상하, 내외 등 련관관계만을 의미화하는대로 언어적현상이 풍부화된다.

우리 말 어휘구성속에 《춥다》, 《덥다》와 관련한 명사, 형용사, 동사만도 수십개에 달하지만 이에 상대하여 춥지도 덥지도 않은 《중간점》을 표현하는 어휘는 정밀하게 나타나지 않는다. 그리고 수십개에 달하는 《춥다》, 《덥다》와 관련한 의미를 가진 뜻비슷한말, 뜻반대말, 표현적어휘들은 다 기저의미구조의 표층에서 조성, 파생된것들이다.

이와 같은 현상은 자연언어의 의미구조생성과 분화를 보여 주는 일반적합법칙성이다. 인간언어는 사회적현상이면서도 역시 그에 고유한 자연언어생성규칙의 작용을 받기때문에 마치도 나무뿌리로부터 줄기가 뻗으면 무성하고 다채로운 가지와 잎, 꽃, 열매가 맺는것에 비유할수 있다.

어휘의미의 기저구조는 자연언어의미해석과 모형화에서 출발점으로 되며 인간언어의 구조적본질을 분석하는데서 주요한 자리를 차지한다. 이것은 특히 언어의미의 본질적속성의 하나인 다의성, 동의성, 반의성, 모호성과 같은것들을 옳게 해석하는데서 중요한 의의를 가진다.

2. 어휘의미의 표층구조

어휘의미의 표층구조는 구체적인 민족어의 변화발전과 언어생활과정에 이루어지고 분화되여 쓰이는 언어구조이다. 이것은 주로 사전적단어의 의미체계에서 직관화되며 언어교제과정에 실현된다.

1) 단의구조

하나의 형태소와 하나의 의미소로 이루어진 의미구조를 단의구조라고 한다. 이것은 의미실체가 의미객체에 직결될 때 생겨난다. 고유명사, 과학학술용어, 각종 부호 등이 여기에 속한다.

단의성의 기본표식은 의미소의 단일성과 의미마당에서 련관관계를 가진 의미성분들의 균일분포에서 찾아야 한다.

실례로 집짐승과 관련된 단어들인 《소, 말, 닭, 오리, 토끼, 게사니, 염소, 돼지》 등에서 《돼지》를 내놓고는 모두 단의어로 보고있다. (《조선말대사전》)

이때의 단일성의 표식은 집짐승이라는 의미속에 개별적인 집짐승을 지시하는 의미소가 하나씩 첨가되면서 그것들이 단어들을 서로 구별하고있다. 이때의 개별적집짐승을 지시하는 의미소는 철저히 시차적의미성분으로 되면서 의미소의 단일성을 이룬다. 다시말하여 단의성의 첫째 표식은 의미소의 단일성이며 의미소의 단일성은 하나의 형태소에 대응되는 하나의 의미소가 곧 시차적의미성분으로 되는 경우이다.

이러한 관점에서 보면 《돼지》는 다의성을 가지고있다고 볼수 없다. 왜냐하면 돼지의 시차적의미성분과 《집짐승》하위의 의미소가 일치하면서 의미소의 단일성을 이루기때문이다.

만일 《돼지》같이 미욱한 《사람》과 《돼지》같이 많이 먹는 《사람》을 각각 다의적의미로 본다면(《조선말대사전》에서) 소, 말, 닭, 토끼, 염소, 게사니 등 거의 모든 집짐승에 대하여 같은 문맥적의미를 찾을수 있을것이다. 벌써 《…같은, 처럼》과 같은 형으로 쓰일때는 그것은 표현적수법에 의하여 나타내는 문맥적의미이지 어휘의미는 아닌것이다.

단의성의 다른 하나의 표식은 의미련상군에서 의미소들의 균일분포특성이다. 《집짐승》이라는 의미련상군을 설정할 때 그에 포함되는 어휘들의 의미소는 균일분포 즉 공간상 거리가 같은것이다. 집짐승으로서의 소, 말, 오리, 돼지 등의 의미소거리는 어느것과 어느것이 더 긴밀하거나 어느것에 비해 어느것이 더 먼 거리에 놓이지 않는다. (《련상군》이라는것은 많이는 《집짐승》에 상대하여 《고기

류, 알, 털, 가죽》 등을 가리키지만 여기에서는 《련관된 의미집단》이라는 뜻이다.)

그러나 실례로 《밥, 죽, 떡…》 등에서 《음식》이라는 련상군의 경우는 다르다. 즉 《밥》은 《떡》이나 《죽》에 대하여 의미거리가 같지 않다. 《밥》과 《죽》의 거리는 훨씬 떨어져있기때문에 뜻반대말로 되지만 《밥》과 《떡》은 평균거리에 놓이기때문에 일반적인 련관어로 된다.

조선어를 포함한 대부분의 언어에서 단의성은 일반어와 학술용어, 단순단어와 합성어의 어휘부류에서 큰 차이를 가지고 나타난다. 즉 일반어에 비해서 학술용어가 단의성이 강하며 특히 고유명사와 전문용어는 단의성을 절대적인 속성으로 하고있다. 그리고 단순단어에 비하여 합성어가 단의성이 우세하다. 실례로 《봄》, 《비》, 《빛》 등은 심한 다의성을 가지지만 합성어인 《봄비》, 《봄빛》 등은 단의성을 가지는것을 들수 있다.

의미의 단의성에 대한 주되는 언어학적문제는 의미의 련관형식을 밝히는것이다. 련상군내의 의미소들이 어떤 형식으로 련관되는가 하는것을 밝히기 위하여 와인리히와 캐츠 등이 여러가지 분석수법과 의미소련관방식을 제기하였다.

의미소련관방식이 과학적으로 정밀하게 밝혀지면 단어의 단의성인가 아니면 문맥적의미, 색채적의미, 비유적의미의 의미소변종인가를 똑똑히 가를수 있고 나아가서 단의성과 다의성의 경계선도 뚜렷이 할수 있을것이다.

2) 다의구조

하나의 형태소에 여러개의 의미소가 대응될 때의 의미성질을 다의성이라고 하는데 이것은 자연언어의 본성과 관련되는 복잡한 문제이다.

규범화되지 않은 인간언어 즉 자연언어의 형태소(음운)와 의미소(의미)사이에는 필연성이 작용하지 않으며 따라서 주어진 개념에 대하여 어떤 어음적외피로 형식화하는가 하는것은 자의적이다. 이것을 어휘의미의 자의성이라고 하는데 이 원리에 의하여 하나의 형태소에 서로 다른 개념을 둘이상 대응시키는것도 얼마든지 허용된다.

그러나 언어현실은 고유명사나 전문용어 같은 인공적인 어휘단위들을 포함한 모든 자연언어어휘들은 기성의 형태소와 의미소들의 련관의 제약속에서 자의성이 적용한다는것을 보여주고있다.

실례로 어떤 리유에서인지는 몰라도 처음 《소리》라는 개념이 이러한 말소리조합과 의미를 결합시켜 단어를 산생시켰다면 그것은 자의적일수는 있어도 여기에서 의미소 《음향》, 《음성》, 《울음》, 《말》, 《노래》 등은 자의성의 원리에 의하여 하나의 형태소에 집합된것이 아니다. 즉 최초에 《소리》라는 형태소에 가령 최초의 의미소 《음향》이 결합한것은 자의적일수는 있어도 후차적이라고 보는 《음성》, 《울음》, 《말》, 《노래》 등은 자의적이 아니라 그 어떤 련관의 제약속에서 《소리》라는 단어의 다의적의미를 이룬 의미소들이라고 보아야 한다.

바로 이때 이것을 제약하는 련관의 형식에 따라 단어의미의 다의성, 동의성, 반의성을 이루는만큼 그것을 정확히 밝히는 문제가 매우 중요하다.

우의 실례를 놓고 의미소제약조건을 보면 다음과 같다.

《소리》;	대상	쓰임	진동	감각성분[귀]
↓	↓	↓	↓	↓
음향 ;	물체 —	쇠소리 —	자연진동 —	[듣다]
음성 ;	사람 —	목소리 —	자연, 인공진동 —	〃
노래 ;	사람 —	판소리 —	인공조화진동 —	〃
말 ;	사람 —	허튼소리 —	인공련발진동 —	〃
울음 ;	동물 —	새소리 —	자연진동 —	〃

여기에서 보는것처럼 《소리》의 개념은 어떤 대상물체가 진동할 때에 공기흐름(떨림)을 귀로 들었을 때의 느낌을 말한다. 때문에 이러한 물리적개념에서 벗어나지 않으면 그것은 다 《소리》로 될수 있다고 볼수 있다.

즉 대상물이 일반물체, 사람, 동물 등으로 달라지거나 소리성질이 자연음, 인공음, 조화음, 련속음으로 변형되거나 하여도 그것은 크게 《대상》과 《진동》의 범주에 소속되므로 《소리》의 개념이 달라지지 않는다. 만일 《귀》-《듣다》의 요소가 《귀》-《보다》로 달라지는 《소리》가 있다면 그것은 《소리》의 다의성이 아니라 다른 단어로서의 《소리》 즉 소리같은말로 될것이다. 이처럼 의미소들의 련관을 제약하는 형식이 큰 범주의 같은 개념안에서 이루어지는 성질을 《파생성》이라고 한다. 파생성에는 대상론리적련관성과 전이성이 포함된다. 우에서 례로 든 《소리》의 다의성(5개의 의미소)은 철저히 대상론리적련관성(대상, 물체, 사람, 동물)에 기인된것이다. 만일 전이성이 작용하여도 다의성은 보장될뿐아니라 이의성이 산성되지 않으며 따라서 소리같은말을 낳지 않는다.

실례로 조선어에서 《물》이라는 형태소에는 적어도 《액체》, 《H_2O》, 《강, 호수》, 《물감의 빛갈》, 《사상정신적상태》, 《생물의 신선도》 등 여러개의 의미소가 대응하는데 이때에 파생성을 표식으로 단어의 성질을 보면 다음과 같다.

물-《액체》; 찬물 ┐
《H_2O》; 물분자 │ 대상론리적련관성
-《강, 호수》; 물을 건느다 ┘
-물이 곱다 ———— [소리같은말]
-나쁜 물에 젖다 ———— [소리같은말]
-생선이 물이 좋다 ———— [소리같은말]

결국 형태소 《물》은 네개의 서로 다른 단어(소리같은말)로서 그중 첫번째 단어는 세개의 의미소를 가진 다의어이다.

파생성을 이루는 대상론리적련관성과 전이성은 대상, 현상의 형태, 색갈, 운동, 질, 느낌 등 여러 측면에서 고찰할수 있는 특성이며 식별표식이다.

단어 《귀》가 사람, 동물의 귀, 바늘귀, 모서리 등의 다의성을 획득한것은 그의 형태적전이성에 의한것이고 단어 《먹다》가 근 20여개의 다의성을 가지는것은 운동, 느낌에 의한 론리적련관과 전이성에 기인한것이다.

이처럼 다의성의 기본표식은 의미소들의 대상론리적개념의 련관성과 전이성에 있다. 그러나 구체적인 어휘들의 의미에서 련관성과 전이성을 기준으로 다의성을 식별할 때에 한 단어의 다의적인 여러 의미소들을 세분할수 있는 식별기준을 어떻게 정하는가 하는 문제이다. 서로 다른 단어의 의미소들을 식별할 때 전이성이 없다고 볼수 있는 근거를 어떤 기준에서 설정하겠는가(우의 례에서 《나쁜 물에 젖다.》) 하는 문제는 매우 복잡하고 어려운 과제이다.

이에 대해 울만은 유연성의 개념을, 기로와 포지그는 의미역의 개념을 설정하고 해명하려고 하였다.

3) 동의구조

형태소의 음운론적차이가 의미소의 구별적표식으로 되지 않는 성질을 말하는데 이것은 주로 단어의 어음적외피는 달라도 의미는 같은 성질로 나타난다.

동의성식별에서 기본은 의미소의 동질성을 규정하는 기초를 똑바로 정하는것이다. 왜냐하면 형태소의 음운론적차이는 물질적으로, 형태론적으로 쉽게 나타나기때문에 문제로 되지 않지만 의미소의 동질성의 한계를 가르는 기준은 매우 모호하기때문이다.

○ 개고기－단고기 ; 남새－소채－채소

○ 뽕밭－상전

○ 지식인－인테리

○ 로동계급－프로레타리아

○ 어머니－엄마－에미－모친

○ 희다－하얗다－샛하얗다－허여스럼하다－백색

지금까지는 첫 두렬의 대응단어들사이에는 의미적차이가 없는것으로 평가되고 따라서 완전뜻같은말 또는 절대적뜻같은말로 보아왔다. 그리고 세번째와 네번째의 단어렬의 단어들사이에는 의미적차이 즉 문체론적, 의미분석적차이가 있다고 하여 상대적뜻같은말 또는 부분적뜻같은말 내지 뜻비슷한말이라고 하기도 하였다.

그러나 의미소의 동질성평가에서는 이러한 표상적인 기준만으로는 불충분하다.

그것은 첫째로, 《개고기－단고기》, 《남새－채소》, 《뽕밭－상전》 계렬의 단어들은 의미성질에서 완전한 또는 절대적인 동의성을 가지고있지 못하다. 왜냐하면 이 단어들사이에는 《규범성, 문화성》이라는 중요한 언어정보의 차이가 있기때문이다. 이때 만일 규범성은 지시적대상에는 관계되지 않으므로 의미에는 차이가 없다고 본다면 그것은 순수한 지시적의미의 측면에서 론하는것이며 따라서 의미소성질을 그릇되게 축소하여 인식하는 결과를 낳는다. 더우기 지시적의미의 관점이라면 《어머니－엄마－에미》 등은 같은 대상의 명명인데 문체론적차이 즉 《존대성》을 기준으로 문체론적뜻같은말을 형성한것이며 이에 대비하여도 동의성식별기준설정에서 일관성이 보장되지 못하고있다. 때문에 의미성질의 개념을 단순한 지시적대상으로 국한시킬것이 아니라 의사표현과 전달, 인식, 판단에 작용하는 언어정보론적표식을 다 고려하여야 한다. 《규범성, 문화성, 존대성》 같은 성질이 결코 언어외적인 성질이 아니며 말을 주고받거나 글을 쓸 때에 필수적으로 작용하는 요인들이다.

둘째로, 《희다－하얗다》는 형태소차이와 의미소차이를 비교해 볼 때 상대적으로 동의성이 있다고 인정할수 있다. 그러나 《하얗다－샛하얗다》, 《저고리－덧저고리》, 《음악－음악가》와 같은 경우도 《희다－하얗다》와 같이 이른바 의미분화적뜻같은말로 볼수 없다. 왜냐하면 이때에는 자립적인 형태소 《새, 덧, 가》들의 의미소가 자립성을 가지고 형성되였으므로 단어의 동의성과는 완전히 별개의 문제로 되기때문이다.

단어의 성질로서의 동의성은 철저히 형태소와 의미소와의 관계문제로 보아야 하며 그렇지 않고 형태소와 의미소단위를 뛰여 넘으면 단어의 성질에서 벗어난다.

셋째로, 단어의 동의성은 언어적현상으로 고찰되여야 하며 학술적개념이나 대상론리적지시물로 보아서는 과학성이 보장되지 않는다.

실례로 《3대혁명—사상혁명, 문화혁명, 기술혁명—우리 당의 총로선》으로 보거나 《과일—사과, 복숭아, 배, 포도…》로 동의성을 리해해서는 안된다. 언어의미의 성질로서의 동의성문제는 주로 규범적인 어휘구성내에서 제기되는 어휘의미론적인 문제로서 실천적문제들에 많은 주의를 돌려야 한다.

동의성문제는 두 언어이상의 번역시에 《언어적등가물》확정문제, 한 민족어안에서 고어와 현대어의 대응시에 의미해석, 암호풀이 등에서 많이 제기된다.

때문에 오늘날 번역리론, 기계번역, 사전편찬, 고어해석, 암호풀이 등 언어실천분야에서 나서는 단어의 동의성문제는 철저히 최소의 언어적단위인 형태소나 의미소의 대응관계를 해명할것을 요구하고있다.

조선어에서 이 문제는 고유어와 한자어, 외래어사이의 동의성문제, 문화어와 방언, 비문화적인 언어요소와의 동의성문제, 조선어와 다른 나라 말사이의 최소언어적단위들사이의 동의성문제해결을 중심문제로 제기하고있다.

지금까지 조선어의미론에서 뜻같은말부류를 절대적뜻같은말, 문체론적뜻같은말, 기본적뜻같은말, 부분적뜻같은말, 의미분화적뜻같은말 등으로 가르고 연구사업을 심화시킨것들은 다 이러한 리론실천적문제들을 해결하려는데 목적이 있다.

4) 반의구조

반의성은 형태소와는 관계없이 사람의 론리적사유과정에 합법칙적으로 얻어지는 대칭관념이나 상관적모순과 대립의 개념을 어휘적으로 표현할 때 이루어지는 성질을 말한다.

사람은 시공간, 사물의 량과 질, 운동의 변화발전과정, 사실과 사건의 상태로부터 모든 주위세계와 인간자신에 대한 인식과 사유에서 론리적으로 분석하고 분할한 다음 종합체계화할 때 대칭성, 량분상관성, 모순과 대립성을 주요한 표식기준으로 삼아왔다. 오늘날 정보화사회에서 정보전달과 처리의 고도기술과 첨단과학의 기초에도 이 원리가 많이 작용한다.

인간생활의 이러한 합법칙적이고 보편적인 주위세계에 대한 론리적대칭과 대립, 모순의 개념이 어휘의미적으로 반의성을 이루는것은 언어일반에 존재하는 현상이지만 그의 구체적인 수법과 수단은 언어마다 특성이 있다. 언어의미론에서는 바로 사물현상의 론리적상관성이 아니라 언어의 이 특성을 밝히는데 목적이 있다.

언어의 반의성은 대상론리적대칭이나 대립의 개념을 기계적으로 표현하는것이 가장 완전하고도 두드러진 표식으로 된다.

실례로 우리 말에서 《고금, 동서, 남북, 강약, 우렬, 전후, 상하, 경중, 대소, 고저, 장단, 유무, 주야, 가부, 긍부, 귀천, 출입, 문답, 생사, 흥망, 남녀, 로소, 부모, 적아》 등과 같은 어휘적개념들은 분명 반의적의미요소들의 합성이며 이러한 경우의 반의성은 반드시 대상론리적개념의 상관성을 기준으로 하여야만 한다. 그렇지 않고 이것을 언어적으로 보면 《춘하추동, 이목구비》와 《남녀로소》, 《상하좌우》를 다 같은 질서와 기준에서 볼수 있다. 그것은 대칭이나 대립의 상관적관념에서 주되는 표식이 쌍개념이기때문이다.

둘이 맞설 때의 대칭과 모순, 대립이 가장 주되는것이기때문에 량분성, 대칭성을 론리적상관성의 기본출발점으로 하게 된다.

그런데 량극을 이루는 대칭과 대립의 상관성이 주어 지지 않으면 반의성이 이루어지지 못한다.

《춘하추동, 이목구비》는 바로 그러한 량극대칭이 아니라 시공간적련관성밖에 주어지지 않았다.

그러나 언어적으로 이것들은 《남녀로소》, 《상하좌우》와 별다른 차이가 없다.

3. 어휘의미구조의 류형

1) 동심원구조

어휘의미의 련관구조에서 가장 전형적인것은 동심원구조이다.

동심원구조란 여러개의 련관된 어휘의미들이 서로 엇갈린 련관을 이루는것이 아니라 하나가 다른것을 포함하면 또 다른것이 앞의 것들을 련이어 포함함으로써 그 련관구조가 동심원적모형을 이루는 것을 말한다.

실례로 사과의 한 종류인 《북청》은 《사과》, 《과일》과 동심원구조를 이루며 개의 한 종류인 《삽살개》는 《개》, 《동물》과 동심원구조를 이룬다.

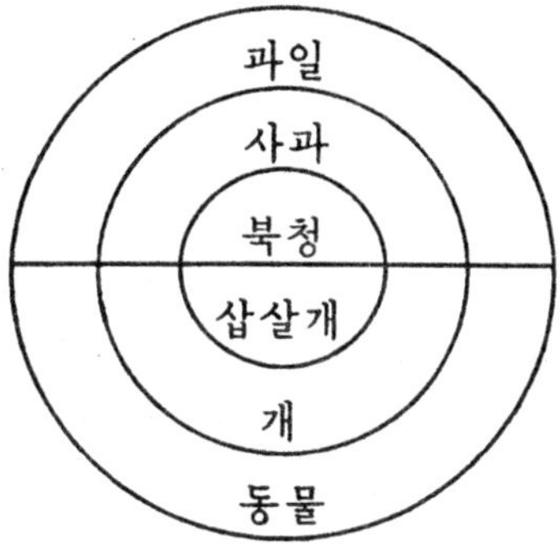

동심원구조에서 관심을 돌려야 할 가장 중요한 문제는 의미형식의 크기에 따라 의미성분이 결정된다는것이다. 다시말하여 의미령역이 크면 클수록 포함하는 의미부분은 늘어나지만 의미성분의 개수는 적어진다는것이다.

실례로 《과일》이 상대적으로 의미령역이 크기때문에 《사과, 복숭아, 배, 앵두, 포도》 등 의미부분은 매우 많이 포함하고있으나 그의 의미성분은 보다 작다.

과일 : [열매][식용][재배]

사과 : [열매][식용][재배][사과]

북청 : [열매][식용][재배][사과][늦사과]

동물 : [생물][짐승]

개 : [생물][짐승][가축]

삽살개 : [생물][짐승][가축][애완]

동심원구조에서는 이처럼 포함하는 의미와 포함되는 의미의 관계에서 볼 때 의미성분과 의미부분의 량적관계가 조성되기때문에 보다 복잡한 동심원구조에로 이행할수 있는 련관구조를 가지게 된다.

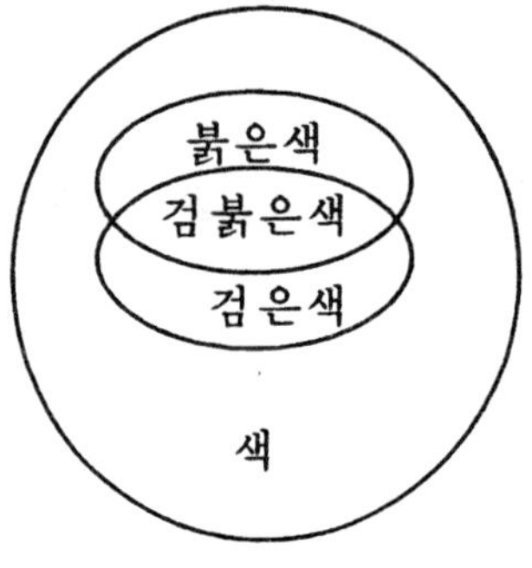

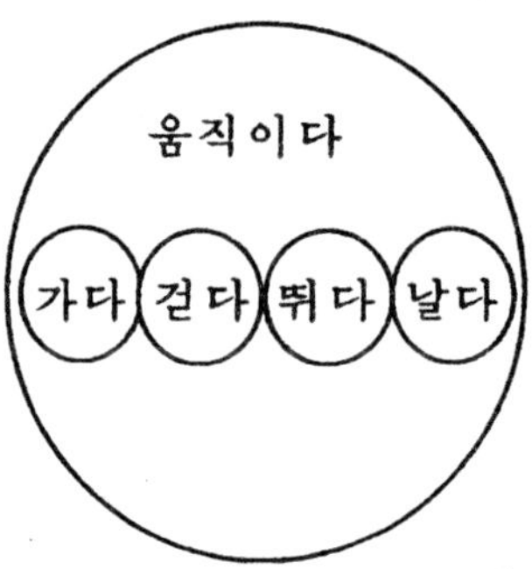

의미적련관관계가 동심원구조를 이루는것은 대체로 어휘적련관에서도 계층구조로 나타난다. 때문에 의미마당을 이루는데서는 이것을 전형적인 어휘의 계층과 개념의 계층간의 관계로 해석하는 경우가 많다.

동심원구조에서 매개 부분구조는 상대적으로 상위와 하위관계에 놓인다. 그것은 내심구조에 놓인 의미부분이라 하여도 또 보다 작은 내심구조부분이 설정될수 있으며 외심구조에 놓인것이라 하여도 그것은 또다시 내심으로 되고 보다 큰 외심구조 즉 상위어가 있을수 있기때문이다.

이러한 관계에서 보면 한 단어의 최대외심구조를 상징적으로 설정하면 그 언어의 모든 의미구조가 복잡한 련관구조를 형성하면서 하나의 거대한 동심원구조를 이룰수 있다는 결론이 나온다.

매개 언어의 총괄적인 동심원구조를 얻는것은 결국 의미모형화에서 총체적인 목표라고 말할수 있다.

동심원구조는 개념의 구조나 대상론리적구조가 아니고 언어의미적구조이기때문에 매개 언어마다 그 모형이 서로 같지 않고 또 한 단어안에서도 개념이나 대상론리의 체계성밖에서 서로 차이나는 동심원모형구조를 이룰수 있다.

2) 겹침구조

의미구조의 보다 섬세한 차이에 따라 뜻비슷한말계렬에서 기본의미는 같으면서도 보조적, 보충적의미성분들이 차이나는것으로 하여 이루어지는 의미련관구조를 겹침구조라고 한다.

겹침구조에서 겹침의 의미성분들은 대체로 기본의미가 되고 독립된 의미성분들은 문체적 또는 보충적의미구조가 되는 경우가 일반적이다.

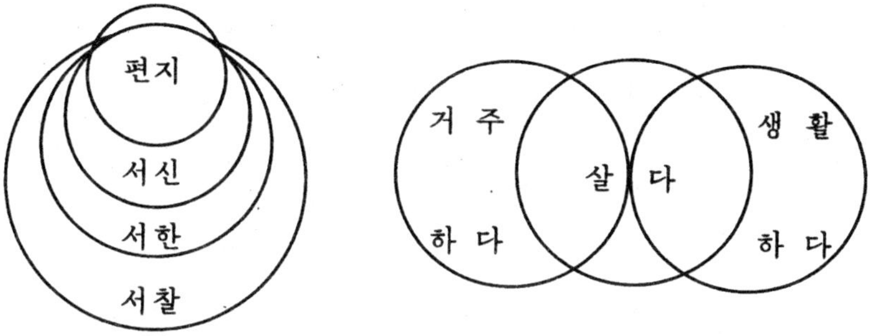

겹침의 구조에서 의미성분의 수는 언제나 보조적인 구조나 문체적인 구조에서 더 많이 나타난다. 그것은 기본의미구조에 보충되는 성분들이 첨가되여야만 문체론적 또는 갈라진뜻기능이 발현되기 때문이다.

절대적뜻같은말은 겹침성분을 이룰수 없지만 뜻비슷한말들중의 많은것들이 겹침성분을 이루기때문에 구조분석에서 겹침구조모형은 매우 효과적인 수단으로 리용된다.

3) 상반구조

의미성분들중의 일부가 대치관계에 있거나 정반대적인 관계에 있을 때의 련관구조를 통털어 상반구조라고 한다. 어휘론에서 뜻반대말이라고 하면 대부분의 어휘부류가 이에 속하며 의미적인 대립이 주어 지는 뜻비슷한말들도 여기에 속한다.

이러한 구조모형에서 련관된 어휘들의 의미성분수는 대체로 대등한 위치에 놓인다.

상반구조에서는 완전대립과 대립의 구조로 갈라진다.

완전대립의 구조에 놓이는 어휘부류들은 뜻반대말로 평가할수 있으나 일반적인 대립의 관계에 있는 어휘부류는 뜻비슷한말의 한

부류로 보아야 한다.

그것은 완전대립구조에서만 의미성분이 반의적성질을 부여하기 때문이다.

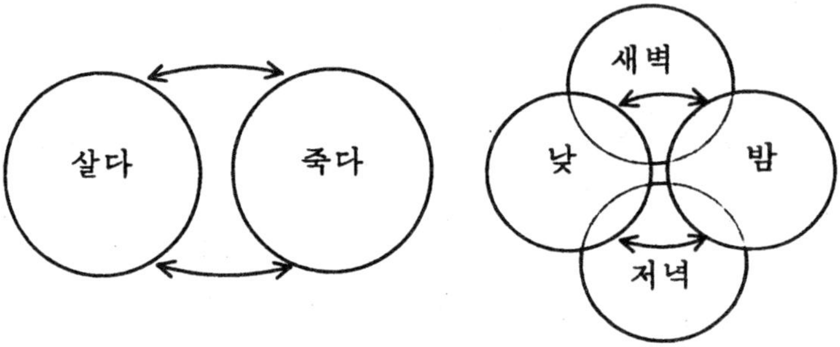

여기에서 생명체가 무생물체로 전환하거나 존재가 비존재로 전환하는(《고양이가 죽다》, 《전기불이 죽다》) 극성대립의 관계로 하여 《살다》와 《죽다》의 의미성분은 반의적성격을 가진다.

살다 : [생물체, 존재][무생물체, 존재]

죽다 : [생물체, 없음][무생물체, 없음]

그러므로 존재의 [+, -]관계와 같이 극성대립의 의미성분이 대치될 때에만 뜻반대말로 규정하는것은 어휘론적으로 타당성을 가진다.

이와 함께 극성대립이 이여의 의미구조를 가지면서 이루어지는 경우도 역시 뜻반대말적성질을 가진 의미성분이 대치되므로 뜻반대말관계가 이루어진다.

낮 : [하루, 빛, 해 있음]

밤 : [하루, 어둠, 해 없음]

낮과 밤은 하루의 시간분할에 의해 주어지는 개념이기때문에 여기에 새벽, 아침, 저녁 등과 같이 개념들이 류의적관계로 놓일수도 있다.

그러나 《낮》과 《밤》의 의미성분중에서 빛의 [+, -], 해의 [+, -]와 같은 극성대칭성분이 주어지기때문에 이것들은 뜻반대말계렬에 놓인다고 보아야 한다.

그러나 상반구조의 의미관계중에서 많은것들은 뜻반대말부류를 이루지 않고 뜻비슷한말의 특수류형을 이룬다.

주로 둘이상의 련관어들이 가지고있는 의미성분들이 병렬적위치에 놓일 때에 그중 두개가 극성대립의 성분으로 나타나지 않으면 그것은 일반적인 뜻비슷한말에 속한다고 보아야 한다. 그러나 그중 2개의 의미구조가 극성대립으로 선택된다면 그것은 뜻반대말적구조로 보아야 한다.

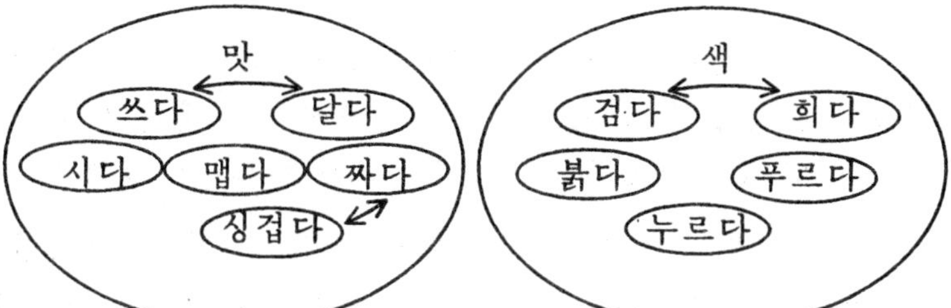

보는것처럼 맛이나 색을 나타내는 개념들은 대체로 동등성분을 가지면서 독자성을 띠고 병렬적인 개념으로 묶이여진다. 그러나 론리적개념이나 대상성의 관계와는 달리 어휘의미구조에서도 그중 특별히 선택된 두개의 성분들이 극성대립을 이루는 경우가 있다.

쓰다 : [맛, 당분 없음, 부정]
달다 : [맛, 당분 있음, 긍정]
짜다 : [맛, 소금의 존재, 긍정]
싱겁다 : [맛, 소금의 없음, 부정]
검다 : [색, 빛의 없음, 부정]
희다 : [색, 빛의 있음, 긍정]

이 쌍을 이룬 구조에서 당분, 소금, 빛이[+, −]관계에 놓이거나 [긍정/부정]이 상반구조를 이루는것으로 해서 뜻비슷한말들중 이것들만이 뜻반대말적성격을 가진다. 그러나 상반구조의 많은 부류들은 의미성분이 극성대립을 이루지 않고 일반대칭으로 유지되는 관계로 그것들은 보통의 뜻비슷한말에 속한다고 보아야 한다.

실례로 《어린이, 젊은이, 늙은이》, 《소년, 청년, 중년, 로인》과 같은 어휘들의 의미구조라든가, 《하늘, 땅, 바다》, 《어제, 오늘, 래일》 등과 같은 어휘들의 의미구조는 나이, 위치, 시간 등에서 상반되는 개념성분들이 주어지는것으로 하여 상반구조를 이룬다. 이때에 《젊다, 늙다》, 《하늘, 땅》, 《어제, 오늘》을 일부 뜻반대말이라고 하는 경우도 있으나 이것들은 의미성분에서 극성대립을 이루지 않으며 《늙다－젊다－어리다》, 《하늘－땅－바다》, 《어제－오늘－래일》의 상반관계로 넘어가기때문에 뜻반대말로 되지 않는다.

4) 련접구조

의미의 련관구조에서 가장 보편적성질을 가지는것은 련접구조이다. 앞에서 고찰한 동심원, 겹침, 상반구조들을 대체로 특수구조류형이라고 하면 련접구조류형은 일반구조류형이라고 말할수 있다.

련접구조류형은 련관의 구조적특성이 두드러지지 않으면서도 의미성분들의 공통성이 심하게 나타나는 어휘부류들인데 이것은 뜻비슷한말, 련관어의 대부분을 이룬다.

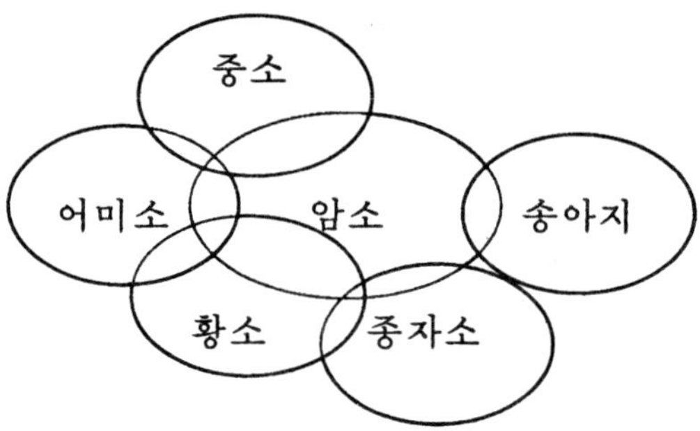

련접구조는 의미성분들의 호상관계에서 특징적인 고리들을 찾을수 없다. 그렇기때문에 호상 련관관계가 비교적 자연생장적인 성질을 가진다고 보고있다. 이것은 주로 주위세계의 대상론리적관계를 반영한데로부터 오는것이기때문에 그것을 어휘적으로 반영하는 경우라 하더라도 개념론리성이 비교적 주도적위치에 놓이지 않을수 없다.

련접구조는 특히 일반어휘의미구조로부터 학술용어어휘의미구조로 변형시킬 때 주요한 리용수단으로 된다. 대상, 현상이 가지고 있는 론리적인 구조가 의미형식 즉 어휘적으로 잘 나타나지 않을 때에는 그것을 학술용어화하기 어렵다. 때문에 이때에는 의미형식 즉 어음형태를 의미내용에 맞게 일치시키는 경우가 있다. 이것이 학술적으로 필요할 때는 부호화한다고 하며 특수목적에 필요할 때에는 암호화한다고 한다.

정보화시대의 요구에 따르는 각종 인공언어의 개발은 본질에 있어서 어휘의미구조의 련관관계를 출발점으로 하여 의미형식을 체계화하는 과정이라고 말할수 있다. 그중 가장 대표적인 형태로 자동검색사전류형들인 시소러스, 콩고르단스 등을 들수 있는데 이것들은 어휘의미의 련관관계에 따라 각종 부호와 배렬수단을 리용하여 콤퓨터가 문헌검색을 자동적으로 수행할수 있는 검색어기계사전들인것이다. 이밖에도 정보교환용부호들과 암호들 역시 어휘의미내용의 련관을 가장 효과적인 의미형식으로 표현한것들이다.

제3절. 어휘의미구조의 분석원리

전통언어학에서 어휘의미분석은 주로 지시적의미의 류형과 구성을 해석서술하는것을 주되는 과업으로 삼고 그의 종합적인 서술형태를 《주석사전》의 뜻풀이로 인정하여 왔다. 이것은 어휘의미의 서술이 주로는 독립된 어휘단위가 지닌 대상론리적개념을 서술하는데 그치고 의미구조의 련관관계에 기초한 언어학적분석에로 접근하지는 못하였다는것을 보여준다.

어휘의미구조의 분석에서는 다음과 같은 몇가지 원리에 따라 분석수법과 해석방법이 제안되고있다.

첫째로, 어휘의미의 구조적류형에 따라 적합한 분석방법이 개척응용되여야 한다는것.

둘째로, 의미내용과 의미형식을 따로 갈라서 적합한 해석방법과 분석수법이 세워져야 한다는것이다.

이러한 원리에 따르는 의미구조분석방법으로서 가장 보편적인 것은 ① 의미성분화방법과 ② 계층구조화방법이다.

특히 어휘들이 지닌 지시적의미의 구조적분석에서 가장 효과적이라고 보는것은 ① 기저의미분석원리, ② 성분대치분석원리, ③ 의미확대분석원리, ④ 문맥제약의 분석원리 등이다.

1. 의미성분화분석원리

의미성분화방법은 언어의 의미구조분석에서 가장 주되는 원리로 응용되고있다. 그것은 언어의 성분화원리가 대상론리적개념을 분석대상으로 한데로부터 비교적 직관성과 일관성이 보장되기때문이다.

어휘의미구조분석에서도 역시 의미성분화방법이 매우 중요한 분석원리로 리용된다.

어휘의 의미성분화분석원리란 매개 어휘가 가지고있는 의미들을 론리개념화하여 서술하는것을 말한다. 다시말하여 어휘적의미를 이루는 개념요소들을 하나하나의 성분으로 인식하고 그 개념요소의 조합이 곧 어휘의미구조체로 묘사되도록 하는것을 말한다.

아들 : [사람, 남자, 2세대, 친족]

딸 : [사람, 녀자, 2세대, 친족]

이와 같이 해당 어휘의 의미적내용을 개념요소들로 서술하는것이 곧 의미성분화인데 이때에 개개의 개념 [사람], [남자] 등이 하나하나의 의미성분으로 된다.

어휘의 의미성분화에서 가장 선차적인 문제는 의미성분으로 되는 개념의 요소와 체계를 과학적으로 일관성있게 정하는것이다. 대상론리적개념은 어데까지나 현실세계에 대한 인간의 인식과 사유활동의 총화 즉 지식의 총체로 나타나기때문에 인간공통의 인식에 기초하여야 한다.

그래야 실질적으로 콤퓨터에 의한 언어처리, 자동번역, 문헌검색 등에서 표준화, 규범화할수 있으며 여러 언어들을 하나의 기준에 따라 번역색인할수 있다.

이러한 의미에서 의미성분의 기준을 설정한다면 불가피하게 대상, 현상, 사건 등으로 크게 나누고 그것을 세분화해 들어가면서 의미성분을 규정하는 원칙을 세워야 한다.

대상—명명, 수량, 지시

현상—성질, 형태, 운동

사건—장소, 시간, 규모

다음은 성분요소에 대한 표기방식을 통일하여야 한다.

개념적으로 볼 때 《붉은색》은 하나이지만 그에 대한 대상과 명명은 각이하다. 따라서 어떤 색갈(대상)을 《붉은색》의 개념으로 한정하며 그것을 표기할 때 《붉은색, 붉다, 빨간색, 빨갛다, 빨간…》 등으로 변종이 나오므로 그것을 규범화해야 한다.

이러한 작업에 기초하여 최종적으로 매개 언어의 어휘의미성분사전이 작성되여야 한다. 마치 주석사전이 언어학사전의 전형적형태를 이루는것처럼 의미성분사전에서도 역시 매개 어휘에 대한 성분별서술이 실현되여야 한다.

만일 민족어어휘성분사전이 리상적으로 작성되기만 하면 어휘의 의미성분화분석이 충분히 이루어질수 있는 자료적기초를 원만히 구축하였다고 말할수 있다.

의미성분화분석에서 기본은 의미성분에서 공통성분과 식별성분(시차성분)을 갈라낸 다음 매개 단어가 지닌 의미값과 의미의 련관관계를 밝히는것이다.

2. 계층구조화분석원리

의미성분화분석원리가 어휘의 내적련관을 해명하는 원리라면 계층구조화분석원리는 어휘들의 외적련관관계를 해명하는 원리라고 말할수 있다.

어휘의 계층구조화분석원리란 매개 어휘들이 지니고있는 다른 어휘들과의 계층적관계를 밝히고 해당 어휘의 위치를 해명하는것을 말한다.

모든 어휘는 서로 련관관계를 가지는데 그중에서도 가장 대표적인 련관이 계층적관계이다. 대부분의 어휘는 언제나 자기의 상위어휘와 하위어휘를 가지게 되며 또 매개 어휘는 다른 어휘에 대하여 상위어 또는 하위어로 된다.

만일 직접적계층적관계를 가지지 않는 어휘라 하더라도 그것은 자기의 련관어를 통하여 간접적인 계층관계를 가진다.

실례로 《머리, 귀, 입, 코, 눈, 손, 발》 등이 련관어로는 되지만 그것이 층위관계를 이루지는 못한다. 그러나 이것들의 상위에는 《인체기관》이라는 상위어가 있으며 인체(사람)는 다시 《사람, 동물, 식물》이라는 련관어상에서 《생물》이라는 상위어를 가진다. 이처럼 어떤 어휘든지 자기의 위치에서부터 반드시 상하좌우의 련관어들이 있기마련이며 그것들을 종합하면 계층구조가 이루어진다.

어휘의 계층구조화에서 기본은 계층의 론리적구조식을 과학적으로 형상하는것이다. 다시말하여 객관세계의 련관 즉 자연, 사회, 인간의 모든 속성과 운동의 련관법칙과 질서들을 포괄하는 종합적인 론리적구조화를 가상한 다음 그에 기초하여 어휘의 계층적구조식을 서술해야 한다.

그러나 어휘의미의 실제적인 계층구조는 미시적구조화에 의하여 실현되는것만큼 구체적인 어휘들의 련관에 따라 설정된다.

○ 구름	공기	가구
|	|	|
낮은층구름	바람	책상
|	|	|
더미구름	봄바람	학생용책상

이러한 미시적구조는 우선 같은 계층의 어휘들을 병렬적으로 라렬할수 있는 조건을 주기때문에 련관어들이 저절로 체계화되여 나간다. 즉 《책상》의 층위가 결정되면 《걸상》의 련관관계가 얻어지며 《걸상》과 《책상》의 련관이 얻어지면 《나무걸상, 쇠걸상, 팔걸이걸상》 등 동계렬의 련관어들이 얻어진다.

특히 사회정치관계, 과학문화관계, 과학기술관계를 비롯한 인공적, 학술적술어와 단어들의 련관관계는 개념과 범주의 엄격한 질서에 따라 배렬되고 그것들의 련관이 곧 지식의 련관으로 나타나므로 의미와 지식 즉 단어를 통한 정보해득에 매우 편리하고 효과적인 결과를 준다.

어휘의미의 계층구조화분석은 자연과 사회, 인간의 본질과 운동변화발전을 어휘적련관으로 묘사하기때문에 검색어사전(시소러스)이나 각종 색인사업에서 매우 유용한것으로 인정되고있다.

3. 기저의미분석방법

어휘－문법적관점에서 같은 령역에 속하지 않는 어휘들이라도 공유하는 의미성분들을 가지고있는데 그 공유의미성분이 대체로 이 어휘부류의 기저의미를 이루고있다. 바로 론리－의미적측면에서 비련관어들이 공유하고있는 의미성분을 분석해내는것을 기저의미분석원리라고 한다.

실례로 《풀, 풋, 푸르다》는 의미마당의 관점에서 볼 때 령역이 같지 않으며 어휘계층과 련관관계에서 볼 때 비련관어들이다. 왜냐하면 품사소속이 다르고 지시적의미가 전혀 다르기때문이다. 그러나 이 단어들의 의미심층(기저)에는 공통성분이 있는데 그것은 형태소 《푸》가 담당한 의미소이다.

결국 이 단어들의 의미구조해석은 《푸》의 의미소를 출발적기저의미구조로 보고 거기에 품사정보, 단어구조정보들이 보충되면 성공할수 있다.

이때에 기저의미를 《X》라고 한다면

풀 : X성분을 가진 대상
풋 : X성분의 요소
푸르다 : X성분의 서술

조선어에서 기저의미분석원리는 한자말의미분석에서 대단히 효과적인 방법으로 적용할수 있다.

의미성분 《배우다》를 기저의미로 할 때 그것을 X라고 하면

학습하다 : X성분의 능동서술
수업하다 : X성분의 주동서술
교수하다 : X성분의 주동서술

강의 받다 : X성분의 피동서술로 되며 여기에 따라

학생 : X성분의 능동주체

교원 : X성분의 주동주체

학습 : X성분의 능동객체

교수 : X성분의 주동주체로 되여 이것은 다시

학교 : X성분의 장소

수업시간 : X성분의 시간

학습장 : X성분의 수단

강의 : X성분의 방식

토론 : X성분의 방법 등으로 분석해나갈수 있다.

이것은 그 어떤 특정의 련관어나 한 령역에 속하는 의미마당안에서만 적용되는것이 아니라 임의의 의미소를 기저의미로 지닌 다양한 품사, 어휘부류소속의 의미구조를 해석서술하는데 적용할수 있다.

4. 성분대치분석방법

어휘의미구조분석에서 개별의미성분들을 바꾸어놓는 방법으로 기준의미구조를 생성시키는 방법을 많이 적용하고있다. 이때에 기준의미구조는 기저의미로 할수도 있고 상징적인 의미성분을 가상할수도 있다. 성분대치분석원리란 기저의미 또는 가상적인 기준의미구조를 설정하고 의미성분들을 바꿔 놓아 일정한 의미구조모형을 얻어내는 방법으로 의미구조를 해석하는것을 말한다. 이때 이 모형이 곧 의미구조분석의 결과치로 된다.

실례로 성별 : 남/녀, 암/수, 사람 : 자/가, 수/공이라는 성분기준을 정해놓고 임의의 단어부류에 이 성분과 관계되는 성분을 대치시켜 보면 구조분석의 정보들을 얻을수 있다.

실례로 모든 동물이름에 《암/수》를 붙여보면 그 동물이름의 의미구조를 하나로 모형화할수 있다.

암소/수소(×)(황소) 암범/수범

암말/수말 암비둘기/수비둘기

암개/수개	암꿩(×)(까투리)/수꿩(장끼)
암닭/수닭	암붕어(×)/수붕어(×)
암고양이/수고양이	암잉어(×)/수잉어(×)
	암고래/수고래

이 례에서 보면 대체로 네발짐승에 대하여 《암/수》가 적용되고 조류에 대해서도 비교적 그것이 얼마간 쓰인다고 볼수 있지만 어류에 대해서는 적용되지 않는다는것을 알수 있다.

다른 실례로 직종, 기능, 전문에 따르는 사람의 분류기준을 《자, 가, 수, 공》 등으로 설정하고 사람을 가리키는 일반 명사부류에서 이 성분을 대치시키면 일정한 어휘부류에 해당하는 의미구조모형을 얻어낼수 있다.

자－파학자	가－작가	수－무용수	공－선반공
교육자	음악가	운전수	석공
학자	전문가	타자수	철공
연설자	화가	무전수	용접공
출연자	수집가	전화수	운반공
	문필가	교환수	채탄공

이밖에도 《예술인, 체육인》과 같은 경우의 《인》과 《교원, 교정원, 검열원》 등에서 《원》과 같은 요소들을 기준으로 하여 의미성분바꾸기를 진행하는것은 우리 말에서 특징적인 분석방법의 하나로 리용할수 있다. 고유어에 있어서도 이러한 원리에서 《－쟁이, －개, －이》 등의 뒤붙이들을 의미성분으로 규정하고 그것들을 바꾸는 방법으로 의미구조해석을 진행할수 있다.

5. 의미확대분석방법

의미의 파생과 변화의 관점에서뿐아니라 의미리용의 관점에서 의미구조를 해석하는것은 의미구조분석을 립체적으로 진행하는데서 매우 중요한 의의를 가진다.

특히 어휘의미가 비유의 수법에 따라 변화, 파생되는 경우가 매우 많은 조건에서 그것을 구조적으로 해석서술하는 문제는 매우 절실한 과업이다.

이러한 요구로부터 매개 어휘의 기본의미를 세부화한 다음 그것을 확대시키는 분석방법이 널리 도입되고있다.

어휘의 의미확대분석방법이란 기본의미성분을 린접한 의미성분에로 접근시켜나감으로써 의미성분의 수를 늘이는 원칙에서 의미구조를 해석하는것을 말한다.

실례로 《눈》, 《코》를 인체 또는 동물의 감각기관으로 성분화한 다음 그것을 식물 또는 다른 대상의 그 어떤 류사한 기관으로 의미성분을 확대시켜나가는것이다.

눈 : [동물, 감각기관, 시각][식물, 번식기관, 움, 싹]

귀 : [동물, 감각기관, 청각][물체, 모서리, 끝, 구멍]

의미확대분석방법은 다의성을 가진 어휘들을 식별하고 그의 의미범위를 한정하는데서 특별히 중요한 의의를 가진다.

기본뜻과 갈라진뜻, 직접적의미와 비유적의미를 옳게 갈라 내려면 언제나 기본의미와 직접적의미의 성분화를 진행한 다음 그것을 출발요소로 하여 의미확대분석을 진행해야 한다. 이것은 콤퓨터상에서 기계사전의 의미성분에는 언제나 보다 적은 용량의 기본의미와 직접적의미만을 기억시키고 그것을 린접된 의미성분으로 확대하는 방법으로 의미해석을 진행하는 실질적인 효과성을 보이는데서 잘 나타난다.

의미확대분석방법은 반드시 의미성분화분석과 어휘계층구조화분석방법과 결합시켜 진행할 때에만 효과를 거둘수 있다.

제3장. 문장의미구조

《아무리 어휘를 많이 알고있어도 문법을 잘 모르면 글을 제대로 만들수 없습니다. 구슬이 서말이라도 꿰야 보배라는 말이 있는데 어휘는 말과 글의 기본수단이기는 하지만 그자체만으로는 완결된 사상을 원만히 전달할수 없습니다. 어휘를 엮어 문장을 만들고 사상을 전달하자면 반드시 해당한 문법적규칙과 요구를 지켜야 합니다. 문법적요구를 잘 지키지 않으면 글의 뜻이 달라지거나 이야기하려는 내용이 똑똑히 전달되지 않습니다.》

말과 글에서 중심을 이루는것은 어휘와 문장이다.

어휘는 말과 글의 기본수단이고 문장은 완결된 사상을 표현전달하는 기본단위이다.

문장을 이루자면 문법규칙과 요구에 맞게 어휘를 엮어놓아야 한다. 다시말하여 문장은 어휘와 문법규칙을 구성내용으로 하는 복잡한 언어적구조체이다.

여기로부터 문장의미도 역시 어휘적의미와 문법적의미를 구성내용으로 하고있다. 그렇다고 하여 문장의미가 기성의 어휘의미(사전적의미)와 문법적의미(토의 의미)의 산수적합으로 나타나는것은 아니다. 표현전달하려는 사상에 맞는 어휘를 고르고 문법규칙에 맞게 문장을 엮어나가는 인간의 언어구사과정에 발현되는 실질적의미와 관계적의미의 총체가 바로 문장의미이다.

이때에 실질적의미의 담당자는 어휘이며 관계적의미의 담당자는 문법규칙이다.

지금까지 전통언어학에서 관계적의미만을 문장의미로 다루었으나 말과 글의 본성과 사명, 그 구조체를 분석하는 현대언어학에서는 실질적의미를 문장의미의 주요구성부분으로 간주할것을 요구한다. 그래야 언어과학이 말과 글의 발전과 활용, 인간교제에서 정보전달의 과학성과 효률성을 높이는데 이바지하는 참다운 과학으로 될수 있다.

제1절. 문장의 의미와 기능

1. 문장의 의미

1) 실질적의미

문장이 표현전달하는 사상의 실질적인 내용을 문장의 실질적의미라고 한다. 인간의 문장구사목적은 자기의 의사와 감정을 표현하고 전달하려는데 있는것만큼 문장의미에서 실질적의미는 본질적의의를 가진다.

그러면 문장의 실질적의미는 어떻게 이루어지며 그 구조적특징은 무엇인가?

어휘의미는 사전적의미로 직관화되여있는데 이것은 사실 문장의미의 총화로 서술된것이다. 다시말하여 사전에 서술된 뜻풀이는 사람들이 언어생활과정에 문장속에 부여한 의미들을 종합체계화한것이라고 보아야 할것이다.

어휘의미의 단의성, 다의성도 결국은 개개의 단어가 문장속에서 어떻게 쓰이는가 하는데 따라 설정된것이다.

이처럼 문장의미는 사전적어휘의미를 문장구사과정에 실현시킨 의미이기때문에 현실과 직접 접촉하여 구체적이며 실질적인 의미로 된다.

실례로 《바람이 나다》라는 단어결합은 벌써 단어《바람》과 《나다》의 어휘적의미의 기계적합이 아니라 구체적인 문맥환경과 장면에 따라 정보적내용을 가지게 된다.

○ 6월초에 새<u>바람이 나는</u>것은 이곳 바다가기후의 특징이다.

○ 투전바람이 나서 돌아치던 지주아들놈이 집안을 망쳐 먹더라.

○ 음전이가 바람이 나서 딴서방을 본다니 세월도 참.

○ 신바람나게 도리깨질하던 곽서방이 한마디 하였다.

《바람이 나다》라는 단어결합의 정보적내용은 이 4가지 문장에서만도 서로 각이하다. 이것을 분석하는데서 선차적인 문제는 매개의 언어적단위는 어떤 문장구조속에서 어떤 문장론적제약을 받는가 하는것을 일반화해서 밝히는것이다.

그러면 의미분석의 관점에서 《문장구조》란 무엇인가?

완결된 사상을 담은 단어집합체로서의 문장이 1차적으로 어떤 단어들끼리 결합하고 그다음 또 그것들중에 어떤것들이 서로 관계를 가지는가 하는 짜임새를 문장구조라고 한다. 이러한 관점에서 문장구조를 살펴보면 다음과 같다.

1차결합은 매개 단어가 문법적형태를 가지는것이다. 이것이 문장구조의 출발이며 최하위구조를 이룬다.

실례로 《바람－이 나－다》를 보면 어휘적의미를 가진 단어들이 문장구조에 들어가기 위하여 형태를 취한것인데 이때부터는 벌써 개개의 어휘가 그 하나로서의 의미만이 아니라 결합하는 어휘와 관계를 맺고있으며 이때 그 관계를 이어주는것이 문법적형태이다.

그런데 그 형태는 《문장》이라는 완결물의 구조적제약속에서만 결정된다. 때문에 실질어휘가 다른 단어들과 관계를 맺기 위해 문법적형태를 갖추고 단어결합을 이루는것은 문장구조의 최하위에 놓인다.

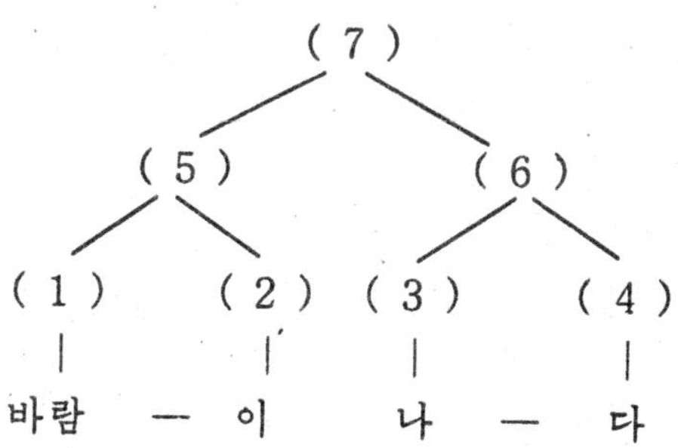

보는것처럼 최하위에 놓인 실질단어들로부터 시작하여 점차 문

장구조로 올리엮어지는데 이때 매개 구성체는 자기의 하위와 상위 구성체에 종속된다. 즉 (1)과 (2)의 구성단위가 상위 (5)의 구성체를 이루고 (3)과 (4)의 구성단위가 (6)의 구성체를 이루며 (5)와 (6)의 단위가 최상위 (7)의 구성체를 이룬다. 만일 가장 단순한 이 실례의 구조가 문장으로 되려면 최하위의 실질단어는 그대로 살리면서 형태가 서술되여야 한다. 즉 《바람이 났다. 바람이 났대. 바람이 났나?》 등과 같다.

비록 이것이 가장 단순한 문장구조라 할지라도 원리적으로는 모든 문장이 바로 이러한 단어와 문법적형태의 결합속에서 단어들이 서로 관계를 맺는 과정에 이루어진다.

이때 얻어지는 몇가지 개념이 있다.

① 구성성분－문장구조를 이루는 요소들인데 하위성분과 상위 성분으로 갈라진다.

② 하위성분－단어와 그가 취하는 문법적형태(토)들이다.

③ 상위성분－하위성분들이 결합한 구성체이다.

④ 구성체－둘이상의 구성성분들이 결합한 단어결합들이다.

⑤ 최하위－단어 또는 문법적형태(사전적)이므로 구성성분으로 되지 못한다.

이러한 구조적요소들이 어휘의미를 문장의미로 전환시키는데 작용하는 원리를 합성의 원리라고 한다.

앞에서 본것처럼 어휘적의미의 구조체는 성분분석의 원리에 따라 분해할수 있다. 성분화된 어휘의미구조는 객관적세계와 론리적개념을 전제로 하여 실질적인 의미실체를 이루지만 그것은 어데까지나 사전적정보요소의 집합체이다. 때문에 언어행위속에서 실현되는 의미는 어휘적의미구조의 변형을 요구한다. 왜냐하면 어휘적의미구조의 성분들은 언어행위의 정보전달을 위한 재료에 불과하기때문이다. 이러한 재료를 문법적수단에 의하여 언어교제에 접근실현시키는 과정에만 언어행위의 실질적의미가 생성되며 바로 그렇게 얻어지는 정보적내용을 문장의미라고 한다.

이러한 원칙에서부터 문장의미의 개념을 성립시키려면 반드시 어휘와 문법의 합성의 원리가 적용되여야 한다.

합성의 원리란 문장의미를 조성하는데 작용하는 단어들의 의미와 단어들을 결합시키는 수단 및 수법의 조합규칙을 말한다.

합성의 원리에 따르면 같은 단어들의 결합이라 할지라도 단어들을 결합시키는 수단과 수법의 적용규칙이 달라지면 그 의미 즉 문장의미는 달라진다고 보고있다.

○ 군인들이 농장원들을 도왔다.

○ 농장원들이 군인들을 도왔다.

○ 군인들이 농장원들을 도왔는가?

○ 농장원들이 군인들을 도왔는가?

○ 군인들이 농장원들을 돕지 않았다.(농장원들이 군인들을 도왔다.)

○ 농장원들이 군인들을 돕지 않았다.(군인들이 농장원들을 도왔다.)

《군인, 농장원, 돕다》의 단어가 전달하려는 정보적내용은 6가지이상에 달한다. 이러한 의미가 바로 문장의미인데 그것이 실현되는 기초에는 합성의 원리가 작용한다.

이처럼 문장을 이루고있는 어휘들의 의미와 문법적수단 및 수법들의 결합을 실현시키는 합성의 원리는 일정한 규칙에 의하여 담보된다. 그러한 규칙을 일반적으로 결합규칙이라고 한다.

합성원리에 따르면 단어의 의미는 문장속에서 다른 단어와 결합하면서 문장의미를 생성하는데 이때에 의미를 생성시키는 단어들의 결합규칙이 바로 문법으로 된다. 여기로부터 문장의미생성의 결합규칙이란 개별언어의 문법을 말하는것이 아니라 언어일반에 작용하는 문장구조의 론리-의미론적질서와 체계를 말한다.

아는것처럼 언어는 류형학적으로 많은 차이를 가지고있기때문에 개별언어의 문법은 서로 다르다. 우리 언어처럼 주로 토에 의하여 문법적관계를 나타내는 교착어가 있는가 하면 말끄리변화에 의하여 문법적의미를 표현하는 굴절어도 있고 조사나, 후치사, 어순에 따라 문법적관계를 표현하는 언어들도 있다. 이때에 공통적으로 작용하는 론리적단어결합규칙이 있는데 이것이 바로 결합규칙이다.

결합규칙의 기본형태는 주체―객체―진술의 관계가 어떤 질서로 결합하는가 하는데서 나타난다. 이때 결합규칙의 초점은 진술(술어)에 놓인다. 그것은 문장의 본질이 바로 진술성에 있기때문이다.

같은 단어들로 이루어진 문장이라 하여도 서로 다른 의미를 가지게 되는 기본리유는 바로 어느 단어가 주체―객체―진술의 형태와 위치에 놓이는가 하는데 따르는것이다. 앞에서 본 례문 ①～⑥이 서로 다른 의미를 가지는것도 바로 여기에 원인이 있다.

결합규칙은 문장구조의 제약에 따라 같은 단어의 여러 의미에서 어느 하나만을 골라잡는 질서를 말한다. 임의의 단어가 가지고있는 다의적의미중에서 어느 하나의 의미만이 문장속에서 구체화됨으로써 언어교제가 실현되는것은 선택의 규칙이 작용하기때문이다.

문장구조의 제약에 따라 같은 단어라 하여도 그와 결합하는 단어와 토가 확정되게 되는데 이것이 바로 의미선택의 규칙으로 된다. 선택의 규칙이 작용하지 않으면 일반화와 개별화, 추상화와 구체화의 속성을 지닌 언어현상이 존재하지 않으며 따라서 제한된 언어단위량을 가지고 무한대의 언어의미와 언어행위를 산생시킬수 없다.

결합규칙의 범주에 속하는 변형규칙은 주로 화자의 의도와 교제목적이 심층으로부터 표층으로 이행하면서 구조변형을 일으키는 문장의미구조의 질서를 말한다. 여기에서 대표적인것이 서술문을 의문문, 부정문으로 바꾸는것이다.

총체적으로 볼 때 결합규칙은 술어를 중심으로 각이한 성분들이 문장의미구조를 생성하는 수단과 수법의 총체로 나타난다고 볼수 있다.

2) 관계적의미

관계적의미는 문장안에서 단어들사이에 맺어지거나 진술내용이 현실과 맺는 기능―문법적관계를 말한다. 다시말하여 어휘의미가 문장에서 실현된 실질적의미를 제외한 추상적의미부분을 문장의 관계적의미라고 한다.

관계적의미의 본질은 의미-기능적, 구조-문법적의미에 있지만 그 내용은 두 측면으로 갈라볼수 있다.

하나는 결합구조이고 다른 하나는 진술구조이다.

결합구조는 문장의미에만 고유한 구조도 아니며 또 모든 문장이 다 갖추게 되는 구조도 아니다. 문장이전단계 즉 단어결합이나 구, 진술성을 가지지 못하는 단위들에서도 결합구조는 이루어지며 하나의 단어로 된 문장 같은데서는 결합구조가 성립되지 않는다.

그렇다고 하여 결합구조가 문장의미에서 부차적인 구조의 자리를 차지하는것은 아니다. 오히려 그것은 문장의미구조에서 출발적이며 근간적인 자리를 차지하며 주요한 기능을 수행한다.

결합구조는 개별적인 하나하나의 어휘적단위들과 문법적수단들을 전일적인 의미기능적인 구조체로 묶어 진술내용으로 통일시키는 기본기능을 수행한다. 이것이 없으면 문장의미생성을 생각할수 없으며 인간의 문장구사는 불가능하다.

문장의미구조로서의 결합구조의 기본표식은 진술구조와 맞물리는가 그렇지 않은가 하는것이다. 다시말하여 아무리 결합구조를 이룬다고 하여도 전일적인 의미통일체를 이루고 진술성을 가진 구조체에 소속되지 못하면 문장의미구조로 되지 않는다.

례를 들어 《언어가 발전하였다.》, 《언어의 발전》, 《언어발전》에서 세개가 같은 진술적내용을 가지지만 처음의 경우만이 문장의미의 결합구조로 되고 두번째는 보통의 단어결합, 세번째는 결합구조가 없는 단어합성으로 된다. 왜냐하면 처음의 두 단위가 다 《행동주체ㅁ행동》결합관계를 가지고있지만 두번째 단어결합은 진술구조에 매이지 않고있기때문이다. 그리고 세번째 《언어발전》은 결합규칙에 어긋나므로 단어합성에 머무른다.

지금까지 문법리론에서 단어들의 결합관계를 상관관계라고 하면서 이러한 구조를 상관적구조라고 하였으나 문장의미생성의 기본원리가 결합규칙으로부터 출발하는것만큼 그 구조를 결합구조라고 보는것이 더 타당하다고 본다.

진술적구조는 문장의미를 현실과의 관계속에서 고찰할 때 이루어지는 구조이다. 다시말하여 진술내용을 현실과 련관시킬 때 화자와 청자, 화제대상과의 관계에서 표현되는 존칭, 계칭, 식, 양태적 관계, 시칭관계 등이 진술적의미구조에 속한다.

진술적의미구조는 진술내용을 현실과 맞물릴 때 그 련계의 성격으로부터 이루어지는것이기때문에 이것이 없이는 언어교제의 통신적기능을 발양할수 없다.

진술적구조 역시 언어마다 서로 같지는 않지만 문장의 통일된 의미전일체가 현실화될 때에 어떤 언어에서나 필수적으로 제기되는 화자와 청자, 화제대상사이의 관계, 사건과 사실의 정보의미적내용들은 반드시 표현전달되여야 정보전달이 원만이 실현될수 있다.

3) 표현성의 의미

문장의미를 진술성의 관점에서 고찰할 때 표현성의 의미가 제기된다. 다시말하여 표현성의 의미는 실질적의미나 관계적의미의 측면에서 보지 않고 진술성의 의미와 상대되는 개념으로 본것이다.

문장의 표현성의 의미는 다음과 같은 의미부분을 포괄한다.

첫째, 실질적의미의 전체.

둘째, 관계적의미부분에서 의미-구조적관계구조 즉 진술적내용부분.

셋째, 첨가적의미부분 즉 표면의미구조에만 해당되는 의미부분.

이 세가지 의미구성단위가 표현성의 의미를 이루는데 이것은 결국 문장의미구조에서 진술성의 의미부분을 제외한 나머지 전체에 해당되는 부분이다. 즉 진술성의 의미에 표현성의 의미를 합하면 문장의미가 되며 반대로 문장의미를 크게 의미-기능과 구조-기능의 두개 부분으로 가르면 표현성과 진술성으로 된다. 문장의미의 관계적구조만을 론할 때에는 진술적내용이 의미-기능적구조를 이루고 진술성이 구조-기능적구조로 표현되지만 실질적의미를 문장의미의 주요구성부분으로 처리할 경우에는 그것이 다른 각도에서 정정되여야 한다.

여기로부터 문장의미의 표현성구조가 새롭게 제기된것이고 그 주되는 리유는 전통문법에서 문장의미를 관계적구조에만 국한시키고 실질적의미를 제외시키던 틀에서 벗어난데 있다.

표현성의 의미는 문장에서 구조—기능적으로 표현할수 없는 의미부분이기때문에 여기에서 가장 큰 몫을 차지하는것은 실질적의미와 확대성분의 의미이다.

앞에서 본것처럼 문장의 실질적의미는 어휘의미가 합성의 원리와 결합규칙에 따라 문장속에서 이루어진 의미이기때문에 그것이 표현성의 의미에서 주류를 이룬다. 언어교제과정에 의사표현과 전달의 실질적내용이 표현성의 의미에 의하여 실현되는것은 바로 어휘의미의 실질적내용이 문장구사과정에 실현되기때문이다.

표현성의 의미에서 주요한 몫을 차지하는것은 실질적의미와 함께 문장의 구조적기능으로서는 표현되지 않는 확대성분의 의미부분이다.

많은 언어들에서 확대성분은 문장안에서 구와 부, 절과 같은 단위를 이루면서 하나의 성분이 둘이상의 단어 또는 단어결합을 포괄한다. 이때에 구조—기능적으로는 어느 한 단어가 성분을 대표하기때문에 그 단어에 매인 다른 여러개의 단어나 단어결합들은 구조—기능적으로는 무의미하다. 이 무의미성을 의미—기능적으로 고찰한것이 바로 문장의 표현성의미이다.

○ ㄱ) 청년들의 기세는 높았다.

ㄴ) 발전소건설을 다그치는 청년들의 기세는 하늘을 찌를듯 높았다.

ㄷ) 정대와 함마로 물길굴을 뚫고 등짐으로 언제를 한치한치 올리면서 발전소건설을 다그치는 청년들의 기세는 지나가던 사람도 놀라게 하고 경탄을 터칠만큼 높았다.

우의 세 문장은 《청년들의 기세는》과 《기세는 높았다.》의 두개 결합구조만을 기본구조로 하고있다. 다시말하여 이 두개 구조밖에 놓인 단어와 단어결합들은 구조—기능적으로 문장의미생성에서 아무러한 역할도 하지 못한다.

기본구조밖에 놓인 단어와 단어결합들은 결국 《청년들의 기세는》에서 주어(《기세는》)를 규정한 《청년들의》가 확대된 부분과 《기세는 높았다.》에서 술어인 《높았다》를 수식한 부분이다. 문장의미구조에서 이 부분은 의미—기능적으로 충분한 표현성을 나타낸다.

그것을 우의 례 ㄴ)와 ㄷ)에서 보면 다음과 같다.

ㄴ) [청년들은] ; [발전소건설을 다그친다.]

ㄷ) [청년들은] ; [발전소건설을 다그친다.]

[발전소건설은] ; [정대와 함마로 물길굴을 뚫으면서 다그친다.] ; [등짐으로 언제를 한치한치 올리면서 다그친다.]

우의 세 문장이 구조-기능적으로는 같은 의미를 가지지만 표현성의 의미에서는 이처럼 보다 전개되고 복잡한 구조를 가진다. 표현성의 의미는 순수한 관계적의미밖의 실질적의미와 확대된 의미들로 이루어짐으로써 문장의미구조에서 매우 중요한 자리를 차지한다.

4) 진술성의 의미

표현성의 의미와 달리 진술성의 의미는 문장의 진술내용이 현실과 맺는 관계의 성격을 나타내는 의미이다.

진술내용이 현실과 맺는 관계는 여러가지 측면에서 표현되는데 례를 들면 시간관계, 례의관계, 말하는 사람의 의도와 립장, 태도 등이 여기에 속한다.

2. 문장의미의 기능

문장의미의 기능은 언어교제시에 문장론적단위를 통하여 실현되는 정보전달의 기능을 말한다.

문장의 기본의미를 관계적의미로 보는 조건에서 문장의미의 기능은 문장의 보충적의미실현이라고 보아야 할것이다. 다시말하여 문장론적단위들에서 실현되는 실질적의미부분이 정보전달의 내용으로 표현된것을 문장의미기능으로 보아야 하는데 이것은 결국 언어단위들의 상관관계결과에 얻어지는 문장구조의 관계적의미에 보충되여 실현되는 실질적의미부분의 역할이다.

여기로부터 문장의미의 기능을 문법적형태와 의미의 상관속에서 얻어지는 새로운 언어적기능 즉 보충적의미실현이라고 본다.

례 : ① <u>사과가</u> 빨갛게 익었다.

② 나는 <u>사과가</u> 먹고 싶다.

③ 이것은 <u>사과가</u> 아니라 배이다.

이 세가지 문장에서 《사과가》는 동일한 문법적형태를 가지며 그것이 나타내는 문법적의미도 주격이라는 동일한 관계적의미를 가진다.(이것은 개별적단어로서의 문법적형태와 문법적의미이다.) 그러나 그것들이 뒤단위(단어) 《익었다》, 《먹고 싶다.》, 《아니라》와 상관관계를 맺으면서 첫째 례문에서의 《사과가》는 《주체표시》라는 기능, 둘째 례문에서의 《사과가》는 《객체표시》의 기능, 셋째 례문에서의 《사과가》는 《부정의 대상표시》의 기능을 논다. 즉 《사과가》는 문장속에서 각각 《주체표시》, 《객체표시》, 《부정의 대상표시》라는 보충적의미를 획득하고 언어행위속에서 씌였다. 언어행위속에서 획득되는 보충적의미의 구현이 바로 문장론적단위로서의 《사과가》의 기능인것이다. 이리하여 ①에서의 《사과가》는 주어의 기능을, ②에서의 《사과가》는 《직접보어》의 기능을, ③에서의 《사과가》는 《단어결합체－성분》으로서 《합성술어》의 구성요소의 기능을 수행한다.

《주체표시》, 《객체표시》, 《부정의 대상표시》의 기능은 같을수 없으며 《사과가》의 역할은 같지 않다. 따라서 언어행위속에서 노는 문장론적기능은 《주어》, 《보어》, 《술어부분》으로 서로 다르게 구현되였다.

문장론적단위의 기능은 더 전개된 단위(문장, 복합문, 문장론적복합체, 문장군 등)에서도 서로 다르게 구현된다.

1) 단계적의미기능

문장론적단위들이 언어행위속에서 노는 기능은 천편일률적인것이 아니라 보다 기본적인 기능과 부차적인 기능, 1차적기능과 2, 3차적기능, 직접적기능과 간접적기능 등으로 등급을 가지고 단계적으로 구현된다.

문장론적단위들의 기능의 단계성이란 결국 해당 단위의 바탕의미를 기준으로 하여 첨가되는 보충적의미의 발현이 등차를 이루면서 구현되는 특성이다. 등차를 이루면서 구현되는 특성으로 하여 기본기능, 1차적기능, 직접적기능 등과 부차적이며 2차적이며 간접적인 기능이 갈라진다.

례컨대 조선어의 단어결합관계에 《내적형태》와 《외적형태》의 상관관계에서 《외적형태》가 1차적, 지배적기능을 수행한다면 《내적형태》는 부차적, 소극적기능을 수행하는것이라든지 문장류형들의 상관관계에서 서술문, 의문문, 명령문, 감탄문 등의 서술적기능, 문답의 기능, 시킴(추동)의 기능에서 그 서술, 문답, 시킴이 1차적기능이라면 감탄이 3차적질서의 기능을 수행하는것 등은 다 기능의 단계성을 말해준다.

례 : ① 어제 《만경봉》호가 원산항에 도착하였다.

② 어제 《만경봉》호가 원산항에 도착하였다?

③ 어제 《만경봉》호가 원산항에 도착하였다!

이 세개의 문장류형의 정보전달의 내용은 같거나 류사하다. 례 ①은 바탕의미를 나타내는 서술문이고 례 ②는 보충적의미까지 첨가된 《서술-의문문》이며 례 ③은 《서술-감탄문》으로서 3차적질서에 속하는 문장류형이다. (즉 서술의 목적과 서술의 성격의 결합)

맺음술어에서 나타나는 형태와 문법적의미도 대동소이하다. 다만 억양의 요소와 문장부호의 형식화가 다르다. (즉 보충적요소의 차이) 이때의 바탕의미가 나타내는 기능은 언제나 1차적, 기본적이며 보충적의미를 더하는 기능은 부차적(2, 3차적)이다.

이와 같은 기능의 구현질서의 차이는 이 문장류형의 등급을 가르는 요인으로 된다. 즉 문장론적단위(문장류형)들이 나타내는 기능은 일직선상에 놓이는것이 아니라 단계적으로 립체화되여 나타난다.

그 관계를 도해로 표시하면 다음과 같다.

《어제 <만경봉>호가 원산항에 도착하였다.》 =바탕의미(서술성) =1차적기능

⇒ ↓

《어제 <만경봉>호가 원산항에 도착하였다?》 =서술-의문성 =2차적기능

⇒ ↓

《어제 <만경봉>호가 원산항에 도착하였다!》 =서술-감탄성 =3차적기능

이것은 서술문을 기준으로 한 례이다.

2) 단어문장의 의미기능

단어문장을 문장론적최소단위라고 보는만큼 이때의 의미기능은 특수한 성질을 가진다. 그것은 문장론적최소단위란 상관관계속에 들어있는 단어와 단어결합체이기때문이다. 상관관계속에 들어있는 단어나 단어결합체도 형태—구조와 의미의 통일체로서의 기능을 가진다.

단어나 단어결합체의 기능은 어휘적단위로서의 명명적기능과 정보단위로서의 《통신적기능》, 언어행위의 구성요소로서의 문장론적기능을 말한다. 명명적기능은 어휘론의 과업이며 《통신적기능》은 정보론의 과업이므로 문장론적기능에 국한시켜 보아야 한다.

상관속에 있는 단어의 기능은 해당한 개념이 나타내는 작용력, 역할을 말하는것인데 그것은 단어결합이나 문장안에서 구현된다.

○ 봄의 계절
○ 봄을 맞이한다.
○ 봄에 내리는 보슬비

이 례들에서 《봄의》, 《봄을》, 《봄에》라는 단위들은 단어결합이나 문장에서 그 기능이 구현된 문장론적최소단위이다. 이 최소단위들은 각각 《규정어》, 《보어》, 《상황어》의 기능을 수행하면서 문장의 전체 구조(형태)와 의미에 작용한다. 이것은 단어 : 단어의 상관관계속에서 보충적의미로서의 작용력을 구현한것이다. 이때의 단어의 기능은 《단순성분》으로서의 기능이다.(《확대성분》에 대치되는 개념)

《단순성분》으로서의 단어의 기능은 엄밀한 의미에서 《규정어》, 《보어》, 《상황어》 등의 문장성분의 기능이라기보다 《주도어—의존어》관계에서의 《의존어》의 기능이다. 이것이 바로 단어결합체나 문장안에 들어가는 단어의 제1차적기능이다.

다음으로 단어결합체의 기능을 보기로 하자.

○ 붉은기가 휘날린다.
○ 붉은기를 끝까지 지킨다.

○ 붉은기에 어려있는 혁명정신

이 례들에서 《붉은기가》, 《붉은기를》, 《붉은기에》는 문장안에서 그 기능이 발현된 단어결합체들이다. 이 단어결합체들은 개념이나 표상이 나타내는 작용력, 역할을 말하는것인데 그것은 전일적인 문장의 구성요소로서의 기능을 수행한다.

이때의 문장론적기능이란 《규정 - 피규정어》로서의 《확대성분》의 기능이다. 확대성분의 기능은 상관속에 들어가는 단위(단어나 단어결합체)의 2차적기능이다. 《아름다운 꽃》, 《매우 아름다운 꽃》, 《도시에서 온 청년》, 《먼 도시에서 온 청년》 등 단어결합체들에서의 단어의 기능도 《확대성분》으로서의 단어들의 결합체의 2차적, 3차적, 4차적… 기능이다.

이와 같이 단어나 단어결합체들은 각각 그보다 한 단계 높은 질서에 있는 문장론적단위의 구성요소로 되여 《단독성분》,《확대성분》의 기능을 수행하면서 1차적 및 부차적(2차적, 3차적…)기능의 단위로 된다.

조선어에서는 단어 - 단독단어결합 - 확대단어결합(부사구도 포함하여) - 문장 등의 질서에서 단어는 1차적으로는 《의존 - 주도》의 기능에, 부차적으로는 문장성분으로서의 기능에 포함된다.

이상에서 고찰한 문장론적단위로서의 단어나 단어결합체의 기능은 기초적이며 1차적인것과 부차적인것의 통일로 이루어지는 단계성의 특성을 지닌다. 문장론적단위로서의 단어나 단어결합체는 단계성의 각도에서 보면 모든 문장론적단위들의 출발단위로 된다.

3) 완전문의 의미기능

여기에서 완전문은 문장론적기본단위로서의 문장을 말한다.

구조적으로 완결된 문장은 언어행위에서 주도적자리를 차지하므로 그것을 문장론적기본단위라고 하며 의미기능에서도 역시 특별히 중요한 역할을 담당한다.

문장이 문장론적기본단위로 되는것은 그것이 언어의 최대단위이며 언어행위의 기초단위, 최소단위로 되기때문이다. 문장은 보다 높은 질서의 단위로 된다는 의미에서 체계로서의 언어단위에도 속하며 문장이 판단과 관련되고 완결된 사상과 감정을 나타낸다는 의미에서 언어행위의 기본단위에도 속한다. 문장론은 바로 문장을 기본대상으로 하여 문장의 구성요소로서의 단어나 단어결합체를 고찰대상으로 하는것이다. 이리하여 문장은 모든 문장론적단위들가운데서 기본단위의 기능을 수행하게 된다. 관계속에 들어가는 단어나 단어결합체는 문장을 위한 기초단위들이며 문장들의 모임인 문장군이나 단락 등도 문장을 출발점으로 하여 고찰된다.

그런데 문장이라면 단일문과 복합문, 비전개문과 전개문, 단순문과 확대문, 단일구성문과 복합구성문 등을 다 포괄하는 개념으로서 가장 일반화된 언어학적범주의 하나이다. 문장의 기본표식은 진술성과 진술억양인데 이것은 모든 문장에 다 있는 징표이다. 다만 상대적완결성, 전일적진술성의 차이에서 문장은 그 크기와 길이가 갈라질따름이다.

조선어에서 문장론적기본단위로서의 문장의 기능은 단어나 단어결합체와 문장의 상관에서가 아니라 문장과 문장의 관계속에서 구현된다.

○ <u>봄이 오니</u> 새들이 날아든다.

○ <u>봄이 왔기때문에</u> 새들이 날아든다.

○ <u>봄이 왔으므로</u> 새들이 날아든다.

이 세개 문장은 《인과관계》를 나타내는 《복합판단》을 나타내는 복합문으로 되여있다. 이 문장론적단위들에서는 《단순단일문》들이 뒤의 《단일문》과 상관되여 각각 《인과관계》의 의미적련관을 나타냈다. 즉 단일문과 단일문의 상관으로 구체적인 기능을 발현하였다. 이때의 기능이란 단순단일문구조인 《봄이 왔다》, 《그래서 새가 날아든다.》라는 정보내용(의미)의 통일적인 련관속에서 얻어진 단일문의 작용력, 보충적의미표식의 기능인것이다.

복잡한 사상감정을 하나의 복잡한 전일체로 묶어주는 복합문의 기능도 여기에 기초하고있다. 즉 상대적인 완결성을 가지는 《현실에 대한 귀속성》을 나타내는 두개의 진술성이 하나의 전일체로 묶여지면서 통일적인 하나의 진술성, 진술억양에 의하여 형식화된 복합문의 기능(인과관계의 실현)이 구현되는것이다.

조선어에서는 문장의 기능이 단어나 단어결합체와 단일문의 상관관계로 이루어지는것이 아니라 대체로 문장과 문장의 관계로 실현된다는 특성에 대하여 보다 복잡한 문장구조속에서 고찰해볼수 있다.

문장론적기본단위로서의 문장의 최소단위는 단순단일문이며 최고단위는 다구성복합문이다.

보다 복잡한 다구성복합문을 례로 들어 문장의 기능을 살펴보자.

○ 겨울이 지나가고 봄이 왔는데도 날씨는 아직 쌀쌀하였다.

○ 겨울이 지나가고 봄이 왔으나 날씨는 아직 쌀쌀하였다.

○ 겨울이 지나가고 봄이 오면 날씨는 따뜻해질것이다.

이 례는 세개의 《단일문》들이 복잡하게 얽히면서 하나의 의미적전일체, 하나의 구조적전일체를 이루고 전일적인 하나의 진술성, 진술억양에 의하여 형식화된 다구성복합문의 여러 류형이다.

이와 같은 구조의 특성과 맞물림의 방식에 따라 다구성복합문안의 《단일문》의 기능은 제약된다.

이와 같이 문장구조와 의미적련관관계의 성격에 따라 다구성복합문의 구성요소로서의 《단일문》의 기능은 같지 않다.

언어행위의 최소단위이건 최대단위이건 그안에 들어가는 《단일문》의 기능은 문장 대 문장의 련관의 표시이며 종속과 병렬관계의 식별이라는데 조선어문장의 상관관계상 특성이 있는것이다.

4) 문장복합체의 의미기능

복합문의 한계밖에 있으면서도 본문을 이루지 못하는것을 문장론적단위들의 복합체 즉 문장복합체라고 한다.

문장복합체는 두개이상의 《단일문》이나 《복합문》이 또 다른 류형의 문장과 련합하여 구조－의미적련합을 이루는 단위들을 말한다.

이것을 《문장복합체》, 《문장론적단위들의 복합체》, 《복잡하게 전개된 문장론적단위》 등으로 부른다.

그런데 문장구조의 고찰방법에 따라 《복잡하게 전개된 문장론적단위》를 잡는 기준이 다를수 있다. 그 견해상차이는 결국 복합문의 계선을 어디까지로 보는가에 귀착된다. 《복잡하게 전개된 문장론적단위》는 복합문보다 한 단계 높은 질서의 단위이기때문이다.

어떤 경우에는 《나는 아침식사를 끝내고 도서관에 갔다.》나 《나는 아침식사를 끝냈다. 그리고 인차 도서관에 갔다.》를 다 복합문으로 보는가 하면 다른 견해는 《봄이 오면 진달래가 핀다.》나 《봄이면 진달래가 핀다.》를 다 단일문으로 본다. 또 다른 견해들은 《내가 사온 책이 책상우에 있다.》나 《나는 날이 밝도록 공부하였다.》를 몰밀어 복합문으로 보기도 한다.

특히 한 언어행위의 토막안에서 두개이상의 진술단위가 병존하는 현상을 《진술의 부분》이라고 하면서 복합문과 같은 범주로 다루는 경향도 나타나고있다. 즉 《단일문》(또는 이와 등가적인것)도 《진술부분》으로 되여 《병렬된 합성술어》가 있는 문장도 복합문으로 보고있다. 이들의 견해에 따르면 《나는 아침식사를 끝내고 도서관에 갔다.》나 지어 《나는 책도 사고 영화도 보았다.》는 다 두개의 《진술의 부분》으로 된 복합문일것이다.

문장복합체 또는 《복잡하게 전개된 문장론적단위》란 완결된 진술성이 두개이상 결합되면서 보다 복잡하게 전개된 문장론적단위, 두개이상의 진술억양으로 구획되면서 의미-기능적으로 하나로 통합되는 문장련합체이다.

문장론적복합체 또는 《복잡하게 전개된 문장론적단위》는 언어행위의 최소단위인 두개이상의 독자적문장의 구조, 의미, 기능에서 통일체를 이룬 단위를 말한다.

례 : ① 날이 어두워지자 사위는 쥐 죽은듯이 고요하였다. 유격대원들은 야음을 타고 강을 건너 성시로 돌입하였다.

② 날이 가고 달이 지났으나 소식은 없었다. 감감 무소식이였다.

③ 날이 밝았다. 사방에서 동음소리가 울리고 사람들의 움직임이 차차 빈번해졌다.

례에서 보는바와 같이 언어행위는 단일문을 단위로 단일문들의 련쇄로 하나의 통일된 사상, 통일된 과정을 나타냈다. 례 ①에서는

《복합문+전개단일문》의 구조속에 《환경을 리용하여 유격대의 용맹한 활동이 개시됨》이라는 의미적련관을 담았다. 례 ②에서는 《다구성복합문+무주어단일문》의 구조속에 《시간의 경과에도 불구하고 소식이 없었음》을 전달하고 다음의 문장에서 《무소식》을 다시금 강조했다. 례 ③에서는 《하나의 비전개단일문+병렬관계의 복합문》의 구조속에 《인과관계》로 얽혀진 정보를 전달하였다. 이 문장들에서 《단일문》들의 기능은 서로 달랐으며 이 복합체들이 표현하는 전달의 기능도 각이하다. 보다 복잡하게 전개된 구조－의미를 전달한다는데서 이 단위들의 기능은 통일되였다.

제2절. 문장의미의 성질

1. 문장의미의 다의성

문장의미에서 보편적인 성질의 하나는 문장을 이룬 단어들의 문법적형태가 꼭 같은 경우에도 여러가지 의미를 나타내는것이다. 그러한 성질가운데서 하나의 문법적형태가 론리－의미적으로 여러가지 현상을 표현하는것을 문장의미의 다의성이라고 한다.

○ 강물은 바다로 흐른다.(방향)
책상은 나무로 만든다.(재료)
승리는 일심단결로 마련된다.(원인)
조선말은 문화어로 꽃피였다.(전환)
미친 개는 몽둥이로 때려잡아야 한다.(도구)
불은 불로 다스려야 한다.(수단)

다의현상을 낳는 의미구조는 격구조에서 집중적으로 표현된다.

앞에서도 본것처럼 여러가지 의미를 표면구조에서는 하나의 형태로 표현하지만 사람들은 그것을 문맥속에서 내면구조의 도움으로 인식파악하는것이다.

내면구조의 도움이라는것은 결국 하나의 형태뒤에서 생략, 첨가, 대치 등의 변형규칙이 작용하는것을 말한다. 변형규칙이 없으면 사람들의 문장구사와 외적인 문법형태는 언제나 1 : 1로 대응되기때문에 다의성도, 형상적의미도 허용하지 않으며 따라서 언어교제는 매우 복잡하고 부담스럽게 될것이다. 특히 교착적특성을 가진 우리말에서 이 원리는 대단히 폭이 넓고 깊이 작용한다.

앞에서 실례로 든 토《로(으로)》의 경우에 다의현상의 주되는 원인은 동사술어의 지배 즉 동사결합구조와 규칙에 기인된다. 이러한 동사지배와 결합규칙은 굴절어의 경우 《일치》규칙에 따라 규범화되여있다. 다시말하여 동사가 요구하는 격지배에 다른 성분들이 일치해야만 문법규범에 맞고 그렇지 않으면 의미전일체를 이루지 못한다. 말하자면 결합규칙에 어긋난다.

그러나 조선말에서는 내면격의 도움으로 그것이 여러가지 형태로 변형될수 있다.

○ 책상은 나무로 만들었다. (재료)
책상은 나무를 가지고 만들었다.

○ 승리는 일심단결로 마련된다. (원인)
승리는 일심단결에 의하여 마련된다.

조선말의 이러한 특성은 령토와 속격토에서 집중적으로 나타난다.

○ 지게차저울로 무게를 뜬다.
—지게차처럼 생긴 저울로 무게를 뜬다.
—지게차에 실은 저울로 무게를 뜬다.
—지게차에 짐을 실은채로 무게를 뜬다.

○ 녀류화가의 그림을 보았다.
—녀류화가가 그린 그림을 보았다.
—녀류화가가 가지고있는 그림을 보았다.
—녀류화가를 그린 그림을 보았다.

조선어문장의미의 다의현상은 결코 의미의 미분화현상이 아니라 조선어토의 특성과 관계되는 조선어문법의 고유한 성질이다. 세분화된 의미구조를 표면구조에서 하나의 토로 형식화, 형태화할수 있다는것은 결국 조선어문법의 모형화수준이 높다는것을 말하여준다.

이와 같은 문장론적단위들은 《한 형태의 다의미화》의 원칙에서 련관관계를 나타낸다.

《한 형태의 다의미화》원칙을 도식도해로 표시하면 다음과 같다.

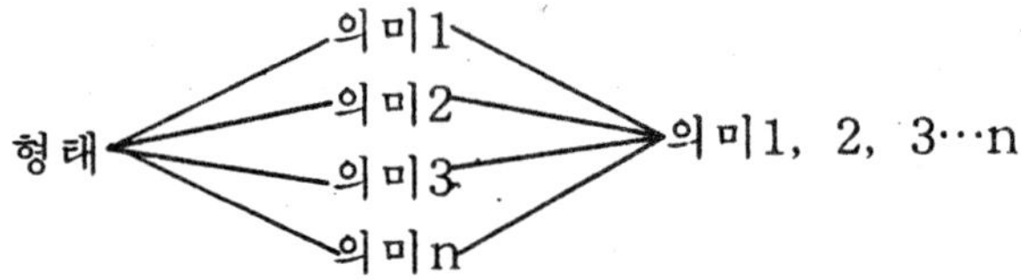

《한 형태의 다의미화》원칙은 문장론적단위들에서만 적용된다. 즉 상관속에 들어가는 단어, 단어결합, 단일문, 복합문 등에서만 적용된다. 따라서 개별적단어나 성구화된 단위에서는 적용되지 않는다.

《한 형태의 다의미화》원칙은 전통문장론이나 현대문장론에서 다 적용되는 원칙인데 현대문장론에서는 특히 단어이상의 단위, 문장이상의 단위(문장론적복합체, 문장군, 단락…)에서 적용되는것이 특징적이다.

례 : ① 떡살을 가마에 채운다, 국수를 누룬다, 손님을 맞이한다, 모두들 야단법석이였다. (문장론적복합체)

② 바람이 세게 부는데 문을 꼭 닫지 않으면 유리창이 깨여질수 있다. (복합문)

③ 박동무는 열이 나고 오한이 났다. 그래서 오늘 직장에 나오지 못했다. (문장군)

맺음형태의 다의미화의 례이다. 즉 하나의 맺음형태가 문장류형과 문맥에 따라 다의미를 획득하였다. 례 ①의 문장론적복합체에서는 《병렬과 동종—총괄》의 의미를 나타내고 례 ②의 복합문에서는 《종속—인과관계》의 의미를 나타냈으며 례 ③의 문장군에서는 《인과관계—접속》의 의미를 나타냈다. (이음말《그래서》를 동반) 물론 이때의 맺음형태《—다》의 의미는 문장의 구체적인 현실적의미와 관련된 관계적의미이다. 형태—구조도 같고 언어요소들의 배렬도 비슷한 문장들의 참뜻이 이와 같이 서로 달리 전달되는것은 문장론적단위들에는 그 의미를 제약하는 요인이 작용하여 정보내용의 현실성을 규정한다는것을 말하여준다. 현실적인 정보내용, 문장이 담고있는 참뜻이 바로 문장의 의미, 문장론적단위들의 실제적의미이다.

같거나 류사한 구조의 문장론적단위도 여러가지 뜻갈래를 나타내면서 언어요소, 문맥, 언어정황 등에 의하여 실지 쓰임에서는 하나의 의미(실제적의미)가 선택되여 전달된다. 실제적의미의 선택을 전제로 하는 문장론적단위들의 의미갈래의 다양성이 바로 다의성을 낳는것이다.

문장론적단위의 다의적현상은 동일한 구조로 다양한 의미를 나타내면서 언어생활을 원만한 교제활동으로 되게 하는 작용을 한다.

문장론적단위들의 다의성현상은 글을 쓰고 말을 하는데서의 적중성, 정확성, 간결성, 명료성, 생동성 등의 표현적효과를 보장하면서 언어의 사회적기능을 높이는데 작용한다.

2. 문장의미의 동의성

문장의미의 동의성이란 형태구조가 서로 다른 문장론적단위들이 뜻 같은 내용을 나타내는 현상을 말한다. 즉 소리가 다르고 형태구조가 다른 문장론적단위들의 뜻같은말현상이다.

단어와 마찬가지로 단어결합이나 단일문, 복합문과 같은 단위들도 여러 구조의 뜻같은말을 가진다. 이때의 동의성을 규정하는데서는 문맥이나 언어정황, 언어행위의 보충적조건 등이 영향을 줄수 있다. 이것이 동의성을 낳게 하는 요인으로 된다. 이리하여 구조가 다른 문장론적단위들이 동일한(때로는 류사한) 의미를 획득하여 뜻같은말계렬을 이루게 되는것이다.

례 : ① 바람이 세게 불기때문에 화물선은 잠시 멎었다.

② 바람이 강하게 불어왔으므로 화물선은 멎지 않으면 안되였다.

③ 바람이 사납게 불어대서 화물선은·잠시 멈춰설수밖에 없었다.

이 례들은 두개의 단일문들이 원인관계로 련관되여있는 복합문의 뜻같은말계렬이다. 례 ①, ②, ③의 단일문구조는 서로 다르며(이음수단도 다르다.) 언어외적요인인 문맥, 언어정황도 똑같지 않다. 그러나 《인과관계》의 공통성에 기초하여 하나의 의미로 통일되였다. 즉 세 복합문은 동의성으로 일관되였다.

그 주되는 어휘—문법적요인은 세 문장이 다 《원인—결과》의 론리구조를 가지고있다는것과 《원인—바람》, 《결과—멈추다》의 의미구조로 일관되여있다는데 있다. 만일 이 두가지 요인가운데서 어느 하나만 파괴되여도 이 세 문장은 동의성을 잃게 된다.

뜻같은말현상을 옳게 가려내고 문장론적단위들의 련관관계를 똑바로 식별할줄 아는 능력을 키우는것은 바른 말, 바른 글을 쓸수 있게 하는 주요조건으로 된다. 뜻같은말현상의 능숙한 구사는 언어생활개선을 위한 믿음직한 조건으로 된다.

문장론적단위들의 동의현상은 비록 문장전일체에만 있는것이 아니라 단어결합, 단일문, 단락 등 모든 단위에 나타난다.

3. 문장의미의 반의성

다의성의 한 형태로서 문장의미의 반의성이 나타난다.

반의성은 주로 론리—의미적으로 대립되거나 대치되는 성질을 말한다. 문장의미에서도 역시 쌍을 이루는 두 현상이 구조적인 상관관계속에서 대립되는 의미로 표현되는 경우에 그것을 반의성이라고 한다.

문장의미의 반의성은 주로 복합문구조에서 단일문의 상관관계로 이루어지는것이 많다.

례: ① 래일을 위한 오늘에 사는 삶은 천근무게를 가진 삶이다. <u>그러나</u> 리해타산만 앞세우는 인간의 삶은 짐승보다 못한 인생이다.

② 의리와 신념을 지킬줄 아는 사람은 참된 인간<u>이지만</u> 의리와 신념을 잃은 사람은 곤난한 시기에 변절할수도 있다.

례 ①은 문장의 통신적내용과 함께 이음말 《그러나》에 의하여 대립의 의미를 나타내며 례 ②는 어휘적의미의 대조와 이음토 《~이지만》에 의하여 반대되는 사상을 나타낸 반의적인 정보내용을 담은 문장들의 대립이다.

형태—구조는 서로 다르고 의미내용도 서로 상반되는 이 문장론적단위의 대립현상은 문장론적반의성을 나타낸것이다. 반의성은 이와 같이 어휘—문법적수단과 수법, 문장의 현실적내용으로서 형식화된다.

문장의미의 반의성은 또한 문장복합체나 억양에 따라 나타날수 있다.

○ 사람은 죽어서 이름을 남긴다.

○ 범은 죽어서 가죽을 남긴다.

문장의미의 반의성현상은 상관관계에 있는 문장론적단위의 구조나 형식은 각이하지만 문장내용의 상관에서 대립을 나타낸다는 측면에서 같다.

이러한 반의성현상은 의미적구별을 명확히 하고 문장의 뜻을 보다 뚜렷하게, 보다 생동하게 파악하는데서 큰 효과를 나타낸다.

4. 문장의미의 동음이의성

문장론적단위의 동음이의성이란 의미구조의 련관성에 기초하여 발양되는 소리같은말현상을 일반화한 범주이다. 개별적단어뿐아니라 문장론적단위는 문맥과 언어정황에 따라 동일한 형태, 동일한 구조를 가진 단어결합, 문장, 문단 등도 서로 다른 의미를 나타내는 경우가 있는데 그것이 바로 동음이의성을 가진 문장들이다.

문장의미의 동음이의성은 우선 억양에 의하여 나타난다. 억양구조의 중심이 바뀌면서 강조되는 의미에 따라 정보적내용이 달라지는것이다.

○ 대표단은 래일아침 <u>비행기로</u> 출발한다.

○ 대표단은 <u>래일아침</u> 비행기로 출발한다.

문장의미의 동의성은 또한 문맥과 언어정황의 변화에 따라 표현된다.

○ 말은 탁해서 다르고 툭해서 다르다.

① 중성적서술의 문맥－언어표현의 섬세성강조

② 감성적대화의 정황－표현이 적중치 않아 감정에 거슬리다

제3절. 문장의미의 정보론적분석

1. 테마와 레마의 분석원리

정보론적관점에서 문장의미는 크게 두개 부분으로 이루어진다. 그 하나는 주제를 제시하는 부분이고 다른 하나는 그것을 설명하고 풀이하는 부분이다.

이러한 립장에서 문장의미분석을 처음 시도하여 나온것이 《테마》와 《레마》의 원리이다.

테마(Theme)와 레마(Rheme)는 문장의 의미구조를 정보론적 관점에서 고찰하면서 제시된 개념으로서 정보언어학의 주요한 내용을 이룬다.

테마는 문장의미구조에서 《제시》로, 《레마》는 《풀이》로 술어화하고있다.

제시(Theme)란 이야기의 주제, 대화쌍방이 이미 알고있는 대상으로서의 대전제이다. 이야기의 주제, 대화쌍방이 이미 알고있는 대전제는 문장에서 내세우는 대상으로 된다.

풀이(Rheme)란 제시에 대한 설명으로서 대화쌍방의 어느 한편(또는 량편)이 아직 모르는 정보이며 진술의 핵심을 이루는 부분이다. 풀이에서 문장(진술)의 목적이 실현되며 전제가 제기한 문제가 완전히 풀린다.

문장들가운데는 《제시－풀이》관계가 다 갖추어져 나타나는 것도 있으며 《제시》는 표면에 나타나지 않고 《풀이》만으로 된 문장도 있다.

○ 주작봉마루에는 렬사들의 넋이 고이 안치되였다.
제시 / 풀이

○ 렬사들은 영생의 모습으로 영광을 누리고있다.

제시 풀이

○ 렬사들에게 영광을!

풀이

이 세 문장들은 각각 독립적인 문장이지만 의미상으로는 서로 련관관계에 있는 단위로서 의미중심은 문장마다 달라지고있다. 즉 첫 문장에서는 《주작봉마루에는》이라는 다 아는 전제가 제시되고 그뒤에 《항일혁명렬사들의 넋이 안치》되였다는 사실로써 내세운 전제의 풀이를 구체화하였다.

둘째 문장에서는 첫째 문장에서 풀이부분을 차지하였던 《렬사들》이 전제로 되고 그뒤에 새로운 사실(영생의 모습으로 영광을 누린다는 사실)이 언급됨으로써 진술의 목적이 달성되였다.

셋째 문장에서는 《주작봉에》나 《렬사들》에 주어졌던 론리적내용(진술의 내용)은 다 무시되고 《영광》을 바라는 진술내용만이 강조되였다. 즉 《진술의 무게》(론리적무게)는 《렬사들에게 영광을!》에만 떨어져 이야기내용이 귀결된것이다.

문장에서 《제시》는 일련의 언어요소들로 전개될수도 있고 전개되지 않을수도 있는데 실제 언어행위에서는 전개되는 수가 많다. 《풀이》는 흔히 전개되는것으로 되며 극히 드물게는 전개되지 않을 때도 있다.

이러한 사정을 고려하여 통신적분화에서는 《제시부》와 《풀이부(설명부)》라는 개념을 설정한다.

○ 주작봉마루에는 항일혁명렬사들의 애국의 넋이 안치되였다.

제시부 설명부

○ 항일의 혁명렬사들은 영생의 영광을 누리고있다.

제시부 설명부

제시부는 진술의 구정보를 맡으며 설명부는 진술의 신정보를 맡는다. 《제시부－설명부》 설정은 《구정보－신정보》의 대치와 대체로는 일치하지만 모든 경우에 완전일치하는것은 아니다. 왜냐하면 제시가 하나인 문장구조에서 《구정보》, 《신정보》는 두개이상 거듭될수도 있기때문이다.

○ 노루는 다리가 길고 꼬리가 짧다.
제시 풀이

○ 어제 아버님이 도착하시자 누이도 집에 왔었다.
구정보 신정보 신정보

○ (여러분) 안녕하십니까? (모두들) 건강했습니까?
제시 신정보 신정보

《제시－풀이》구조의 문장은 《신정보－구정보》구조와 대응하면서도 완전히 일치하는것은 아니다. 론리－의미적립장에서 구체적인 문장들을 분석하여보면 《제시－풀이》구조는 대체로 모든 문장류형에서 갈라낼수 있어도 《신정보－구정보》의 대응은 모든 문장류형에 구비되는것이 아니다. 구체적인 현실은 《구정보－신정보》, 《신정보－구정보》, 《신정보－신정보》의 대응이 얼마든지 있다는것이다.

례 : ① 나는 아우에게 책을 주었다.
구정보 신정보

아우에게 책을 준것은 나다.
구정보 신정보

② 한번도 보지 못한 새들이 나타났다.
신정보 구정보

(바로) 아버지가 어제 도착하셨다.
신정보 구정보

③ 무엇이 나타났단 말인가?
신정보

기러기떼가 나타났다.
신정보

례 ①에서는 구정보(주어진것)와 신정보(새로운것)가 대응하면서 론리－의미적순차성이 《제시－풀이》와 일치하였다면 례 ②, ③은 《제시－풀이》와 일치하지 않았거나 대응조차도 되지 않았다.(《제시－풀이》관계가 없다.) 례 ③은 언어정황이 구비된 《물음－대답》의 관계이다. 통신적성분화(론리－의미적성분화)는 언어의 민족적특성을 반영하면서 성분화의 식별수단, 어순의 수법, 언어관습상의 특성에 따라 그 방법이 차이날수 있다.

론리적성분화의 류형은 《제시－풀이》구조를 가진 단위안에서 정보적단위들이 상관하는 도식의 류형이다. 조선어에서 통신적성분화의 단위는 《주어주제》, 《보어주제》, 《상황어주제》와 《단독풀이》, 《확대풀이》의 대응으로 이루어진다. 그것들은 구체적으로 제시부와 설명부안에 배렬되면서 서로 제약하는 관계에 있다. 제시부와 설명부안에서 배렬되는 성분들의 제약관계의 성격과 방식에 따라 정보론적 성분화의 류형이 구체적으로 갈라진다.

2. 《제시－풀이》구조의 류형

《제시－풀이》구조는 사람의 언어의식과 관습, 문법규칙 등에 따라 다르지만 조선어는 《제시》가 앞에 오고 《풀이》가 뒤에 오는 배렬구조가 전형적구조류형이다.

○ 조선민주주의인민공화국의 수도는 평양이다.
제시 풀이

○ 만경대는 우리 인민들의 마음의 고향이다.
제시 풀이

△ 제시구조의 류형

○ 김동무는 로동자－대학생이다. [주어제시부]

○ 북은 내가 치겠소. [보어제시부]

○ 공장에서는 아버지와 어머니가 일하고있다.(상황어제시부)

△ 풀이구조의 류형

－ 단독풀이구조

○ 김동무는 대학생이다.

○ 북을 칠 사람은 나요.

○ 공장에서는 기세충천하고있다.

－ 확대풀이구조

합성풀이구조

○ 코끼리는 코가 길다.

복합풀이구조

○ 이 나무는 질소를 빨아 들이고 산소를 내뿜는다.

— 겹침풀이구조

○ 아버지는 기술자이자 혁신자이며 로력영웅이다.

△ 《제시－풀이》의 개편구조

개편구조란 정상구조의 위치를 바꾸어 《제시》나 《풀이》의 성격을 달리하는 통신적성분의 배렬구조이다. 개편구조는 성분의 론리－의미적강조를 나타내는것이 기본사명이다.

○ 아버지는 어제 상점에서 재미있는 그림책을 사왔다.(제시－풀이)

→어제 상점에서 재미있는 그림책을 사온것은 아버지이다.(개편구조)

○ 북은 내가 치겠소.(제시－풀이)

→내가 칠것은 북이다.(개편구조)

△ 《제시－풀이》의 바꾼구조

바꾼구조란 정상구조가 자리를 바꾸어 《제시》와 《풀이》의 성격이 정반대의것으로 된 구조이다. 바꾼구조는 성분의 론리－정서적강조를 나타내는것을 기본사명으로 한다.

○ 동무들, 판가리싸움에 나서자.(제시－풀이)

→나서자 판가리싸움에(바꾼구조)

○ 아버지는 그림책을 사왔다.(제시－풀이)

→그림책을 사왔다, 아버지가…(바꾼구조)

우에서 본바와 같이 조선어의 정보론적성분화의 류형은 조선어의 민족적특성을 반영하면서 형태부(토), 어순 등의 기능상 특성에 따라 서로 다른 구조적성격을 띤다. 즉 《제시－풀이》구조는 문법적수단(토)과 어순의 수법에 따라 각이한 류형으로 나누어진다. 그 각이한 류형을 묶어서 도식화하여 보이면 다음과 같다.

△ 정상구조…

① 《주어주제＋설명부》구조

② 《보어주제＋설명부》구조

③ 《상황어주제＋설명부》구조

△ 《개편구조》

① [《설명부의 개편》＋주어주제→설명부] 구조

② [《설명부의 개편》+보어주제→설명부] 구조

③ [《설명부의 개편》+상황어주제→설명부] 구조

△ **바꾼구조**

① 설명부—주어주제=풀이—제시

② 설명부—보어주제=풀이—제시

③ 설명부—상황어주제=풀이—제시

통신적성분화에서는 《제시—풀이》구조뿐아니라 《설명부로만 된 구조》, 《제시부로만 된 구조》, 《특별한 정밀화성분》이 따로 문장에 첨가되는 《정밀화구조》 등의 갈래가 있을수 있다.

3. 《제시—풀이》구조의 특성

《제시—풀이》구조의 본질은 주어진 정보를 전달하면서 진술의 기본대상(화제)과 이야기의 핵심부분을 명확히 구별하려는데 있다.

인간의 언어행위는 의례히 진술의 기본대상(화제)과 이야기의 핵심부분을 전달하는 목적의식적과정 또는 관습적행위로 진행된다. 이것이 언어행위의 론리적과정이기도 하다.

례컨대 대화쌍방간에 이미 알고있는 정보를 앞에다 배렬하고 그에 대한 설명(알고있지 않는 정보)을 뒤에다 맞물린다든지 론리적으로 강조하는 이야기대목을 일정한 언어적수단과 수법을 써서 두드러지게 배렬한다든지 하는것은 다 언어행위의 론리적과정을 반영하는것이다.

그러면 조선어의 《제시—풀이》구조의 특성은 무엇인가?

그것은 첫째로, 모든 문장론적단위의 맞물림을 정상구조에서는 《주어진 정보》(구정보)로 시작하여 《새로운 정보》(신정보)로 끝난다는것이다. 이 정보전달의 배렬상특성은 하나의 법칙적현상으로 된다. 이 특성이 살아있지 않으면 그 어떤 《언어행위》도 사유의 질서에 어긋나며 론리적과정은 파괴되거나 혼돈하게 된다.

○ <u>모든 식물은</u> <u>자체수요의 법칙에 따라 영양을 흡수한다.</u>
구정보 신정보

○ 내가 살고있는 집은 거리의 왼켠에 있다.

구정보 신정보

정상구조의 문장에서는 《제시－풀이》구조가 전형적인것으로 되는것이 조선어적인 특성이다.

그것은 둘째로, 모든 문장론적단위는 언어정황과 문맥에서 앞문장과의 의미적련관성이 상대적으로 강한 요소가 제시로 되며 의미적련관성이 상대적으로 약한것이 풀이로 된다는것이다.

○ 박동무는 대학생이다.

풀이

○ 대학생이라면 마땅히 공부에 열중하여야 한다.

이 두 문장의 련관관계에서 첫째 문장의 《대학생이다》는 신정보이며 둘째 문장의 《대학생이라면》은 그것을 받아 다시 《대학생》을 내세웠다. 이리하여 둘째 문장의 《대학생이라면》은 의미적련관성이 배로 강해졌다. 그에 비하면 뒤의 《마땅히…》부분은 의미적련관성이 약한 요소이다. 그러므로 이야기의 시작부분은 앞에 오고 약한 부분(설명부)은 뒤에 온다.

그 특성은 셋째로, 모든 문장론적단위는 정보적가치가 상대적으로 낮은것으로부터 시작되고 더 높은 요소로 끝난다는것이다.

○ 박동무는 기술대학의 졸업생이다.

○ 우리 집은 거리의 왼켠에 있다.

이 두 문장에서 구정보 《박동무》, 《우리 집은》은 정보적가치가 뒤따르는 부분(신정보)에 비하여 낮다.

특성은 넷째로, 모든 문장론적단위는 진술의 대상(출발점)을 나타내는 부분으로부터 시작되고 진술의 귀착점을 나타내는 부분으로 끝난다는것이다.

○ 강선은 천리마의 고향이다.

○ 천리마의 불길은 여기서부터 타번졌다.

이 문장들에서 앞부분은 진술의 출발점, 뒤부분은 진술의 귀착점이다. 진술의 출발점은 앞에 오고 진술의 귀착점은 뒤에서 끝나는것이 론리적귀결이다.

그 특성은 다섯째로, 진술성과 진술억양이 집중적으로 표시되는것은 문장의 뒤부분(설명부)이라는것이다.

○ 나는 소설책을 읽었다. 읽을수록 나를 매혹시킨것은 주인공의 조국에 대한 헌신성이였다.

○ 내가 나서 자라고 뜻을 키운것은 부모들이 계시는 고향집에서였다.

이 두 문장에서 진술성이 집대성되고 진술억양이 집중된 부분은 각각 문장의 마지막부분(설명부)이다. 특별한 경우를 제외하고는 문장력점이나 강조력점이 떨어지는 곳도 이 마지막부분이다. 따라서 앞부분은 제시부분, 끝부분은 설명부의 핵이다.

조선어통신적성분화의 특성는 여섯째로, 제시부분의 형식화요소는 제시적성격의 토이며 설명부분의 형식화요소는 서술토이라는것이다.

○ 김동무는 과학원의 연구사이다.

○ 명사란 사물의 이름을 나타내는 품사이다.

○ 순희와 순식이랑 매일 도서실에서 공부한다.

도움토《는, 란, 이랑》 등은 조선어에서 제시적성격을 띤 도움토이다. 제시적성격의 도움토와 서술맺음토의 대응은 《제시―풀이》의 유력한 징표의 하나이다.

묶어서 말한다면 조선어의 통신적성분화에서는 앞문장과의 의미적련관이 강하고 정보적가치는 상대적으로 낮으나 진술의 출발점을 나타내면서 진술, 진술억양이 집중되지 않으며 제시적성격의 토에 의해서 형식화되는 부분을 제시부라고 하며 이 제시부를 직접 설명하는 진술의 핵심부분은 설명부라고 한다.

4. 《제시―풀이》구조의 분석방법

《제시―풀이》구조의 분석방법에는 지금까지 《기능적인 문장분석법》이 적용되여왔으며 이 방법이 점차 더 일반화되고있다.

분석원칙과 방법을 기술함에 앞서 《제시―풀이》구조의 형성원리를 개괄하면 다음과 같다.

△ 린접문장들과의 론리―의미적련관성이 사술적련계로 된것이 보편적인 현상이다. 그 형식을 구조식으로 표시하면 다음과 같다.

(A―B) (B'―C) (C'―D) (D'―E)

※ A : 첫 문장의 제시
B : 첫 문장의 풀이
B': 둘째 문장의 제시
C : 둘째 문장의 풀이
C': 셋째 문장의 제시
D : 셋째 문장의 풀이
D': 넷째 문장의 제시
E : 넷째 문장의 풀이

○ 지상의 동물은(A) 네발을 가진것이 많다.(B) 네발 가진 동물은(B') 우제동물과 발가락동물로 나누인다.(C) 우제동물은(C') 소와 말 같은것이고(D) 발가락동물은(C') 원숭이와 양 같은것이다.(D)

△ 린접문장들과의 론리―의미적련관성이 반복적련계형식으로 된것도 있다. 즉 제시가 모든 문장에서 반복되는 원리로 된 류형이다. 그 구조식은 (A―B)(A―C)(A―D)(A―E) 로 된다.

○ 박동무는 도서관으로 갔다. 박동무는(A) 거기서 기술도서를 빌려 보았다.(A) 박동무는(A― E …) 기술자인것이다.…

△ 린접문장들과의 론리―의미적련관성이 사술식련계와 반복식련계의 뒤섞임으로 된 련계형식도 있다. 이것을 《교차형식》이라고 할수 있다. 그 구조식은 (A―B)(B―C)+(A―B)(A―C)… 또는 꺼꾸로 된것이다.

○ 박동무는(A) 학생이다.(B) 학생인 그는(B) 공부를 잘한다.(C) 박동무는(A) 최우등생이다. 그리고 박동무는 사회사업도 잘한다.

B A C

※ 이러한 교차형식은 (A－B, B－C－D)＋(A－B－C, A－D)의 구조식으로 나타날 때도 있다.

△ 린접문장과의 론리의미적련관성이 어순바꿈의 형식으로 되는 경우도 있다. 즉 제시와 풀이의 어순이 뒤바뀜으로써 론리의미적련관성이 구체화된다.

이 경우의 구조식은 A－B→B－A이다.

○ <u>아버지는</u> <u>재미있는 책을 많이 사왔다.</u>
A B

<u>재미 있는 책을 많이 사온것은</u> <u>아버지이다.</u>
B A

△ 제시구조 또는 풀이구조로만 이루어지는 련계형식도 있다. 이때 생략된 부분은 언어정황이 대신한다. 여기에는 《진술어문장》이나 《중단문》이 속한다. 그 구조식은 다음과 같이 될수 있다.

(XA)＋B, (XB) ＋A…

○ <u>봄이로구나.</u>
B

이상의 원리로부터 분석원칙을 다음과 같이 세울수 있다.

① 《제시－풀이》의 대응을 옳게 설정하자면 앞뒤문장(린접문장)의 론리－의미적련계를 내용상으로나 형식상으로 잘 고려하여야 한다. 언어행위는 하나의 문장으로만 이루어지는 경우는 드물고 많은 경우에 앞뒤문장의 련관으로 이루어지는것이다.

② 여러 문장으로 언어행위가 진행될 때 문맥이나 언어정황을 충분히 참작하여야 한다. 언어정황이나 문맥은 문장들의 론리－의미적련관을 현실적으로 조건지어주는 객관적요인이다.

③ 문장들의 론리－의미적련관을 옳게 구분하자면 어순이나 억양(특히 력점)과 같은 언어적보충조건도 잘 고려하여야 한다. 어순이나 억양과 같은 언어적보충조건도 의미식별의 유력한 표식으로 된다.

④ 민족어의 구조적형식과 민족성원들의 언어관습에도 응당한 주의를 돌려야 한다. 민족어의 구조적특성이나 언어관습은 다른 민

족어와 구별되는 분석법을 요구할수도 있는것이다.

정보론적분석에서 널리 적용되는 방법에는 여러가지가 있다.

우선 질문제시법이 있다.

질문제시법이란 해당 문장에 질문을 제기하여 해당한 답변을 얻는 방법이다. 이때의 해당한 답변은 통신적성분의 성격을 구획짓게 한다.

○ 누가 무엇을 하는가?
=어머니가 청소를 한다.=A－B한다.

○ 누구를 누가 무엇하는가?
=책은 동생이 빌려왔다.=A－B한다.

○ 무엇이 무엇을 하는것은 무엇이냐?
=어제 아버지가 사온것은 그림책이다.
=(A－B)－C이다.

다음으로 의미적련관성의 크기에 따라 제시를 찾아내는 방법이 있다.

이 방법은 문장이나 문장통일체에서 련관성이 제일 많은 요소를 《제시》로 잡고 그에 대한 풀이를 설명부로 잡는 방법이다. 이때 론의의 기본대상은 주제부이며 그를 설명하는 부분이 설명부이다.

○ 우리들은(A) 아침체조를 꾹꾹 한다.(B) 아침체조는(A) 건강에도 좋고 생활질서를(B) 세우는데서도 유익하다.(B) 아침체조다음에는(A) 아침달리기도 한다.(B) 아침달리기는(A) 심장도 든든히 하고 폐활량도 높인다.(B)
아침체조와 아침달리기는(A) 건강증진과 인내력배양을 위해 유익한 일과로 된다.(B)

이 문장통일체(본문)안에 있는 단일문들은 서로 련관관계를 이루면서 론리－의미적으로 통일되여있다. 이 문장통일체안에서 제일 많은 련관성을 나타내는 요소는 《아침체조와 아침달리기》이다. 이리하여 《아침체조와 아침달리기》는 이 진술의 주제부로 되며 그를 설명하는 부분은 설명부로 된다.

다음 문장안의 련결수단과 련결수법에 의거하는 방법이 있다.

문장들의 련결수단과 방법은 《제시－풀이》구조의 상관관계를 식별하게 하는 주요한 공간이다. 련결수단과 련결수법에 따라 통신적성분의 반복관계, 줄임관계, 대응관계 등이 식별되는것이다.

련결수단으로는 대명사, 이음말, 규정어 등이 있으며 련결수법으로는 억양의 수법, 어순의 수법, 생략의 수법 등이 있다. 이러한 수단과 수법이 주제부와 설명부를 가르는데 직접 관련되여있으므로 그것들을 옳게 포착하면 문장의 론리－의미적성분화에 도움이 된다.

조선어에는 문장의 론리－의미적련관을 실현시켜주는 련결수단이 풍부하며 련결수법도 다양하다.

례: ① 궂은비는 계속 내렸다. 날씨는 매우 음산하였다.
A　　B　　A　　B
그러나 행군은 여전히 계속되였다.
B

② 비가 맞춤하게 오고 해도 쪼이였다.
A　　B　　A　　B
그러한 날씨에는 모도 잘 자란다.
A　　B

③ 김동무는 아주 부지런하다. 그는 아침에 일찍 일어나
A　　A
아침체조와 아침달리기를 한다. 그후에 그는 인차
B　　A
책상에 마주 앉는다. 그의 일과는 규칙적이다.
A　　B

례 ①에서의 《그러나》는 (A·B)(A－B)를 대신한다. 따라서 마지막문장에서 B(설명부)만 남는다. 즉 A는 줄어들고 《새로운것》만 남는것이다. (이음말의 경우)

례 ②에서의 《그러한 날씨에는》은 앞문장들의 (A－B)(B－C)를 대신한다. 따라서 《그러한 날씨에는》은 주제부이고 그뒤의 진술이 설명부로 된다. (규정어의 경우)

례 ③에서는 대명사 《그는》이 반복되였다. 따라서 문장들

은 (A－B)(A－C)(A－D)의 구조로 론리－의미적련관을 이루었다.(대명사반복의 경우)

그러면 조선어문장의미의 정보론적분석방법을 류형화하는데서 제기되는 문제는 무엇인가?

기능적인 문장구획의 각도에서 볼 때 조선어문장은 주제부와 설명부를 다 갖추고있는 문장(정상구조의 문장)과 주제부만 가지고 있거나 진술부만 가지고있는 문장(비정상구조의 문장)으로 나누이며 따라서 그 구획법도 각각 다르다.

1) 정상구조문장에서의 《제시－풀이》의 구획법

주제부의 형태적표식에는 제시적성격을 가진 토가 붙을수 있고 설명부의 형태적표식에는 맺음토(간혹 맺음의 기능을 가지는 이음토)가 붙는것이 특징적이다.

○ 바다는 노호한다.

○ 명사란 사물의 이름을 나타내는 품사이다.

○ 너도 강행군에서 뒤지지 말아야 한다.

○ 사람의 힘이야말로 무궁무진하다.

○ 너만은 학교에 남겠다면서?

확대된 성분으로 전개된 주제부는 《가/이》토로써 주제부를 구획할수 있다.

○ 금강산의 아름다움이 바로 여기에 있나 보오.

○ 병실쪽에서 울리는 나팔소리가 아침의 고요를 깨뜨렸다.

어순을 바꾸어 말하는 의도를 표현하기 위하여 《제시－풀이》의 성격을 달리하기도 한다.

○ 사람은 자주성을 가진것으로 하여 동물과 구별된다.

2) 비정상구조에서의 《제시－풀이》구획법

주제부만 가지고있는 문장을 구획하는것은 생략된 풀이구조를 가상해보아야 알수 있다.

○ 《김동무는 로동자－대학생이다. 동무는?》

이런 경우에는 언어정황을 포착하여 생략된 《풀이》부분을 가상하여야 한다.

설명부만을 가지고있는 문장은 앞문장이나 언어정황에 의하여 주제가 명백히 제시되였거나 암시되였을 때 주제를 밝히지 않아도 의사전달에 지장이 없을 때 가능하다.

《무주어문》에서는 주제가 없거나 있을수도 없다.

○ 잊을수 없는 광복의 날이였다.

○ 주체31(1942)년의 늦가을이였다.

앞문장에서 주제가 제시됨에 따라 뒤문장에서 주제를 생략하는 경우도 있다.

○ 봄비가 내린다.(오늘은)

○ 사과가 먹고 싶다.(나는)

담화에서 대화쌍방이 주제를 명확히 알고있는 경우에도 생략부분이 있을수 있다.

○ 《밤새 안녕하시오?》

○ 《예, 덕분에.》

설명하는 내용이 모든 사람들에게 보편적인것으로 하여 알려지는 경우 주제가 생략될수 있다.

○ 얼마나 기다리고 기다렸던 순간이던가!

○ 《야, 천하절색이로구나!》

속담, 호소, 구호 등에서 주제가 생략된다.

○ 최후승리를 위하여 강행군 앞으로!

○ 소 잃고 외양간 고친다.

3) 단계구획법

단일문과 복합문을 다 포괄하여 문장을 구획할 때 단꺼번에 《제시－풀이》를 구분하는 방법이다. 여기에는 단일단계구획법과 여러단계구획법이 있다.

단일단계의 범위에서 《제시－풀이》를 구분하는 방법이다.

○ 아버지는 억이 막혀서 말을 못하고 옆에 있는 딸의 얼굴만 뚫어지게 보았다.

각이한 단계의 몇개 절차로 나누어 《제시－풀이》를 구분하는 방법이다.

○ 우리에게는 못해낼 일이란 있을수 없다.

○ 우리는 미제가 즉시 이 땅에서 물러가야 한다고 주장한다.

제4절. 문장의미의 성분화분석

전통언어학에서는 문장의 골격을 이루는데서 기본부분으로 되는 단위를 문장성분이라고 보고있다. 여기로부터 술어와 주어, 보어, 상황어와 규정어 같은 성분들을 설정하고 그것을 맞물린성분이라고 하였으며 부름말, 느낌말, 끼움말, 이음말, 보임말과 같은것들을 외딴성분이라고 하였다. 이것은 문장의 구조적짜임새를 구조-기능적으로 해석하는데서 필수적이며 효과적인것으로 된다.

의미론의 관점에서 문장구조를 성분화하려면 전통문법에서의 성분분석으로는 만족되지 않는다. 다시말하여 문장의 짜임새를 문법적상관관계에서만이 아니라 론리구조와 계층구조, 형태구조에 따라 분석하여야만 의미구조가 해석될수 있다.

1. 론리적성분화분석

론리학적분류방식을 문장구조해석에 받아들여 문장을 성분화하는 분석방법을 론리적성분화분석이라고 한다. 여기에서는 문장을 판단의 구조와 동일시하여 주사, 빈사, 한정사, 계사 등으로 해석하는것이 일반적이다.

○ 붉은기가 휘날린다.
주사 빈사

○ 폭풍이 사납게 불어온다.
주사 한정사 빈사

○ 그 로인은 부지런히 김을 맸다.
한정사 주사 한정사 빈사

론리적성분화는 단어결합체안에서도 적용되는 일이 있는데 이때의 주사, 빈사, 한정사 등 개념은 문장성분이 아니라 《단어결합성분》으로 된다.

○ 박선생의(주사) 부지런함에…(빈사)

○ 아버지의(주사) 도착을(빈사) 알리다.(총빈사)

○ 코끼리는(총주사) 코가(주사) 길다.(빈사)

○ 어제 사온(한정사) 그림책이(주사) 책상우에(한정사) 있다.(빈사)

론리적성분화에서 이야기되는 주사란 판단의 주체, 《론제》를 말하며 《내세운 대상》으로서의 주체를 의미한다. 빈사란 판단의 《표식》(설명)을 말하며 주사를 받아 풀이하는 성분이다.

론리적성분화에서는 처음에 주사와 빈사를 설정하며 모든 문장에서 주사와 빈사를 갈라낸다. 뒤에 와서 주—빈사외에 한정사를 설정하고 그뒤에 계사를 설정하였다. 한정사란 주—빈사의 어느 한쪽을 수식하여 주는 성분으로서 모든 문장의 2차적성분(주—빈사는 1차적성분)을 가리킨다. 계사란 1차적성분사이의 련계를 보장하는 성분으로서 3차적성분으로 된다.

론리적성분화는 론리주의적립장에서 제창되였으나 문장의미해석에서 많이 적용되고있다.

2. 층계적성분화분석

언어행위는 시간적선상에서 진행되며 따라서 문장에서 단어들도 시간적차원에서 외줄로 배렬된다. 이것이 주로 어순으로 나타나는데 어떤 경우에나 어순은 1차원상에서 선렬성을 넘지 않는다.

문장에서 단어들이 순차적으로 1차원상에서 배렬되지만 문장의 미구조는 단어들의 시간적순차의 관계를 버리고 새로이 형성되는 층계적구조에 따라 표현전달된다.

문장에서 층계적구조의 본질은 단어들의 시간적배렬을 건너 구조적으로 상관되는것들끼리 서로 먼저 결합한 다음 그 결합체들이 점차 계층구조를 이루면서 확대되여 나가는것을 말한다.

이러한 현상을 구문해석에서는 《직접구성성분》, 《구구조분석》, 《나무구조분석》의 개념을 도입하여 분석하고있다.

구문해석과는 달리 구체적인 자연언어에서는 전통문법에서의 성분화분석원리에 기초하여 문장에서 단어들이 상관적구조를 맺는 차례에 따라 번호를 매기고 그 차례구조들의 련관을 층계적으로 해석하는 방법을 널리 쓰고있다.

이때에 차례번호는 주성분－부성분, 지배성분－피지배성분의 관계를 위주로 한다.

○ 미제는(①) 그 어떤 도발과 위협공갈로써도(④) 우리(⑤) 인민을(③) 놀래울수 없다.(②)

○ 로동자회관에서는(⑤) 여러 공장(⑥) 로동자대표들이(①) 저저마다(④) 증산투쟁을(③) 결의하였다.(②)

이러한 문장들에서 분석차례는 ①－②(1차), ③－②(2차), ④－②(3차), ⑤－③(4차), ⑥－①(5차)로 된다. 이것이 층계적성분화의 순차적질서이다. 이러한 순차적질서의 합리성을 반영하는것이 성분화의 순차적특성이다.

조선어문장에서는 이와 같이 《주어》, 《술어》, 《보어》, 《상황어》, 《규정어》 등이 배렬될 때 문장성분분석의 질서는 순차성의 특성을 가지고 분석된다. 이리하여 1차적성분화, 2차적성분화…6차적성분화 등의 순차가 정해지는것이다.

○ 《군중집회참가자들은 미제는 그 어떤 도발과 위협공갈로써도 우리 인민을 놀래울수 없다고 하면서 반미투쟁을 벌릴것을 저저마다 결의하였다.》

례문에서 어순의 차례와 그의 순차성, 문장성분 등을 분석하면 다음과 같다.

1차적성분화＝주어－술어

○ 미제는 놀래울수 없다.

○ 참가자들이 결의하였다.

2차적성분화=보어－술어

○ 인민을 놀래울수 없다.

○ 반미투쟁을 벌릴것을 결의하였다.

3차적성분화=상황어－술어

○ 그 어떤 도발과 위협공갈로써도 놀래울수 없다.

○ 저저마다 결의하였다.

4차적성분화=규정어－주어

상황어－술어

○ 우리 인민을 놀래울수 없다.

○ 저저마다 결의하였다.

5차적성분화=규정어－주어

○ 군중집회참가자들이

조선어에서 《규정어》는 언제나 부차적(2차적)성분이므로 그 성분화질서를 2차적질서에 넣을수도 있다. 그리고 단어결합체안에서의 성분분석은 더 고차적인 질서에 따라(7차적, 8차적…질서) 할수 있다.

○ 《그 어떤 도발과 위협공갈로써도》

=7차…어떤 도발과 위협공갈로써도

=8차…그 어떤

우에서 본바와 같이 충계적성분화의 순차성의 특성은 순차적질서에 따르는 《1차－고차》관계의 질서이며 단어결합체안에서의 순차적질서는 전적으로 《고차관계》에 있다. 이것이 조선어문장성분화의 순차적특성이며 순차적질서이다.

3. 문법적성분화분석

문법적성분화란 구조－문법적립장에서 문장의 구성성분들을 상관하는 단위로 구획짓는 방법을 말한다. 즉 문법적성분화에서는 《구조로부터 의미－기능에로》의 원칙에 따라 전일적인 문장의 매개단위들을 갈라 놓는다.

문법적성분화의 목적은 문장이 담고있는 론리-의미적내용을 더 잘 파악하기 위하여 문장의 기능적단위를 뚜렷이 구분함으로써 문법적련관성을 바로 파악하자는데 있다.

론리와 언어구조가 다르다는데로부터 출발하여 언어의 고유한 련관법칙을 문법적으로 구획하는것이 주요하다는데로부터 제기된것이 문법적성분화이다.

문법적성분화에서는 흔히 《주어》, 《술어》, 《보어》, 《상황어》, 《보상어》, 《규정어》 등을 설정하는데 이것은 판단의 구조도 아니며 정보적구조도 아닌 바로 문장의 문법구조적단위이다.

○ 주작봉마루에 렬사들의 넋이 고이 안치되였다.
보상어 규정어 주어 상황어 술어

○ 나는 어제 상점에서 재미있는 그림책을 샀다.
주어 상황어 상황어 규정어 보어 술어

○ 북은 내가 치겠소.
보어 주어 술어

문장성분들의 명칭은 언어학자에 따라 다른것도 있으며 보는 관점에 따라 달리 설정될수도 있다. 특히 상황어와 보어문제에서는 학계적으로 견해의 일치를 보지 못하고있다. 최근에 학계의 이러한 불통일을 우려하여 보상어라는 범주를 따로 설정하여 상황어와 보어의 혼돈을 피하자는 견해들도 나왔다.

우에서 본 구획은 주로 상관성분(주어, 술어, 보어, 상황어, 규정어 등)에 한한 분석방법이다. 문법적성분화에서는 비상관성성분으로서의 외딴성분도 다루는데 흔히 부름말, 끼움말, 느낌말, 이음말 등이 있다.

○ 동무들아, 준비하자 손에다 든 무장(부름말)

○ 요컨대 우리의 힘을 키우는것이 주요과업이다.(끼움말)

○ 아, 금강산은 천하절색이다.(느낌말)

○ 하여 우리의 모임은 큰 성과를 거두고 끝났다.(이음말)

이러한 비상관적성분은 상관성분과 직접 맞물리지 않고 문장전체 내용이나 언어행위의 환경을 조성하기 위하여 문장에 덧붙여놓는 의미기능을 수행한다. 전통문법에서는 《독립어》,《문장과 직접 관련되지 않는 성분》, 《외딴성분》 등으로 써 왔다.

비상관적성분은 민족어의 구조를 반영하는것이므로 고정불변한 것으로 되지 않으며 일률적인것이 아니다. 민족어에 따라 3~4개의 비상관성분을 설정하는 일도 있으며 그보다 더 많은 수효를 설정하는 일도 있다.

조선어에서는 대체로 4개의 비상관적성분을 설정한다. 그것이 부름말, 끼움말, 느낌말, 이음말의 4개 성분이다.

—부름말이란 서술된 문장의 내용에 대상(청자)의 주의를 집중시키기 위하여 명칭, 이름, 추상화된 명명 등으로 불러일으키는 기능을 수행하는 비상관성분이다.

○ 동지들, 이 총을 받아주오.

○ 김동무, 어제 영화구경 갔나?

○ 벗들이여, 우리와 함께 가자.

이 례들에서 《동지들》, 《김동무》, 《벗들이여》는 각각 그뒤에 따르는 상관성분의 어느 하나 또는 둘(그 이상)과 직접 상관함이 없이 문장전체 내용에 덧붙으면서 듣는 사람을 찍어서 명명함으로써 그 진술내용에 주의를 환기시키는 부름말이다.

부름말은 《고립화》되여있는 성분으로서 주어나 《명명어》와 엄격히 구분된다.(우의 례들은 《무주어문장》이거나 《불완전문》이다.) 대상을 명명하는 명사로 된 주어나 《명명어》는 술어에 대한 상관성분이다.

○ 전 세계 로동계급들은 단결하라!(주어)

○ 만경대, 이름만 불러도 숭엄한 감정에 휩싸인다.(《명명어》)

주어, 《명명어》와 엄격히 구별된다는데 부름말분석에서의 문제점이 있다.

—끼움말이란 기본서술내용에 필자(또는 화자)나 다른 사람의 평가를 덧붙여주는 비상관성분이다.

○ 내 생각에는 김동무가 이길거야.

○ 그 이야기는 모름지기 옛날부터 전해오는 전설이였다.

○ 그때 그들은 아마 스무살 안팎이였을걸.

이 례들에서 《내 생각에는》, 《모름지기》, 《아마》는 다 그뒤(또는 앞뒤)에 전개되는 기본서술에 대한 《양태어》로서 상관성분과 개별적으로 상관하지 않는다.

끼움말은 많은 경우에 고립화되며 상관성분으로서의 상황어나 《설명어》와 엄격히 구분된다.

○ 우리는 모름지기 자기 분공에 성실해야 한다.(상황어)

○ 그는 이름난 혁신자이며 발명가였다.(설명어)

상황어, 《설명어》와 엄격히 구별되여 독자적인 설명문이나 《삽입문》과도 구별된다는데 끼움말분석에서의 문제점이 있다.

—느낌말이란 기본서술내용에 필자(또는 화자)의 주정이나 감정을 나타내는 단어나 표현을 덧붙여주는 비상관성분이다.

○ 아이구 ,몹시도 아프군.

○ 쯔쯔, 방안을 이렇게 거둬서 되겠소?!

○ 아아, 강동은 정든 내 고향이였다…

례들에서 보는 《아이구》, 《쯔쯔》, 《아아》는 서술된 기본내용의 문장에 필자(화자)의 주관적감정을 덧붙여 나타낸 비상관성분으로서의 느낌말이다. 기본서술의 상관성분에 개별적으로 맞물리지 않는 특징은 다른 비상관성분과 같다.

느낌말도 고립화된다는 면에서 다른 비상관성분과 같다.

그러나 느낌말은 독자적인 《감탄사》나 《단어—문장》과 구별된다.

○ 에루와 데루와 저절시 좋구나 발갈이 가세(감탄사)

○ 숙제를 다 했느냐? 예. (단어—문장)

독자적인 《감탄사》나 《단어—문장》은 감동문으로서 독립적인 문장을 이룬다. 독립적인 문장과 문장성분은 같지 않다. 감동문으로서의 감탄사문장과 《단어—문장》과의 계선을 긋는데 문제점이 있다.

—이음말은 문장과 문장사이의 련결을 실현하기 위하여 기본서술의 앞(뒤)에서 이음을 표시하는 비상관성분이다.

○ 계속되는 장마로 강물이 무섭게 불었다. 그래서 도강하기를 잠시 중지하였다.

○ …하여 우리는 반장동무의 의견을 따르기로 하였다.

○ 적들은 손실을 입으면서 고지에로 육박하였다. 하지만 우리는 한치의 땅도 적들에게 내주지 않았다.

례들에서 보는 《그래서》, 《하여》, 《하지만》은 두개 문장의 련계를 언어수단으로 실현시켜주는 비상관성분으로서의 이음말이다.

이음말이 반드시 고립화되는것도 불구하고 비상관성분으로 다루는것은 기본서술의 어느 상관성분과도 맞물리지 않고 문장전체와만 상관되기때문이다.

이음말과 용언의 이음형이나 이음부사는 꼭 같지 않다. 용언의 이음형은 자기의 변화체계를 가지고 개별적성분이나 단어의 련결수단으로 되며 이음부사는 개별적단어의 련결수단으로 되지만 이음말은 어느 정도 화석화된 형태를 취하면서 문장의 련결을 보장하는 기능을 수행한다.

○활과 <u>그리고</u> 창이 당시의 주요무기였다.(이음형)

○ 배우고 배우고 <u>또</u> 배우자.(이음부사)

이음말과 용언의 이음형이나 이음부사의 뜻과 기능을 뚜렷이 밝히는것이 문제점의 하나로 될수 있다.

우에서 본 비상관성분으로서의 부름말, 끼움말, 느낌말, 이음말계렬과 상관성분으로서의 보임말, 묶음말계렬의 계선을 명확히 가르는것은 현대문장론서술에서 해결해야 할 문제의 하나이다.

보임말, 묶음말은 비상관성분이 아니라 상관성분이다. 즉 상관성분의 고립화현상이다. 고립화되였다고 하여 다 비상관성분으로 되는것이 아니라 고립하는 성분의 구획, 강조의 기능을 나타내는 현상으로도 표현된다.

○ <u>당</u>, <u>이는</u> 우리의 심장이며 뇌수이다.(보임말)

○ <u>벼</u>, <u>기장</u>, <u>조</u>, <u>보리</u>, <u>콩</u> <u>오곡을</u> 거두어 들인다.(묶음말)

이 례들에서의 보임말 《당》은 주어이며 주어의 고립화이다.《오곡을》은 묶음말(총괄어)로서 보어이다.(특수한 고립화이다.) 받는말 《이는》도 주어이며 렬거되는 동종어들도 보어이다.《보임말－받는말》관계와 《동종어－묶음말》관계는 다 동종성분으로서 지배어(술어)와 상관한다. 즉 성분:성분의 상관관계에 놓인다. 성분:성분의 상관관계에 놓이는 단위를 비상관성분(외딴성분)으로 다루는것은 불합리하다.

제5절. 문장의미의 류형화분석

문장의 류형적분류는 문장론의 주요구성부분을 이루고 많이 연구되여왔다.

현대문장의미론에서 문장의미의 류형화는 주로 변형규칙에 기초하여 서술문이 의문문이나 부정문 등으로 변형되는 원리들에 초점을 두고 론의되고있다. 이러한 실정에서 개별언어의 문장의미는 응당 전통문법에서 이룩한 문장류형화의 연구결과에 기초한 의미－기능적분석을 선행시켜야 한다.

지금까지 문법론, 문장론에서 류형화해 온것은 진술의 목적과 성격에 따르는 류형화, 진술의 구조적특성에 따르는 류형화, 진술의 기능적특성에 따르는 류형화 등이다. 그리하여 지금까지의 문장론에서는 서술문, 의문문, 명령문 등의 갈래가 설정되고 단일문과 복합문, 단순문과 확대문, 전개문과 비전개문, 외구성문과 짝구성문, 무주어문, 생략문 등의 구조적류형이 갈라졌으며 명명문, 단어문장, 삽입문 등의 기능적류형이 론의되여왔다.

문장류형은 민족적특성을 반영하면서도 세계공통적인 표식도 일반화된다. 례컨대 세계공통적으로 진술의 목적에 따라 서술문, 의문문, 명령문으로 가르며 조선어에서는 여기에 권유문을 더 설정한다든지 대다수 언어들에서 진술의 구조에 따라 단순문과 복합문, 다구성문과 단일구성문, 인칭문과 무인칭문, 비전개문과 전개문 등으로 나누며 조선어에서는 《인칭－무인칭문》 대응이 없이 《무주어문》을 따로 설정하는것과 같은것이 그러한것들이다.

일부 경우에는 명명문, 단어－문장, 삽입문, 《진술어문장》, 《비문법적문장》을 설정하면서 그 기능적측면을 부각하여 설명을 새로운 각도(의미와 기능위주의 각도)에서 더하는 일이 있는데 이것은 문장류형의 세분화를 위하여 좋은 현상으로 된다.

문장을 양태적류형, 진술내용적류형, 정보론적류형 등으로 따로 갈라서 고찰하는 새로운 시도도 현실성있는 류형화작업이다.

문장의 양태적류형은 화자(필자)가 설정한 현실과의 관계, 현실화정도를 정밀화한것으로서 문장의 류형화에서의 진일보로 된다.

문장의 양태적류형화에 의하여 긍정문과 부정문, 필연성과 개연성의 문장류형, 요청문과 의지문, 추측문과 가정문, 인용문과 간접전달문 등의 새로운 갈래가 설정될수 있다.

문장의 정보론적류형은 정보전달의 각도에서 정보적가치의 경중을 가늠하는것으로서 문장의 류형화에서의 혁신을 의미한다. 정보론적류형화에 의하여 각종 정보적의미에 따르는 문장류형이 설정된다. 이리하여 구정보문장, 신정보문장, 신구정보문장 등이 갈라져나온다.

문장류형화의 새로운 시도로서 기능위주의 방법론에 립각하여 문장을 가르는것이다. 문제는 기능위주의 문장류형화의 체계를 잘 잡는데 있다. 문장류형화의 체계를 과학화하고 그 체계안에서의 여러 변종들의 기능을 확정해나가는 과정에 문장의미구조가 더욱 정밀하게 해석되고 파악되는것이다.

의미－기능적관점에서 조선어문장류형을 체계화하면 다음과 같다.

[기본문장류형]	[1차적변종]	[2차적변종]	[3차적변종]
서술문	서술－긍정문	서술－의문문	서술－의문－감탄문
	서술－부정문	서술－명령문	서술－명령－감탄문
의문문	의문－긍정문	의문－서술문	의문－서술－감탄문
	의문－부정문	의문－명령문	의문－명령－감탄문
명령문	명령－긍정문	명령－서술문	명령－서술－감탄문
	명령－부정문	명령－의문문	명령－의문－감탄문
권유문	권유－긍정문	권유－서술문	권유－서술－감탄문
	권유－부정문	권유－의문문	권유－의문－감탄문
명명문	명명－긍정문	명명－서술문	명명－서술－감탄문
	명명－부정문	명명－의문문	명명－의문－감탄문

단어문장
- 단어－긍정문 단어－서술문 단어－서술－감탄문
- 단어－부정문 단어－의문문 단어－의문－감탄문

삽입문
- 삽입－긍정문 삽입－서술문 삽입－서술－감탄문
- 삽입－부정문 삽입－의문문 삽입－의문－감탄문

의미－기능적관점에서 조선어문장류형을 체계화하면 다음과 같다.

의미분석을 목적으로 하여 문장류형을 가르면 대체로 양태적류형과 일치할수 있다. 그것은 이들 문장류형이 화자(필자)가 설정한 현실에 대한 태도, 현실성정도를 이렇게나저렇게나 나타내고있기때문이다. 양태적류형은 양태성표현의 물질적수단(토, 진술억양 등)들에 의하여 형식화된다. 양태적류형에는 서술문, 의문문, 명령문, 권유문이 들어간다.

1. 서술문의 의미기능

서술문은 양태적류형가운데서도 가장 전형적이며 기초적인 문장류형이다. 그것은 모든 정보전달은 현실성을 가질 때 진술의 목적이 남김없이 실현되는것이기때문이다. 즉 서술문에서는 정보전달의 기능이 직선적으로 뚜렷이 발현되는것이다.

서술문의 현실성정도표시의 기능은 우선 긍정과 부정의 형태로 형식화되며 진술억양에 의하여 구분된다.

○ 내 고향은 아늑하고 풍치 아름다운 고장이였다. (서술－긍정문)

○ 그 고장은 결코 불모의 땅이 아니였다. (서술－부정문)

서술문은 또한 여러가지 동의적관계의 변종을 가질수 있다.

○ 제힘을 믿는다면 우리에게 필요한 설비들을 능히 자체로 만들수 있다.

○ 제힘을 믿지 않고서는 생산설비들을 자체로 척척 만들어낼수 없다.

○ 제힘을 믿을 때 필요한 생산설비도 쏟아져나온다.

서술문은 또한 자기의 고유한 양태성의 의미를 전달하면서 다른 양태성의 의미도 나타낸다.(2차적기능)

○ 동생이 왔다?(서술—의문)

○ 떠들지 말고 조용히 있어야 합니다.(서술—명령)

서술문이 감탄의 성격을 띠면 서술—감탄문의 기능을 수행한다.(3차적기능)

○ 기다리고 기다리던 동생이 왔다?!(서술—의문—감탄)

○ 떠들지 말고 방안에서 조용히 있어야 합니다!(서술—명령—감탄)

이러한 다의적성격을 띤 문장은 론리—의미적계기우에 심리—의지적계기가 덧붙은 문장류형이다.

2. 의문문의 의미기능

의문문이란 의문의 형식으로 정보를 재확인하는 문장이다. 정보의 재확인은 새로운 판단이 아니라 이미 주어진 판단의 사실여부를 확인하는것이다. 확인의 형식으로 판단의 사실여부를 따지는것이 의문문의 기본기능이다.

○ 박동무는 공장대학생입니까?(의문—긍정문)

○ 공장대학에는 제대군인들도 많지 않습니까?(의문—부정문)

의문문에는 여러가지 동의적관계의 변종들이 있을수 있다.

○ 박동무는 공장에서 일하면서 배우는 대학생이지요?

○ 박동무는 낮에는 공장에서 일하고 밤에는 배우는 대학생이지요?

○ 박동무는 일하면서 배우는 공장대학생이지요?

이러한 문장들은 례외없이 《예》, 《아니요》 등의 대답을 전제로 하면서 주어진 정보의 사실 또는 허위를 확인한다.

의문문도 자기 고유의 양태성의 의미를 가지면서 다른 양태성의 의미도 나타내는 기능을 수행한다.(2차적기능)

○ 박동무가 공장대학생이라?(서술—의문)

○ 박동무도 공장대학생으로 되여라?(명령—의문)

의문문이 강한 의지—심리적계기를 동반하면 의문—감탄문의

기능을 수행한다. (3차적기능)

○ 내가 이 일을 혼자서 해낼수 없을가?! (의문－부정－감탄)

○ 과연 놈들에게 《자비심》이라도 있단 말인가?! (의문－긍정－감탄)

이러한 례문들은 례외없이 강한 긍부정적태도를 표시하면서 감정－정서적색채를 더한다. 이것은 론리－의미적계기까지 덧실린 문장류형이다.

3. 명령문의 의미기능

명령문이란 시킴의 형식으로 청자(독자)의 반응을 불러일으키는 문장이다. 정보의 직선적전달도 아니고 사실여부를 확인하는것도 아닌 명령문은 대화자(독자)의 반응을 불러일으킨다는데 기본기능이 있다. 그리하여 명령－긍정문, 명령－부정문 등의 변종이 있게 된다.

○ 빨리 달려 가거라. [명령－긍정]

○ 밤에는 달음박질을 하지 말아라. [명령－부정]

명령문은 그것이 나타내는 론리－대상적의미나 세분화된 양태성의 의미에 따라 변종도 가지며 고차적기능도 수행한다.

○ 최후승리를 위한 강행군 앞으로! (강한 호소성)

○ 제발 떠들지 마시오. (요청)

○ 살펴 가십시오. (부탁)

○ 유익한 새들을 잡아서는 안된다. (금지)

이러한 고차적기능을 가진 명령문은 문맥과 언어정황에 따라 《긍정－명령－호소문》, 《부정－명령－요청문》, 《긍정－명령－청탁문》, 《부정－명령－금지－감탄문》 등으로 가를수 있다.

4. 권유문의 의미기능

권유문이란 화자(필자)가 자기와 함께 행동할것을 대화자(독자)에게 요청하는 기능을 수행하는 문장류형이다.

※ 대화자(독자)의 반응을 바란다는 의미에서 권유문도 넓게는 명령문에 소속시킬수 있으나 조선어에서는 형식화의 수단이 명령문과 다르다는데서 따로 기능적류형의 하나로 잡는다.

권유문에도 1차적기능으로서 《긍정》, 《부정》의 양태적의미를 가진 류형도 있고 동의적관계의 변종도 있으며 고차적질서에서 양태성세분화의 기능도 있다. 그리고 권유－감탄의 《혼종》적류형도 있다.

○ 방안에서는 조용하자요.

○ 방안에서는 담배를 피우지 맙시다.

○ 학교마당에 가봅세!

○ 례를 들어보자…

권유문의 제1차적, 2차적, 3차적… 기능의 실현방식은 명령문의 그것과 류사하다.

5. 특수문의 의미기능

여기에는 순수 기능적각도에서 류형화된 문장들이 망라된다. 이 부류의 문장들을 특수류형이라고 하는것은 문장이 단어나 단어결합으로 이루어지면서 정상적인 성분맞물림으로 이루어지지 않고 특수한 맞물림(현실적맞물림)으로 구성되여있기때문이다. 말하자면 특수구조, 특수기능을 갖춘 문장류형이다. 그것이 명명문, 단어－문장, 끼움말문장이다.

△ 명명문의 의미기능

명명문이란 지적, 제시의 형식으로 대상을 내세워 정보를 제시만 하는 문장류형이다. 《지적－제시》의 기능은 명명문의 기본기능이다.

○ 만경대, 우리 인민의 마음의 고향

○ 번개, 또 번개…

○ 만물이 소생하는 봄

함축된 형태로 《지적－제시》의 기능을 수행하는 명명문은 많은 경우에 하나의 단어로 이루어진다. 확대되는 경우에도 이 단어를 축으로 하여 고차적으로 전개된다. 이 고차적질서에 따라 《지적—제시》이외의 2차, 3차의 기능을 수행하는것이 특징적이다.

○ 만경대(《지적—제시》의 1차적기능)

○ 마음의 고향 만경대(《동격—지적—제시》의 2차적기능)

○ 우리 인민의 마음의 고향 만경대(《수식—동격—지적—제시》의 3차적기능)

명명문은 《지적—제시》의 구조우에 감탄적성격이 더해지는 경우에 론리—대상적계기우에 심리—의지적계기가 덧실린 다의적인것으로도 류형화된다.

△ 단어문장의 의미기능

단어문장이란 하나의 단어(느낌말)로 이루어진 단일구성문이다. 기능적각도에서는 《감동문》이라 할수 있는 문장이다. 그것은 앞문장의 물음에 대하여 서술하거나 설명하는것이 아니라 감동어로써 긍정 또는 부정을 표현하기때문이다.

○ 어제 김동무를 만났댔습니까?

《예.》

《아니요.》

○ 반원들이 모두 일에 열중하고있구만요.

《그렇구말구요.》

《예, 그렇소!》

감동문으로서의 단어문장은 하나의 단어로서의 명명이 아니라 감정의 표현으로서 정보를 대신하는것이 특징적이다. 이것이 이 문장의 1차적기능이다. 2차적, 3차적으로는 반문, 반복의 형식으로 심리—감정적계기를 더 강조하는 기능을 수행한다.

○ 《예?》

○ 《예, 예, 예.》

○ 《그래, 그래!》

※ 단어문장이 명명문이나 끼움말문장과 다른 점은 단어로 사물을 명명하는것이 아니라 단어로 감정을 표현한다는데 있다. 이것자체가 기능적차이이다.

단어문장은 순수 기능적류형이라는데 고유한 특성이 있다..

△ 끼움말문장의 의미기능

삽입문 또는 끼움말문장이라 할수 있는 이 류형의 문장은 언어행위의 단위에 화자(필자)의 주관적평가를 첨가하는 성분(단어)을 가진 문장이다. 끼움말문장의 이 첨가적기능은 진술의 일부 또는 전체를 정밀화하는데 있다. 이로부터 이 류형의 문장을 《정밀화성분》, 《정밀화구조》의 문장이라고도 할수 있다.

○ 순녀동무-작업반장이며 로력영웅-는 호소하듯이 말하였다. 《거름나르기에 떨쳐 나섭시다!》

○ 최동무(제3작업반장이다.)는 오늘도 반원들의 앞장에 서서 거름나르기에 여념이 없었다.

이 문장들에서 《작업반장이며 로력영웅》, 《제3작업반장이다.》는 기본진술은 아니면서 화자(필자)의 평가, 주석을 덧붙이는 구성요소이다. 이 구성요소가 바로 정밀화의 기능, 첨가적기능을 수행하는것이다. 정밀화의 기능, 첨가적기능은 끼움말문장의 제1차적기능이다.

끼움말문장이 문맥과 언어정황에 따라 더욱 다양해지면서 그 《정밀화정도》에 따라 더 세분된 기능의 문장으로 가를수 있다.

○ 순녀동무-그는 우리 작업반장이며 로력영웅이다.-는 호소하듯이 말하였다.

○ 최동무(그는 오늘도 제3작업반장이다.)는 반원들의 앞장에 서서 거름나르기에 여념이 없었다.

이렇게 되면 《정밀화정도》가 더 세분되여 《첨가-서술》, 《첨가-긍정-강조》 등의 기능을 부각한다. 이리하여 2차적, 3차적기능을 수행한다.

제4장. 구문의미해석의 원리와 방법

제1절. 구문의미해석의 일반적원리

1. 형식문법의 원리

구문이란 개별적인 민족어의 구체적인 자연언어문장과 구별되는 인간의 언어구사과정에 얻어지는 상징적인 문장틀을 말한다. 다시말하여 말이나 글로 써놓은 실제적인 어떤 언어의 문장이 아니라 사람이 문장을 구사할 때 생성되는 추상화된 형식적인 언어적구조체를 구문이라고 한다.

때문에 구문은 실질적인 단어가 삽입되지 않은 구조적틀에 불과하다. 다만 그러한 틀을 직관화하기 위하여 틀에 단어를 삽입하여 서술하고 해석할뿐이다. 이러한 《구문》을 《S》라고 표현하고 그것을 상징적인 문장 또는 《문장의 상징》이라고 한다.

구문이 이처럼 사람의 문장구사형식을 도출해낸것이기때문에 이러한 문장구조를 서술하는 문법을 《형식문법》이라고 한다.

형식문법에 의한 구문해석의 일반적원리를 실례로 들어보면 다음과 같다.

<왼변>→<오른변>; 명사구→명사, 토

이것은 문법의 한개 규칙의 례이다.

규칙으로 표현된 범주들에서 어떤 규칙의 왼변에도 표현되지 않는것을 종단기호라고 하며 반대로 왼변에 표현된 범주는 비종단기호라고 한다.

종단기호는 해당 언어의 [품사]에 적합한것이지만 어떤것이 [품사]로 되는가는 문법에 의존하게 된다. 여기서 간단히 품사라고 하는 경우는 종단기호라는 의미에서 사용하는것으로 한다.

문법규칙의 량변에 무엇을 쓰는가에 따라서 문법을 분류한다면 정규문법, 문맥자유문법, 문맥의존문법으로 갈라볼수 있다.

문맥의존문법으로는 왼변의 범주를 오른변의 개수이내에서 여러개 나란히 하는것도 좋지만 정규문법 및 문맥자유문법은 왼변의 범주를 한개밖에 쓸수 없다. 또 문맥자유문법 및 문맥의존문법에서는 오른변의 범주들을 자유로 쓸수 있지만 정규문법에서는 범주의 왼변에 비종단기호를 써야 한다.

이 문법들가운데서 제한이 제일 강한것이 정규문법이다. 정규문법은 제한이 강한 문장만 콤퓨터로 처리하기가 쉽고 서술하기가 힘들기때문에 자연언어의 문법으로서 리용하기는 불충분하다.

문맥의존문법의 서술력은 우의 3개의 문법들가운데서 가장 강력하지만 횡형탐색에서 문장을 분석하기 위한 효률적인 수법이 개발되지 않은것으로 하여 리용하기가 힘들다.

문맥자유문법은 이 두개의 중간에 위치하는것으로서 서술하기도 헐하고 콤퓨터에서 능률적으로 처리할수 있는 알고리듬도 여러가지로 개발되여있다.

실제로 자연언어처리에서는 문맥자유문법이 많이 쓰이고있으며 이것을 확장한 확장문맥자유문법에 의해 문장론적분석이 진행되는 경우가 많다.

형식문법을 리용하여 하강법에 의해 문장론적분석이 어떻게 진행되는가를 그림에 표시한다. 분석은 S로부터 시작하여 문법규칙을 화살표의 방향 즉 왼변을 오른변으로 바꾸어 쓰면서 적용가능한 규칙을 차례차례 선택하여 적용한다. 분석의 도중에 두개이상의 문법규칙이 적용가능할 때는 그중의 하나를 선택하여 실행을 계속한다.

그림에서 탐색목표라고 쓴 부분은 앞으로 적용해야 할 문법범주들이며 밑선을 그은 부분은 문법규칙을 적용하려는 부분이다. 화살표↓의 오른쪽에 쓴것은 실제로 적용된 문법규칙을 표시하고있다. 입구문장의 나머지종단기호라고 쓴 부분은 입구문장에서 아직 분석되지 않은 단어들이다.

형식에는 NP를 왼변에 가지는 문법규칙이 두개 있다.

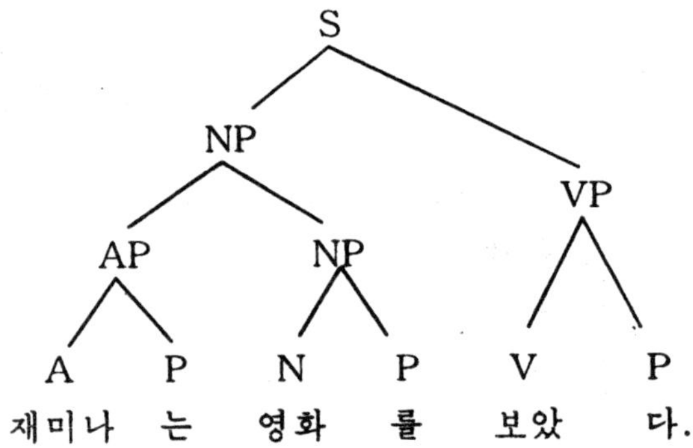

《재미나는 영화를 보았다.》의 분석나무

	탐색목표	입구문장의 나머지종단기호
(1)	S ↓(ㄱ)	재미나는 영화를 보았다.
(2)	NP, VP ↓(ㄴ)	재미나는 영화를 보았다.
(3)	AP, NP, Vp ↓(ㄷ)	재미나는 영화를 보았다.
(4)	A, P, NP, VP ↓(ㅂ)	재미나는 영화를 보았다
(5)	P, NP, VP ↓(ㅈ)	는 영화를 보았다.

(6) $\underline{NP}$, VP ↓(ㄴ) 영화를 보았다.

(7) $\underline{AP}$, NP, VP ↓(ㄷ) 영화를 보았다.

(8) $\underline{A}$, P, NP, VP ↓(ㄱ) 영화를 보았다.

분석이 실패 (6)까지 되돌이

(6) $\underline{NP}$, VP ↓(ㄹ) 영화를 보았다.

(7) $\underline{N}$, P, VP ↓(ㅅ) 영화를 보았다.

(8) $\underline{P}$, VP ↓( ) 를 보았다.

(9) $\underline{VP}$ ↓(ㅁ) 보았다.

(10) $\underline{V}$, P ↓(ㅇ) 보았다.

(11) $\underline{P}$ ↓(ㅋ) 았다.

완성

하강법에 의한 문장론적분석의 처리 례

이것은 자연언어의 문장에서 명사가 여러개 형용사의 규정을 받는것과 관련된다. 지금의 입구문장에서는 형용사가 하나이므로 이 규칙의 적용은 실패한다. 이때 분석은 단어 《영화》가 형용사인가를 조사한다. 그러나 분석대상은 명사로 되여있기때문에 분석은 성공하지 못한다. 그래서 NP를 왼변에 가지는 분석규칙이 있는데까지 되돌이를 하며 다음의 규칙 NP→N, P를 선택하여 분석을 계속 진행한다.

종단기호가 오른변에 있는 규칙을 적용할 때마다 그림의 입구문장의 나머지종단기호부분에서 적용한 종단기호가 없어진다. 이것은 분석나무를 차례차례 뿌리로부터 잎까지 만들어나가는 과정이다.

따라서 분석결과로서는 그림과 같은 분석나무가 얻어진다.

여기서 다음과 같은것을 알수 있다. (2)의 단계에서 규칙S→NP, VP의 오른변의 첫번째 문법범주 NP는 입구문장의 첫번째 단어가 NP와 관련되여있다는것을 예측한다. 또한 NP에 대한 부분적인 분석나무가 만들어졌을 때 다음에 분석해야 할 대상은 VP라는것도 예측한다. (3)단계에서도 마찬가지이다. (4)단계에서는 입구문장의 첫번째 단어다음에 있는 문법범주가 P와 관련된다는것을 예측한다. 분석나무가 아래로 만들어지는 과정에는 매개 문법적범주에 대한 예측이 점차 정밀화된다.

이와는 달리 상승법은 입구문장의 단어렬에 일치하는 문법규칙을 적용(문법규칙의 오른변을 왼변으로 바꾸어쓴다.)함으로써 최종적으로 개시신호 S를 구하는것을 목표로 한다. 이 입구문장의 선두로부터 하나의 단어를 취하여 그것만이 오른변에 놓이는 문법규칙을 선택하여 그 규칙의 왼변의 요소로 바꾸어 쓴다. 이 방법은 항상 선두의 단어 또는 문법범주에 대하여 적용할수 있는 문법규칙을 찾는다. 찾은 규칙은 적용되며 더 적용할 규칙이 없으면 다음의 단어를 취하게 된다. 한 요소에 대한 문법규칙의 적용이 없어지면 둘 또는 그 이상의 요소에 동시에 적용할수 있는 문법규칙을 찾는다. 이때 항상 문법규칙의 오른변과 완전히 일치하는 요소렬에 대하여 바꾸어쓰기도 한다.

그림에 상승법에 의한 문장론적분석의 례를 표시한다.

문법규칙은 밑선을 그은 단어 또는 문법범주에 대하여 오른변으로부터 왼변의 방향으로 리용된다. 화살표↓의 오른쪽에 쓴것은 리용된 문법규칙이다.

(1) 훌륭한 선생이 왔다.

↓(ㅂ)

(2) A P 선생이 왔다.

↓(ㄴ)

(3) A P 선생이 왔다.

↓(ㄷ)

(4) AP 선생이 왔다.

↓(ㅅ)

(5) AP N 이 왔다.

↓(ㅌ)

(6) AP N Pro 오 았다.

↓(ㅇ)

(7) AP N Pro V 았다.

↓(ㅋ)

(8) AP N Pro V P

↓(ㅁ)

(9) AP N Pro VP

적용가능한 규칙이 없다. (5)로 되돌이한다.

(5) AP N P 왔다

↓(ㅊ)

(6) AP N P 왔다

↓(ㄹ)

(7) AP NP 왔다

↓(ㄴ)

(8) NP 왔다

↓(6)－(8)과 같이 처리

(9) NP VP

↓(ㄱ)

(10) S

상승법에 의한 문장론적분석의 처리 례

(9)까지 온 곳에 《AP, N, PRO, VP》를 오른변에 가지는 문법규칙이 없으므로 분석은 실패한다. 분석은 《이》가 오른변에 씌여진 문법규칙이 있는데까지 되돌이를 하여 다음의 규칙 《P→이》를 선택하여 적용한다. 그리하여 (10)의 단계에서 S가 얻어 짐으로써 분석이 끝나고 분석나무가 얻어진다.

2. 변형규칙의 원리

구문의미해석에서 변형규칙이란 심층구조의 의미를 표층구조의 의미로 변형시키는 규칙을 말한다. 그런데 이 원리는 초기변형생성문법에서 핵심적원리로 제기되였다가 그후 거듭 수정되여 왔기때문에 여기에서는 기초원리만을 취급한다.

촘스끼는 1957년 처음 문장구조모형(SS모형)을 제기하면서 변형규칙이 문장의미구조를 변경시킨다고 보았다. 이것은 결국 문장구조의 해석이 그의 의미구조해석으로 접근하는데서 변형규칙이 출발점으로 된다는것을 말해준다.

변형규칙에 의하여 문장의미를 변경시키는 기본형태는 심층구조로부터 표층구조로 바꾸는것이다.

실례로 서술문과 의문문, 부정문의 경우를 들수 있다.

○ 뻐스가 승용차를 따랐다.

○ 뻐스가 승용차를 따랐니?

○ 뻐스가 승용차를 따르지 않았다.

이 3개의 문장에서 심층에 놓인 의미는 뻐스와 승용차의 속도관계문제이다. 이것이 똑같은 어휘와 문법적형태를 가지고 거의 같은 구조의 문장형태로 이루어져있다. 그런데 그 의미 즉 전달하는 정보적내용은 서로 다르다. 즉 첫번째는 속도관계가 뻐스를 위주로 해명되였고, 두번째는 의문시되였고, 세번째는 부정되였다. 여기에서 의미 즉 정보적내용을 달리 하는것은 오직 술어의 문법적형태가 달리 되였을뿐이다.

이것을 변형규칙에 의하여 해석하면 서술문이 의문문 또는 부정문으로 될 때 구절구조규칙(Phrase structure rules)에 의하여 심층구조로부터 표층구조로 변경되는것으로 보아왔다.

이러한 문장의미구조해석은 그후 카츠, 포츠달 등을 비롯한 변형생성론자들에 의하여 새롭게 리론화되면서부터 1965년경부터 이른바 표준리론(Standard theory－ST모형)으로 전개되기 시작하였다. 이들은 변형규칙에 의한 문장구조의 해석을 심층구조의 의미분석수단으로 리용하였다. 다시말하여 이들은 변형규칙이 의미의 변경을 가져오는것이 아니라 바로 변형규칙에 의하여 생성된 의미구조자체가 심층구조라고 본것이다.

이것은 우에서 실례로 든 의문문, 부정문의 의미구조는 바로 표층구조의 의미가 아니라 심층구조의 의미라고 한것을 말한다.

ST모형에서는 이처럼 문장구조가 의미변화를 가져오는 과정을 심층구조에서 해석하는데로 방향을 돌림으로써 의문문, 부정문, 명령문 등은 모두 심층구조에서 해석된다고 보는것에 이르게 되였기때문에 변형규칙의 기능은 쇠약해 지고 의미변형에는 광범위하게 작용하지 않는다고 인정하였다. 이것은 곧 서로 다른 의미정보를 가진 문장은 심층구조에서 거의다 해석될수 있으며 따라서 변형규칙은 심층구조에서 표층구조에로 의미변경을 일으키는 기능이 훨씬 약화되거나 없어지는것으로 보게 된다.

이러한 견해는 1970년대에 이르러 확대표준리론(EST)의 모형이 제기되면서부터 다시 변형규칙이 문장의미를 변경하는것으로 되돌아간다. 즉 심층구조가 의미정보를 모두다 제공하는것이 아니라 변형규칙에 의하여 생성된 표층구조에서도 문장의 의미를 결정하는 정보가 얻어진다고 주장하는데 이르렀다. EST모형의 주되는 주장은 표층구조 즉 언어행위속에서 실현되는 모든 문장들은 그자체로서 의미구조해석이 실현된다는것이다. 이것은 자연언어문장의 의미구조를 해석하려면 언어사용과정에 얻어지는 문장을 그대로 구조해석하기 위한 방법을 탐구해야 한다는것을 말해주었다. 여기로부터 EST모형에서는 몇가지 방법을 제기하고 표층구조에서 의미구조를 해석하려고 시도하였다.

첫째, 초점과 전제의 원칙을 제기하고 그 관계를 억양을 중심으로 해석하는 방법을 제기하였다.

○ 어린이가 노래를 부른다.

○ 노래를 부르는것이 어린이냐?

여기에서 노래는 전제로 되고 어린이는 초점으로 된다. 때문에 억양의 중심 즉 강조되는 억양은 어린이에 놓인다.

둘째, 문장구조에서 부정의미가 구조적으로 어울리는 과정을 통하여 문장의미해석방법을 찾으려고 하였다.

○ 화분에 핀 꽃이 많지 않다.

○ 많지 않은 꽃이 화분에 피였다.

○ 많은 꽃이 화분에 피지 않았다.

여기에서는 《많지 않다.》 즉 《적다》의 의미가 어느 구에 부정형으로 어울리는가에 따라 그 정보적내용의 변종으로 즉 문장의미구조의 변화가 이루어진다.

셋째, 조응관계의 결정에서도 의미구조해석방법을 찾을수 있다.

○ 고양이가 수닭을 쫓자 강아지가 그를 쫓았다.

여기에서 강아지가 쫓은것은 고양이도 될수 있고 수닭도 될수 있으므로 이때의 문장의미구조가 달라지는데 이것을 해석하는것도 역시 표층구조에서 론의되여야 한다.

이처럼 변형규칙은 심층구조로부터 표층구조를 생성시키는데 그러한 모든 표층구조는 의미변경을 일으켜 문장의미구조를 해석할 수 있는 수단으로 된다.

주체62(1973)년에 제기되기 시작한 수정확대표준리론(REST모형)도 역시 변형규칙의 원리로부터 출발한 표층구조에서 의미구조가 해석되는 과정을 보다 구체화하여 리론화한것이다. 수정확대표준리론에서는 확대표준리론(EST모형)에서의 심층구조를 D구조로, 종래의 표층구조를 S구조로 표시하고있다. 여기에서 D구조는 어휘목록으로부터 투사(Project)되며 의미격(θ－role)관계가 결정된다. 그리고 변형규칙은 α이동이 설정되고 이동된 요소의 흔적(trace)이 남게 되며 그에 따라 흔적리론을 전개한다. 따라서 이동변경규칙에 의하여 D구조는 흔적이 포함된 S구조로 바뀐다. 이 S구조를 기초로 하여 음성형태와 론리형태가 얻어 진다.

이때에 문장의미구조분석은 S구조로부터 시작하여 이루어지는 문장의미구조의 두가지 형태의 의미해석규칙에 의하여 진행된다. 이것을 의미해석1(SI−1)과 의미해석2(SI−2)로 표시한다.

SI−1의 해석규칙은 다음과 같다.

a. "not, each, who"와 같은 론리연산자를 제시하고 그것을 정의한다.

b. "each, other" 호상간의 조응표현의 선행자를 정한다.

c. "his"와 같은 선행자를 정한다.

SI−2의 규칙

a. 추론규칙

b. 진리조건

c. 인식구조와의 호상관계

d. 담화속성, 환경, 의사소통의지와 같은 화용론적요소

이러한 규칙들은 본질에 있어서 심층과 표층 두 구조에서 의미구조가 생성변형되므로 보다 많은 의미해석을 표층에서 진행해야 한다는것을 보여주고있다. 이것은 의미구조변화의 수단이 변형규칙에 있으며 격의미를 제외하고는 모든 의미가 S구조 즉 표층구조에서 해석된다는것을 말하여준다. 이것은 해석의미론의 기초로 된다.

이러한 립장을 달리하기 위하여 심층구조가 곧 의미구조가 되도록 하는 방법을 제기하고 변형규칙의 기능을 문장의미해석에서 제외시키고있다. 심층구조의 기저에 모든 의미표현이 놓이는것으로 보고 문장의미는 모두 심층구조에서 해석된다는 관점에서 고도의 추상성을 가지고 의미구조해석을 리론화하였다. 여기에서도 특히 생성의미론과 격문법이 특별히 중요한 자리를 차지하는데 이 경우에도 변형규칙을 완전히 배제하고 심층구조일면에 치우쳐 의미를 해석하였다.

생성의미론과 격문법에서는 깊은 층의 추상적심층구조가 바로 의미구조라는 견해 특히 심층격의 모형에 많은 관심을 돌리고있다.

3. 해석의미론적분석원리

△ KP원리와 투사규칙

해석의미론의 출발점은 ST모형에서 설정된 의미해석1(SI−1)과

EST모형에서 제기된 의미해석2(SI−2)이다.

해석의미론의 의미해석1(SI−1)에 근거한 리론은 카츠와 포드에 의하여 전개된것이라 하여 이름자를 따서 KP리론이라고 하기도 한다.

KP리론의 심층구절표현을 도출해내는 구절구조규칙들이 문장을 이루는 어휘들의 의미를 서술하며 어휘의미를 바탕으로 하여 구와 문장의 의미를 단계적으로 해석하는 환원규칙을 설정한다.

이때 어휘의미는 의미사전에 서술되고 다의적인 어휘들은 그대로 주석된다. 어휘의미가 문법적관계에 따라 문장의미를 이루는 과정을 해석하는데서 해석의미론은 어휘의미와 문법을 문장구조해석과 결합시켜 고찰할수 있게 한다. 여기에서 특징적인것은 어휘의미를 성분분석의 원리로 해석한것이다.

문장의 의미구조는 문법표식, 의미표식, 구별소에 의하여 해석된다. 여기에서 가장 중요하면서도 넓은 폭을 가지는것은 의미표식이다. 그러한 실례를 그림에서 직관적으로 표시하면 다음과 같다.

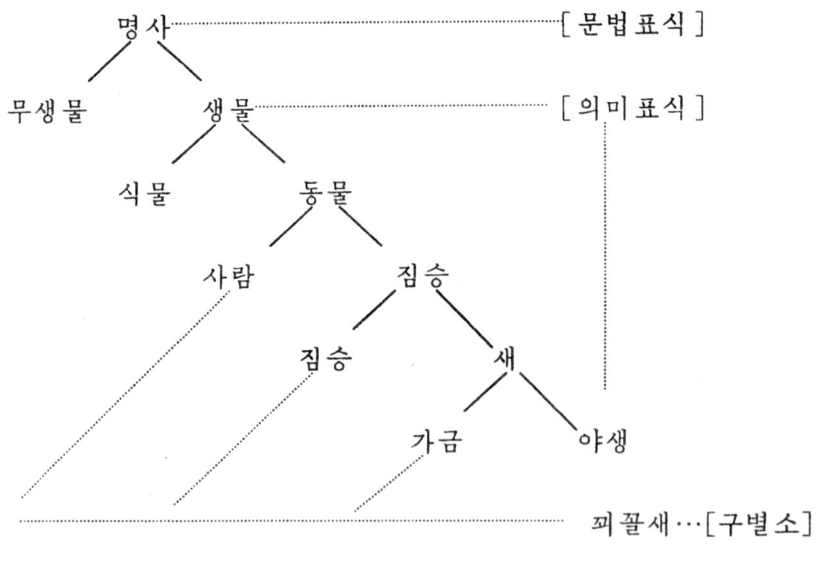

문법표식은 문장구조속에서 매개 단어가 다른 단어나 구와 결

합할 때 지니게 되는 문법적형태 즉 문법정보를 한정할수 있는 표식이다. 그의 대표적인 표식이 품사이다. 왜냐하면 문장속에서 단어는 문장성분의 자격을 받기 위해 어순이나 단어형태를 지니게 되는데 이러한 문법정보를 한정하는데서 대표적인 표식이 품사이기때문이다. 물론 이때의 《품사》라는 개념을 전통문법에서와 같이 정의하는가 하는것은 딴 문제이지만 어휘－문법적으로 단어를 분류하기 위한 기본표식으로서의 품사라는 개념은 흔들리지 않는다.

의미표식은 단어나 문장속에서 실현하여야 할 어휘－문법적의미 즉 실질의미와 추상적의미의 결합체를 이루는데 참여하는 구별적표식으로 된다. 이것은 대체로 론리－개념적표식물로 나타난다.

구별소는 개별단어를 다른 단어와 식별해주는 표식이다. 이것은 문장의미의 경우에만 설정할수 있는 개념이고 어휘적의미의 경우에 구별소는 어휘성분이라고 보아야 할것이다.

우의 그림에서 보는것처럼 [구별소]－《찌꼴새》는 구체적인 어휘로 나타나지만 [의미표식]－생물, 동물, 짐승, 새, 야생 등은 개념적으로 나타난다. 때문에 해석의미론적분석을 위한 의미사전에는 《찌꼴새》의 뜻풀이가 의미표식들을 서술하는것으로 끝나고 그자체의 어휘적의미는 의미성분으로 표시된다.

이때 의미성분분석은 어휘의미구조분석과 거의 같은 방법으로 진행할수 있다고 볼수 있으나 KP원리에서는 근본적인 차이가 있다. 그것은 KP리론에서 의미표식은 개개의 의미성분으로 규정하면서 그것을 철저하게 개념의 성분으로 인식하면서도 구별소는 지각적구별표식으로 규정하는데서 나타난다.

다시말하여 KP원리에서 핵은 구별소인데 그것은 지시물에 대한 지각적추상화로 규정한다는것이다.

우에서 실례로 든 《찌꼴새》의 경우를 보면 다음과 같다.

찌꼴새:[＋생물][＋동물][－식물][＋짐승][－가축][＋새][＋야생]

여기에서 [ ]에 표현된것은 의미표식인데 이것은 지시물을 직접 지시할수 있는 개념적표식인 동시에 의미성분으로도 된다. 이러한 개념적표식은 구체적인 대응물을 지시할수 있는 개념적의미 즉 객관세계와 직선적련관이 이루어진다. 그러나 구별소는 의미표식에 의하여 직접적으로 지시되는것이 아니라 그것이 인간사유와 지각에 의하여 추상화된 다음 얻어지는 대응물이다. 이 점이 KP원리에서 기본으로 되는것은 어휘의미가 문장의미로 확산될 때 구별소가 항상 시차적표식으로 되기때문이다. 다시말하여 어휘의미에서는 의미성분이 곧 어휘의미구조의 구성성분으로 되지만 문장의미에서는 의미표식에 의하여 얻어지는 구별소 즉 지각적추상화의 결과가 출발적기초를 이룬다. KP원리에서는 투사규칙을 어휘의미의 결합방식으로 제기하고있다. 투사규칙(projection rule)이란 문장속에서 어휘적의미들이 결합하는 질서와 방식을 말하는데 이것을 융합(amalgamation)현상이라고 한다. 이것은 합성의 원리와 일맥상통하는 개념이지만 여기에서는 의미경로(path)의 규칙을 도입함으로써 그것이 다른 원리로 해석되고있다.

투사규칙에 의한 문장의미구조해석을 보면 기초단계에서 의미표식과 구별소의 결합으로 융합현상이 나타나고 그것이 문장의미로 구조화되여 의미경로를 이룬다. 때문에 투사규칙은 융합의 요소와 융합의 방법 및 순서로 이루어진 다음 의미경로를 거치도록 하여준다.

이것을 나무가지모형으로 보면 다음과 같다.

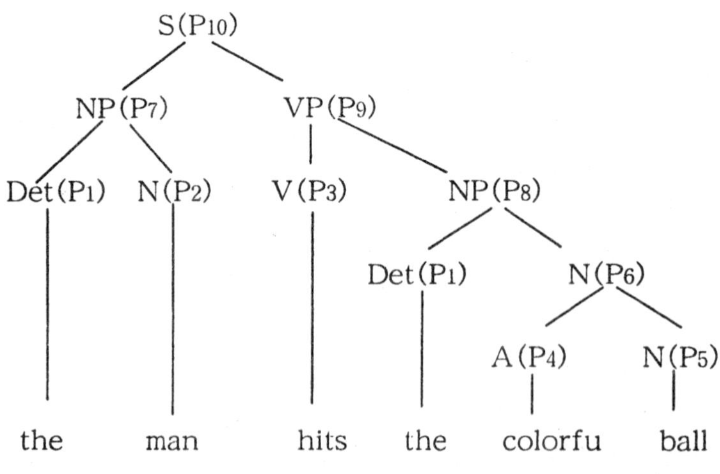

나무가지모형에서 보면 융합과 의미경로를 명확히 해석할수 있다. 그것은 동사 《hits》와 명사 《ball》의 융합에서 다음과 같은 문장의미구조가 이루어진다.

즉 ① hits(때리다, 치다)+ball(공, 뽈)

문장:그 남자는 알락달락한 뽈을 찬다.

② hits(어울리다, 적응되다)+ball(무도회)

문장:그 남자는 다채로운 무도회에 어울린다.

여기에서 동사 《hits》의 의미에 따라 명사 《ball》의 단어결합이 《알락달락한 뽈》 또는 《다채로운 무도회》로 달리 되는것이 곧 융합현상에 의하여 의미경로를 거쳐 문장의미구조가 이루어지는 과정이라고 보아야 한다. 이것을 투사규칙에 따라 좀 더 자세히 살펴보면 다음과 같다.

직접성분에 의한 단어들의 융합은 《colorfu ball》이 시초적단계로 나타나는데 이것은 의미경로를 거쳐서야 《알락달락한 뽈》 또는 《다채로운 무도회》의 의미중 어느 하나로 선택되면서 문장의미성분에 들어가게 된다. 다음 동사 《hits》에 의하여 문장구조가 완성되는데 이때 의미경로가 성립되는가 안되는가 하는것은 다른 단어결합 또는 단어들이 이 동사와 융합되는가 안되는가에 따라 결정된다.

우의 실례에서는 그것이 융합현상으로 된다는것을 보여주는데 그 근거는 동사 《hits》의 의미분화에 따라 단어결합 《colorful ball》의 의미분화가 동시에 일어나기때문이다. 만일 동사의 의미분화가 명사의 의미변화를 야기시키지 않으면 의미경로가 나타나지 않는다.

이것을 우리 말 문장에서 좀더 명백히 관찰할수 있다.

례:① 청년이 그 소를 탔다.

분화 ＜ 타다(소잔등에 올라 앉다.)
　　　 타다(소를 상으로 받다.)

② 청년이 전차를 탔다.

③ 청년이 기차를 탔다.

④ 청년이 상금을 탔다.

⑤ 청년이 부끄럼을 탔다.

우의 례에서 ①은 의미경로를 거쳐 동사 《타다》의 의미분화가 《소》에로 이전되여 융합이 이루어졌지만 ②~⑤에서는 그러한 융합현상이 의미경로를 거치지 않았기때문에 동사의 의미분화가 이루어지지 않았다.

△ 의미속성의 분석원리

KP리론과 투사규칙이 촘스끼의 ST모형에 기초하여 전개한것이지만 그것은 문장의미구조의 전면적인 분석원리로는 되지 못한다는데로부터 의미속성의 분석원리를 제기하고있다.

의미속성(semantic feature)의 분석원리 역시 본질에 있어서는 ST모형에 기초한것이지만 그것은 주로 어휘적개념을 출발점으로 하여 의미속성을 분해한 다음 그것을 바탕으로 문장의미구조를 해석하는 방법을 취하고있다. 의미속성의 분석원리를 처음 제안한것은 웬리취인데 그는 의미속성을 개념의 구조로 설명하면서 련결구조와 계층구조를 의미속성의 기본구조로 설명하였다.

련결구조란 의미속성이 개념적으로 련관관계를 이룬것을 말하고 계층구조란 어휘의미와 개념구조의 속성사이에 계층관계를 이루는것을 말한다.

실례로 보면 ① 딸:[+녀자, +자식], ② 걸상:[+가구, +앉기]에서 《딸》은 녀자이면서 동시에 자식이라는 직접적인 련관이 이루어지기때문에 의미속성인 녀자와 자식은 딸에 대하여 개념적으로 련결구조를 이루고있다고 말할수 있다. 그러나 《걸상》은 가구의 일종이기때문에 계층구조 즉 가구가 걸상의 상위에 놓이고 걸상은 가구의 하위에 속하는것이다. 의미속성인 가구와 앉기는 결국 뒤의 속성이 앞의 속성을 설명하여 주는 관계에 있다.

이처럼 의미속성은 어휘가 지닌 개념의 구조에 의하여 표시할수 있기때문에 그것이 문장의미구조체에서는 어휘의미속성의 집합체로 나타난다. 여기에서 어휘의미속성의 집합체를 흔히 의미속성군이라고 하는데 그것은 의미속성이 련결구조인가, 계층구조인가 하는데 따라 서로 달리 해석된다.

실례로 《파도치는 바다는 설레인다.》에서 《설레인다》는 첫째 경우에 1차적으로 《바다》와, 2차적으로 《파도》와 련결되면서 결국 파도와 바다가 다 설레인다는 뜻을 나타낸다. 그러나 둘째 경우 그것은 오직 파도와만 련결되고 바다는 파도와 계층관계만을 나타낸다.

이것은 의미속성이 문장의미구조체에서는 개별단어의 의미속성이 아니라 문장구조의 속성으로 전이된다는것을 말하여준다. 때문에 문장의미구조를 의미속성의 원리에 따라 분석하는데서 가장 중요한 문제는 어휘적의미속성의 한계에서 벗어나 문장내부에서 단어들의 결합관계를 속성구조 즉 련결구조와 계층구조를 갈라보고 그에 따라 의미를 해석하는것이다.

의미속성군이 곧 문장의미구조체를 이룬다는 원리에서 볼 때 문장의 의미구조는 임의의 양상을 가질수 있지만 그것은 크게 매개 문장성분들이 동사술어와 맺는 련관관계에 따라 갈라 진다는것을 말하여준다.

4. 생성의미론적분석원리

생성의미론적분석원리들은 기본적으로 문장의미가 심층구조에서만 얻어지는것이 아니라 표층구조와 변형규칙을 비롯한 여러가지 원리로 해석된다는것을 제기함으로써 ST모형을 수정하는 각도에서 제기되였다. 그러나 생성의미론은 여전히 문장의미는 심층구조에서 해석되여야 한다는 ST모형의 원리를 고수하는 방향에서 전개된 리론이라고 볼수 있다. 이것은 라꼬프, 로쓰, 필모, 또르간 등에 의하여 촘스끼의 심층구조리론을 좀더 추상화하여 더 깊은 심층구조를 설정하고 문장의미를 해석하려고 한데서 나타난다. 이들의 보다 깊은 심층구조는 곧 문장의미구조자체를 말하는것이다.

이것을 다음의 4개 문장을 가지고 설명할수 있다.

① 그가 책을 빨리 읽니?

② 그가 책을 빨리 읽지 않는다.

③ 그가 책을 천천히 읽니?

④ 그가 책을 천천히 읽는다.

이 문장들의 뜻을 풀이하면 책을 읽는다는 정보와 읽는 속도가 어떻다는 의미정보가 주어지는데 심층구조에서 보면 책을 읽는다는 정보가 기초에 놓여있다. 때문에 4개의 문장은 하나의 심층구조 즉 보다 깊은 심층구조의 문장의미를 가지고 하나로 묶어진다. 즉 문장 ①, ②, ③, ④의 보다 깊은 심층구조는《그가 책을 읽는다.》이다.

이러한 관계에서 보면 우의 문장 4개중에서 의문문, 부정문으로 나타난것들은 사실상 부정문, 의문문이 아니라 의미표식의 변화가 없이 서술해서 순수한 문장구조형식의 변형을 나타내고있을뿐이다.

그리고 깊은 심층구조에 놓인 문장의미구조 즉《그가 책을 읽는다.》는 사실에 있어서는《그가 책을 읽는다.》→《그가 책을 가지고있다.》의 의미생성을 일으킨다고 보아야 한다.

이것을 구조식으로 묘사하면 다음과 같다.

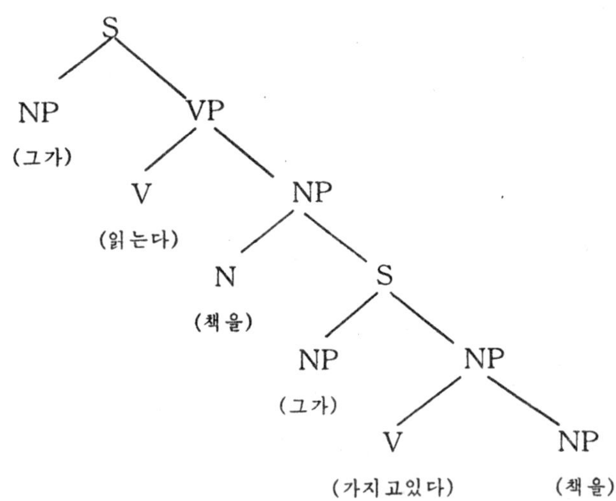

생성의미론에서 의미해석은 추상성, 규칙성의 법칙을 위주로 하기때문에 개별적부사나 형용사구에 의하여 보충되는 의미들은 부차적인것이며 그것은 심층구조에서 무시된다고 보고있다.

즉 우의 실례에서 보면 4개의 문장의 깊은 심층구조에서는《그가 책을 읽는다.》가 해석되고 그것은 이어서《그에게 책이 쥐여져

있다.》가 추상화되며 책을 읽는 행동이 빠른가 늦은가 또는 재미있는 책인가 흥미없는 책인가를 표현하는 부사구, 형용사구들은 표층에서 변형될수 있는 보조적인 의미표식으로 해석한다.

이것을 좀더 구체화해서 보면 다음과 같다.

① 답사대는 태고연한 청봉의 밀림속에서 구호나무를 찾아 저저마다 구호문헌을 소리내여 읽었다.

② 청봉에 구호나무가 있다.

③ 답사대원들이 구호문헌을 읽었다.

우의 세 문장에서 심층구조에서 해석되는 의미는 ②와 ③이다. 때문에 ①에서 보충된 《태고연하다, 저저마다, 소리내다》 등은 표층구조의 해석으로 될수도 있지만 문장의미구조에서는 부차적인것이다.

이와 함께 생성의미론적의미구조해석은 자연언어문장의 기저에 놓인 문장구조 즉 깊은 심층구조의 문장을 찾아 기본의미정보를 찾을것을 목적으로 하는것만큼 직접성분분석을 위주로 하여 규칙성과 추상성의 원리를 전개하는것도 주요한 뜻풀이수법으로 보고있다.

○ 할아버지는 인민군대에 나간 손녀의 영웅적위훈에 대한 보도를 듣고 깜짝 놀랐다.

이 문장에서 심층구조에서 해석되는 의미는 《할아버지의 손녀는 인민군대다.》와 《할아버지의 손녀는 영웅적위훈을 세웠다.》이다. 이 두개의 의미정보는 직접구성성분구조에 의해서 해석된다.

즉 …<u>인민군대에</u> <u>나간</u> <u>손녀의</u> <u>영웅적위훈</u>…

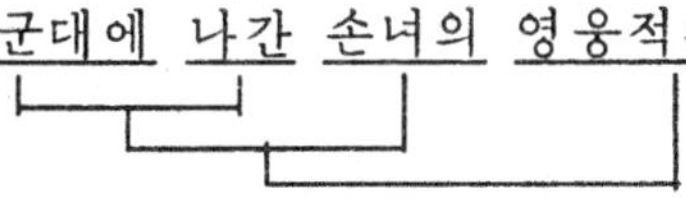

과 같은 구조해석에 의하여 문장의미구조의 심층구조를 밝혀낼수 있다.

생성의미론적분석원리에서 추상성의 원리는 대체로 문맥환경이나 언어교제조건의 제약을 받게 되여있는데로부터 문장의미해석이 언어외적인데로 넘어갈 우려를 보여주기도 한다. 이러한 리유로 하여 최근에 생성의미론의 원리를 화용론, 본문의미해석에로 이전시키는 견해들이 나타나고있다.

제2절. 변형생성문법의 구문해석

자연언어문장을 해석하는데서 변형생성문법을 도입응용하는 문제는 현대의미론에서 초점을 이룬다.

지금까지 문장구조의 성분화원리를 위주로 한 전통문법은 주로 관계적구조를 분석대상으로 하였다면 현대의미론에서는 이와는 달리 문장의미해석을 목표로 내세우고있다.

문장의 성분화방법은 주로 단어들의 맞물림관계를 해석하였다면 구문의미해석에서는 철저히 의미생성과 변화과정을 고찰하는데 초점을 두고있다. 이것은 실지 언어사용과정에 언어의미의 구조체가 어떻게 이루어지고 그것이 어떤 변형을 가져오는가 하는것을 밝히려는데 목적이 있다.

의미구조를 구문론적측면에서 분석하려는 시도들은 많이 제기되였으나 그것이 가장 주류를 이루게 된것은 변형생성문법에서부터이다. 그것은 변형생성문법자체가 구조주의문법의 근본제약성을 극복하고 의미를 언어분석의 테밖에 놓던것을 새로운 각도에서 의미분석을 언어해석의 중심에 놓으려는 의도에서이다.

변형생성문법에서 의미해석을 중심에 놓으면서부터 생성의미론과 해석의미론이 활발히 개척되였는데 이때에 의미구조는 철저히 의미생성과 변형의 구조로 고찰하고있다.

이러한 측면에서 가장 주되는 문제는 구문해석에서 론의되는 심층구조와 표층구조이다. 물론 심층구조와 표층구조가 의미해석에만 적용되는것은 아니지만 기본을 이루는것은 문장구조해석을 의미구조의 생성과 변형으로 고찰한데 있다.

1. 변형생성문법개관

변형생성문법은 구조주의언어학의 제한성을 극복하고 언어의 보편성을 발견할 강력한 언어리론의 모델을 마련하려는데로부터 발생하였다.

변형생성문법의 창시자들은 구조주의언어학이 언어의 표면적서술에 머무르고 언어능력을 해명할수 없다고 하면서 구조주의는 언어의미를 무조건 배제하고 사회와 인간에게서 동떨어진 순수한 기계주의적분류방식과 귀납적인 방식을 방법론으로 하고있기때문에 인간의 무한한 문장생성능력을 해명할수 없다고 보았다.

이러한 비판적태도로부터 《생성문법》(generative grammer)이라는 리론을 1957년 촘스끼가 《문장구조》라는 책에서 처음 내놓았다. 이것은 1960년대 초부터 부르죠아언어학계에 큰 반향을 불러일으켰는데 그의 직접적동기는 1950년대부터 류행처럼 따르던 구조주의언어학에 환멸을 느낀 부르죠아언어학계가 무엇인가 새로운 리론을 갈구하고있던것과 관련된다.

촘스끼는 1957년 처음 생성문법을 내놓으면서 구조주의언어학의 부당성을 비판하고 《변형규칙》을 주요한 언어능력해석의 수단으로 제기하였다. 여기로부터 생성문법을 《변형생성문법》이라고 부르게 되였다.

△ 기본목표

촘스끼의 변형생성문법의 최종목표는 언어구조의 실질적모습을 발견하여 인간의 언어능력을 낳는 정신적힘을 해명하는것이라고 하였다.

그들은 언어능력은 인간의 정신활동의 기간부분이기때문에 언어의 본성을 탐구하는것은 곧 인간정신의 본질과 힘을 해명하는것으로 된다고 보았다.

이러한 최종목표를 달성하기 위하여 다음의 3단계 과업이 실현되여야 한다고 주장하였다.

첫째, 개별문법을 작성하는것.(개별언어의 구조를 해명하는 일)

둘째, 보편문법을 완성하는것.(언어일반에 작용하는 구조를 완성하는 일)

셋째, 언어습득을 해명하는것.(인간 특히 어린이가 어떻게 정확히 언어를 배우며 그것도 저절로 모든 인간이 다같이 같은 준위에서 언어를 습득하는가 하는 원인을 해명하는 일)

이 세가지 과업은 단계적으로 실현될수 있다고 보고있다. 즉 개별문법을 탐구완성하느라면 그의 총화로서 보편문법이 세워지며 보편문법을 완성하느라면 인간정신의 산물인 언어능력이 해명될것이라고 보고있다.

이러한 목표실현의 담보성에 대해서는 리상적인 구호만을 제시할뿐 구체적인, 전략적인 방법은 제시하지 못하고있다. 여기로부터 생성문법은 초창기부터 오늘에 이르는 30년이상 끊임 없는 수정과 재수정의 과정을 걷고있으며 자체모순에서 모대기고있다.

△ 발전단계와 전략적구상

생성문법은 지난 40년동안 계속되는 리론적모순에 봉착하면서부터 끊임없는 수정을 진행해왔으며 이 과정에 수많은 이른바 새로운 《리론》과 《방법》들을 내놓았다. 그들은 이것을 자기들이 내세우고있는 최종목표(전략적구상)를 실현하는 과정에 이룩된 생성문법의 발전과정이라고 주장하고있다. 그러한 발전단계를 현재까지 (1957년부터 1995년까지) 6단계로 나누고있다.

첫단계 : 초기리론, 1957년～1960년대초까지

둘째 단계 : 표준리론, 1960년대 중기～1960년대 후반기까지

셋째 단계 : 확대표준리론, 1970년대초～1970년대 중반기까지

넷째 단계 : 수정확대표준리론, 1970년대 후반기

다섯째 단계 : 지배와 결속리론, 1980년대초～1980년대 후반기까지

여섯째 단계 : 장벽리론과 최소리론, 1980년대말～1990년대 중기까지

앞으로 얼마나 더 새로운 《리론》으로 수정하겠는지는 알수 없으나 그들이 추구하는 리상적목표(전략적구상)에서만은 변화가 없다.

그것은 우선 인간이 지니고있는 내재문법을 해명한 다음 그로부터 얻어지는 인간공통의 보편문법을 발굴한데 기초하여 언어능력의 본성을 해명한다는것이다. 이것을 단계적으로 설명한것을 보면 다음과 같다.

첫단계: 내재문법의 발굴－인간은 어린이와 문맹자, 지어 원시공동체단계에 있는(현재의) 미개종족들에게까지도 누구나 하나의 모어(모국어 또는 외국어)를 가지고있는데 이들이 지닌 언어능력은 언어심리속에 간직되여있다. 그런데 사람은 자기의 내심속에 지닌 언어능력인 문법지식을 전혀 의식하지 못한채 자유

로이 말을 하고 정확히 인식리해하는것이다. 이때에 언어심리속에 잠겨있는 문법지식이 바로 《내재문법》인데 그것을 밝히는것은 매우 힘들다. 왜냐하면 사람이 말을 하는것(표현행위) 즉 언어사용을 통하여 내심속의 내재문법을 표현하지만 그것이 문법지식의 본질을 재현해주지 못하기때문이다. 심리적현상으로서의 내재문법을 해명하는 길은 오직 불충분하고 비본질적이지만 언어사용(언어능력의 표현)을 통해서만 기술할수밖에 다른 길이 없으므로 어려운 《내재문법서술모형》은 불피코 표현된 언어현상(언어사용결과와 과정)을 대상으로 삼지 않을수 없다. 그러나 지난 시기 언어학과는 달리 탐구방향은 이른바 표면에 나타난 언어현상을 분석, 정리하는것이 아니라 내재된 언어능력을 밝히기위한 무한한 인간의 문장창조력을 세세히 남김없이 기술하고 서술하는 문법리론—문법모형을 찾아내려 하고있다. 이것은 철저히 개별언어들을 상대로 한다.

둘째 단계 : 보편문법의 작성—내재문법리론이 완성되는데 따라 언어일반에 공통된 문법을 작성하자는것이다.

그러한 방법이란 바로 어린이들이 말을 배우는 과정에 대한 연구와 인간의 언어습득과정분석 그리고 현대언어학(다른 모든 방법과 리론들 포함)의 인간언어의 공통적인 규칙에 대한 연구결과들을 총화한데 기초하여 언어의 《보편적특성》을 해명하는 모형을 발굴한다는것이다. 이러한 방법에 의거하면 세계의 수천개 언어들에 공통된 문법이 한조항한조항 늘어나 축적될것이며 모든 언어학자들과 언어소유자들은 이 공통문법조항들을 언어학의 《핵문법》으로 의무적으로 소유한 다음 자기의 언어(모어)와 연구대상언어의 문법은 공통문법에서 벗어난 특수성들만 인식, 연구하면 될것이라고 주장하고있다. 이것은 결국 보편문법의 완성과정은 개별문법사항의 축소과정이라고 볼수 있으며 따라서 인간은 공통문법지식인 《핵문법》을 완벽하게 소유하기만 하면 어떤 언어이건 수많이 쉽게 터득하여 나갈수 있다고 보고있다.

셋째 단계 : 말배우기리론의 개척—사람 특히 어린이들이 5~6

살이면 개별언어를 통달하는데 그 원인을 해명하겠다는것이다. 이러한 말배우기능력은 민족, 혈통, 언어종류에 관계없이 인간이 사회속에서 살기만 하면 어려서 벌써 문법지식을 완성하는데(그것은 저절로 이루어진다.) 거기에는 반드시 인간고유의 《천성적자질》과 언어의 《보편성》이 있기때문이므로 바로 그것을 밝히면 말배우기리론은 탐구된다고 주장하고있다.

△ **초기리론(1957년 촘스끼제기－SS)과 표준리론(1965년 촘스끼제기－ST)**

촘스끼는 초기리론에서 구조주의적방법을 비판하면서 생성문법을 설계해야 한다는것을 강조하고 변형규칙과 생성리론의 싹을 제기하였다. 이어서 《표준리론》(Standard theory)에서 자연언어의 문법체계라는것을 제기하였다.

그에 의하면 인간언어도 3개의 구성부분으로 된 문법체계를 가진다.

그것은 구문, 의미, 음운부분들이다. 이것을 《문장론》(《구문론》), 《의미론》, 《음운론》이라고도 하는데 전통문법체계와 류사한데가 있다. 그러나 구조주의체계와는 완전히 구별된다. 그것은 구조주의문법체계에서는 오직 《구문론》(형태론, 문장론)만을 《문법》이라고 하고 《의미론》, 《음운론》은 그에 대등한 분과로 보았기때문이다. 원래 형태문법과는 리해상에서는 차이가 있으나 일반적으로 현대언어학도 《문법》이라는 큰 항목에 《의미론》을 포함시키고있다.

자연언어문법구성에서 이 세가지를 내세운 의도는 다음과 같다.

첫째, 생성문법이 언어능력자체를 기술하고 설명하는것을 목표로 하기때문에 의미나 형태를 갈라서 볼수 없다는것이다.

둘째, 세개의 부분이 유기적인 련관속에 있다고 보기때문이다. 즉 구문부분의 어휘부와 구구조규칙, 변형규칙에 따라 문장구조가 생성되고 의미부분과 음운부분은 구문부분의 출력을 받아 의미해석과 음운해석을 한다고 보고있다. 그렇지만 생성적인 본성을 가진것은 구문부분뿐이다.

초기생성문법의 3대구성부분관계를 그림으로 보면 다음과 같다.

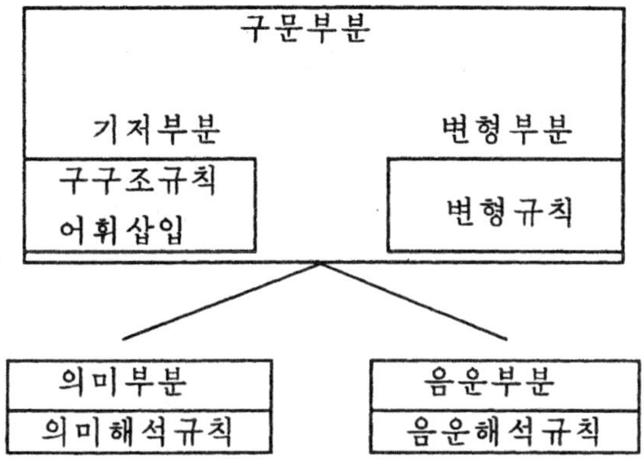

이 모형은 언어사용의 모형이 아니라 언어능력을 밝히기 위한 리론을 묘사한것이다. 즉 생성문법은 말하는 심리적과정을 해설하는 리론이 아니라 언어능력을 체계적으로 서술하는것이다. 때문에 구문을 중심으로 해석해야 한다. 음운부분은 음성이라는 비언어적인 물리적현상과 관련된것이고 의미부분은 말하는 사람의 감정, 의도, 정신과 같은 비언어적인 심리적현상과 관련된다. 때문에 순수언어적인것도 구문이며 따라서 구문부분에 기초해서 문장구조의 생성리론을 확립해야 한다.

△ 확대표준리론(Extended standard theory－EST)파 수정 확대표준리론(Revised EST－REST)

주체58(1969)년부터 주체64(1975)년에 걸쳐 집중적으로 표준리론이 수정보충된 리론들이다.

확대표준리론(EST)에서는 어휘론적관점을 우위에 놓고 분석하는 생성의미론적주장을 배격하면서 변형규칙을 제한해나갔다.

또한 엑스바(X－bar)리론을 처음으로 제기하고 구구조규칙을 더욱 일반화해나갔다. 이러한 리론들은 초기표준리론에 비해 구구조규칙을 확대하고 변형규칙을 제한한것이다.

수정확대표준리론(REST)은 확대표준리론(EST)을 다시 수정하여 발전시켰다. 여기에서 중요시된것은 《흔적(trace)리론》이 도입되여 의미를 심층구조의 흔적을 포함한 표면구조에서 결정된다고 본것이다. 《흔적》이라는것은 심층단계에서 어떤 성분이 바뀌였을 때 그 본래의 위치를 놓고 말한다.

이 리론에서는 의미해석이 표준리론에서처럼 심층구조에서만 이루어지는것이 아니라(표준리론에서는 의미해석이 심층구조에서 이루어지고 표층구조에서는 심층구조에서 해석된 의미가 유지보존된다고 보아왔다.) 표층구조에서도 이루어질뿐아니라 더욱 증대된다고 하였다. 이것은 의미해석방법에서 확고한 수정을 가한것이다.

또한 변형규칙도 역시 표준리론에서 첨가, 삭제, 대치방식으로 보던것을 점차 제한하다가 REST에서는 완전히 무시해버리였다.

△ 지배와 결속리론(Government Binding theory－GB리론)

이 리론은 1980년대부터 시작하여 본격적으로 전개한 리론으로서 변형규칙을 무시하고 언어에 공통적으로 적용된다고 보는 보편문법의 모형을 시도하였다.

여기에서 중심문제는 첫째로, 언어능력자체가 보편적성격을 가진다고 본것이다. 그 보편적성격은 우선 언어능력의 내용이 보편적이라는것이고 다음은 언어능력의 내용은 언어마다 서로 다른데 내재적능력자체는 보편적이라는것이다. 초기표준리론에서는 내재적능력만이 보편성을 가진다고 한데로부터 개별언어의 규칙들을 서술하는데 모를 박았다면 GB리론에서는 언어능력자체에 초점을 두게 되였다. 이것은 언어의 보편성을 언어능력의 보편성에서 직접 얻어내려는 목적에서이다.

둘째로, 언어능력이 핵(core)과 주변(periphery)의 서로 다른 두 요소로 이루어진다고 본것이다. 언어능력의 핵부분은 해당 언어의 핵문법이라고 하면서 이 핵부분은 선천적으로 타고난다고 보아야 한다고 주장하였다. 반대로 주변부분은 후천적으로 경험에 의해서 형성되는것이 대부분이라고 보고있다.

여기로부터 GB리론은 핵문법에 중심을 두고 바로 거기에서 보편성을 추출하려고 하고있다.

이것은 핵부분이 선천적인것이기때문에 여러 언어에 공통적인 요소가 많을수 있으며 따라서 보편성을 찾자면 핵문법에서 추구해야 한다는 리해에서 온것이다. 그전까지는 주변부분을 가르지 않고 분석했기때문에 선천적능력에 덧붙은 주변부분 즉 경험적인것이 섞여들어 보편성에 멀리 떨어진 문법현상이 나타날수 있었다고 보고 있다.

이것은 언어에 대한 2분적분석방법 즉 언어능력과 언어사용, 일반과 개별, 문법론과 화용론구분과 맞추어 시도된것이다.

셋째로, 보편적문법탐구를 위해 문장의 적격성의 원리와 추상적리론을 개척하는 방법—두가지로 세우려고 시도한것이다.

넷째로, 개별언어들에서 나타나는 보편성이 없는 요소들을 변항으로 설정하여 처리하는 방법을 도입한것이다.

총체적으로 지배결속리론은 보편문법을 직접 개척하려는데 목적을 두고있으며 이를 위하여 2가지 체계 즉 규칙체계와 원리체계에 의해 문장구조의 생성을 시도하고있다.

규칙체계로서의 보편문법은 다음의 구성부분들로 이루어진다.

① 어휘부분

② 구문부분

ㄱ.범주부분

ㄴ.변형부분

③ 해석부분

ㄱ.음성형식부분

ㄴ.론리형식부분

원리체계로서의 보편문법은 다음의 하위체계로 이루어진다.

① 엑스바리론

② 지배리론

③ 속박리론

④ 의미격리론

⑤ 경계리론

⑥ 투사원리

⑦ 제어리론

변형생성문법이 문장의미해석에 이바지한데서 주되는 리론은 생성의미론과 해석의미론이다. 그것을 생성문법의 변천과정과 결부시켜보면 다음과 같다.

도표에서 보는것처럼 변형생성문법의 발전과정에 해석의미론, 생성의미론, 격문법, 리론의미론이 형성분화되였다.

여기에서 해석의미론은 기본적으로 ST모형을 출발점으로 하여 형성되였기때문에 변형생성문법의 구성부분으로 인정할수 있지만 기타 다른 리론들은 사정이 다르다. 그것은 생성의미론은 본질적으로 변형생성리론의 모순점을 전면에 내세우고 그것을 해결할 목적밑에 제시된것이기때문에 생성문법의 개작으로부터 출발한 의미론이며 격문법과 리론의미론(몬타규문법)은 문장의미론의 한계밖에서 제기되였다. 출발점을 언어외적인것으로부터 시작한것이므로 변형생성문법이라고 보기는 어려운것이다.

변형생성문법의 변천과정과 문장의미론의 발생

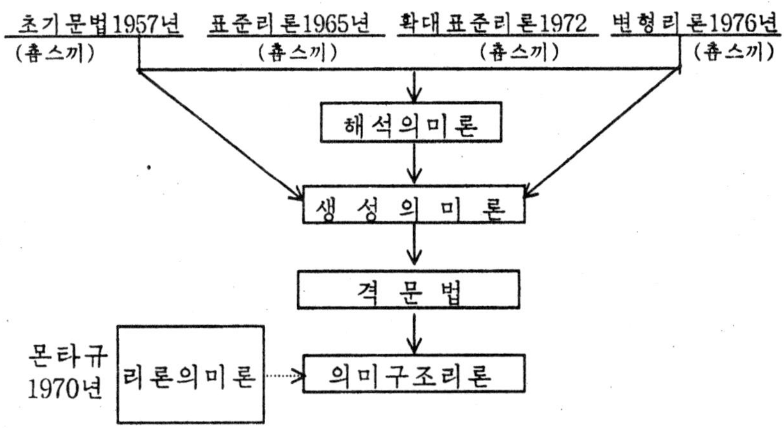

2. 심층구조와 표층구조

심층구조와 표층구조는 변형생성문법에서 나온것인데 중요한 개념으로 쓰인다.

심층구조와 표층구조는 문장구조생성과 관련하여 쓰이는데 실질적인 리론적바탕은 언어능력과 언어사용과정을 론리적으로 도식화해낸것이다.

심층구조(deep structure)를 기저구조(base structure)라고도 하는데 인간의 내재적언어능력으로 출발된것으로서 문장의 기초적인 구조에 해당된다고 보고있다. 즉 인간은 천성적으로 언어능력을 타고나는 동시에 사회환경과 생활체험을 통하여 그것이 언어사용으로 발현된다고 보면서 천성적인 언어능력은 《핵구조》 또는 《핵문법》으로서 《내재문법》을 이룬다고 주장한다. 바로 이 《내재문법》 즉 인간이면 누구나 가지고있는 천성적인 언어능력인 내재적인 《핵문법》이 바로 《심층구조》에 해당된다고 하면서 따라서 《내재문법》에 해당되는 심층구조는 인간일반에 보편적이며 매개 언어에서도 공통적이라고 간주한다. 때문에 심층구조는 매우 형식화되여있을뿐아니라 구조적으로 표준적인 바탕을 이룬다.

표층구조(surface sturcture) 또는 표면구조는 심층구조에 토대해서 생성되는 실제적인 언어사용과정에 나타나는 문장구조를 말한다. 다시말하면 인간의 내재적인 언어능력이 실질적인 언어환경과 경험에 의해서 실현되는 언어사용의 결과물이다. 때문에 심층구조는 언어일반에서 보편적이고 사람마다에 공통적인것이지만 표층구조는 언어마다, 사람마다, 언어환경에 따라 달리 될수있다고 본다.

현실적으로 심층구조에서 이루어진 기초적이고 표준적인 문장구조가 표면구조로 생성될 때에는 더 복잡하게도 더 단순하게도 또 구조적으로 다르게 실현되는것이라고 하면서 지금까지의 모든 문법은 표층구조만을 대상으로 하기때문에 그토록 복잡하고 어렵다고 주장하고있다.

표층구조는 어떤 모양으로 이루어졌든 상관없이 그가 바탕으로 한 심층구조를 찾아내야 언어의 본성, 다시말하여 인간의 내재적언어능력, 《핵문법》을 밝힐수 있고 나아가서 자연언어의 《보편문법》을 서술할수 있다고 보고있다.

이처럼 심층구조와 표층구조의 두개 개념을, 갈라서 인간의 언어능력에 대한 심리적측면과 언어사용에 대한 물리적행위측면으로 보고있다.

즉 심층구조는 인간의 언어능력에서 발현되는 심리과정이라면 표층구조는 음성 또는 글자로 문장을 만들어내는 언어사용과정 즉 물리적행위과정이라고 간주한다.

실례로 새의 울음소리를 듣고 그 현상에 대하여 말하려고 할 때 인간은 첫 공정으로 심리적과정을 거치는데 그때 마음속으로 말(문장)이 준비되는 공정에 심층구조가 형성된다고 하면서 그러한 심층구조의 형성은 바로 인간이 공통적으로 가지고있는 천성적인 능력에 의해서 실현되는것이라고 간주한다. 이 공정에서 어휘의 선택, 표현적사색 등은 다 문제로 되지 않고 기본이 문장구사 즉 말의 틀을 갖추는것을 기본으로 하여 보기때문에 그것이 곧 문장구조로 표현된다. 어휘, 표현따위는 언어마다, 사람마다, 언어환경마다 다르기때문에 심층의 대상이 아니고 말을 만드는 구조 즉 문장구조가 본질적인것으로 된다.

심리적공정에서 문장구조가 심층적으로 완성되면 언어사용과정으로 넘어가는데 그것은 곧 음성으로 발화되거나 글로 써놓은것으로 실현된다. 그런데 음성발화결과나 글로 써놓은것은 언어능력에 기초하면서도 주로는 사회적인식, 경험과 체험 등 생후에 얻은 지식과 경험으로부터 실현되며 또 그렇게 실현되여야 교제가 이루어지므로 그것이 다양하고 복잡하다. 왜 다양한가 하면 사회적인식, 경험, 체험 등이 언어소유자마다 다르고 끝없이 변화되기때문이다.

이것을 실례로 《새의 울음》과 관련하여 본다면 심리적과정에 형성된 심층구조는 분명 《새》(주체), 《울음》(객체), 《운다》(진술)의 론리적(문법적)련관으로 이루어질것이므로 《새가 울음을 운다.》로 될것이다.

《새가 울음을 운다.》는 심층구조가 표층구조로 생성될 때에는 《새가 울음을 운다.》//《새가 운다.》/《새가 울고있다.》/《새가 울었다.》/《새가 울지 않은것이 아니다.》/《울음을 운다. 새가》/《울었다.

새가》/《울고있다.…》등으로 될것인데 이것은 언어의 구조(문장구조)에 따라 다르고 사람마다 다르고 환경과 장면에 따라 다르기때문이다.

만일 이것이 《새의 울음소리가 들렸다.》, 《새 우는 소리가 들린다.》 등으로 넘어가면 그것은 표층구조가 아니다. 왜냐하면 《새가 울음을 운다.》는 심층구조에서 출발(《새의 울음》이라는 현상)한것이 아니기때문이다. 또한 《꾀꼴새가 울었다.》, 《새가 노래를 한다.》, 《새가 지저귄다.》 등도 표층구조로 될수 없는데 그것은 어휘표현에서 달리한것이지 문장구조의 변형이 아니기때문이다.

이처럼 심층구조를 바탕으로 하여 표층구조가 생성되는 리유는 여기에 《변형규칙》이 작용하기때문이다. 다시말해서 인간의 내적인 언어능력으로 주어진 《핵문법》이 언어사용에서 《일반문법》으로 실현될 때 작용하는 규칙이 있는데 그것이 바로 《변형규칙》이다. 이 변형규칙이 심층구조의 문장을 표층구조의 문장으로 생성시킨다. 여기에서 《생성》이라는것은 바로 심리적, 내재적인 문장구조도 가상적이라면 언어사용의 결과에 나오는 문장은 현실적인것이기때문에 심층구조의 문장이 변형규칙에 의하여 표층구조의 문장으로 《실현》(실지로 생겨진다는 뜻)된다고 보는것이다. 그런데 생성문법에서 제시되는 생성규칙과 변형규칙의 결과물 즉 생성된 구조는 구체적인 문장(개별언어의 구체적어휘가 들어있는 문장)을 말하는것이 아니고 그러한 론리구조를 가진 문장의 모형이다. 때문에 여기에 《어휘삽입》이라는 공정과 개념이 도입된다. 《어휘삽입》은 어휘부 즉 사전과 어휘삽입규칙에 의하여 구조적으로 생성된 문장에 실제적인 개별언어의 단어를 끼워넣는것을 말한다.

변형생성문법은 심층구조와 표층구조에 대한 개념을 세운후 오늘까지 그것을 끝없이 수정하고 보충확대해오고있다. 그것은 자체모순에서 헤여나와 기어이 《보편문법》 즉 인간에게 공통적인 《핵문법》을 발견해낸다는것인데 오히려 더욱더 깊은 미궁에로 빠져들어갈뿐이다.

변형생성문법이 초기에 심층구조와 표층구조를 제기한 후 오늘에 이르러 수정한 기본요점은 표준리론단계에서는 절대적으로 언어의미는 심층구조에서 완성되고 표층구조에서는 아무런 의미변화도 없다고 한것을 점차 표층구조에서도 의미변화와 생성이 이루어진다고 한것이다. 그래서 오늘의 지배와 결속(GB)리론에서는 인간의 보편문법을 찾아내기 위한 수단으로 심층과 표층구조의 원리를 도입하고있다.

언어는 일반과 개별, 추상적인것과 구체적인것에 기초하여 형성발전하는 구조적체계와 법칙들을 가지고있기때문에 언어현상과 언어구조연구에서는 언제나 이 관계로부터 문제를 출발해야 한다. 그런데로부터 개별적어휘나 형태소, 말소리와 의미에 이르기까지 언어현상이라면 그것이 일반화되여있는것이 구체화되여 표현되며 구체적인 요소는 추상적인 요소와 관계를 맺고있다.

이러한 원리에서 흔히 언어분석에 《2분법》이 적용되며 그것이 언어구조해석에 널리 리용되고 많은 유익성을 주고있다.

음운과 말소리(어음), 형태소와 형태, 의미소와 의미, 어휘적 개별화와 일반화의 의미로부터 시작하여 언어체계와 언어행위에 이르기까지 언어의 모든 구조와 체계, 요소와 현상들에서 일반적원리와 개별적이며 구체적인 방법간의 유기적관계를 유익하게 응용하고 있다. 이것은 언어구조해명에서 제기되는 과학적방법을 개척하는데 필수적인 요구의 하나이다.

심층구조와 표층구조도 이러한 관점에서 보면 그 착상과 원리는 유익하며 개척된 수많은 방법과 수법들중에서 효률적인것들이 다분히 응용실천에 도입되고있다. 특히 콤퓨터에 의한 언어의미분석과 문장구조해석에서 그 리용도와 효과성은 상당히 높다고 보고 있다.

그러나 변형생성문법론자들이 제기한 심층과 표층구조에 대한 언어학적해석의 방법론상착오는 똑똑히 알아야 한다.

그들은 우선 언어현상은 인간의 본질적속성으로부터 발현되는 사회적현상으로 본것이 아니라 해명할수 없는 인간의 심리적현상으로 본데로부터 언어의 본성을 해명해봐야 알수 있는 미지의 대상으로 간주한것이다. 그들은 어린이들이 5~6살만

되면 말을 다 배우고 모든 인간이 공통적으로 가지고있는 언어능력이 마치도 인간의 선천적자질 말하자면 타고난 천성적인것으로 치부하였다. 이러한 리해로부터 심층구조는 언어능력의 심리적발현으로 보게 되였으며 객관적언어체계와 동떨어진 그 어떤 정신적실체가 언어현상－언어구조에 있는것으로 생각하는데 이르렀다.

언어는 자주성, 창조성, 의식성을 가진 사회적존재인 사람에게만 고유하며 인간의 언어능력은 천성적인 본능이 아니라 인간의 본질적속성의 발현이며 사회적관계속에서 형성, 배양되는 인간의 자주적능력, 창조력의 산물이다. 때문에 언어의 본성은 사회적현상으로서의 언어현상에 있는것이지 인간의 천성적인 본능속에 내재하는 것이 결코 아니다.

언어는 철저히 그자체로서 독자적인 체계와 구조를 가지고 객관적으로 존재하는 사회적현상이다. 때문에 언어구조의 분석은 언어를 대상으로 해야 하며 인간의 심리나 본능과 같은 비언어적대상속에서 언어의 본질을 밝혀낼수 없다.

변형생성문법론자들이 최대의 목표, 전략적구상으로 담고있는 보편문법이나 핵문법도 역시 언어자체에 있는것이며 언어를 떠난 다른 현상이나 대상에서 그러한 문법을 찾을수 없다. 또한 언어에 대한 연구는 구체적인 개별언어－민족어를 토대로 하여야 한다. 그런데 그들은 개별언어는 하나의 보조적이며 부차적인 연구대상이라고 하면서 전 인류적언어－보편문법을 주요한 연구대상으로 삼고있는것이다.

언어의 실질적존재는 개별언어, 민족어이며 그것들을 통솔한 그 어떤 전 인류적언어는 지금까지 없었으며 앞으로도 있을수 없다. 왜냐하면 언어는 민족의 주요표징인 동시에 민족공동체의 창조물이기때문에 민족을 떠난 언어는 실제상 자연언어로서의 사명을 마치고 사멸되기때문이다. 다시말하여 언어에서 민족적특성과 고유성은 본질적속성이기때문에 그것이 없어지면 민족어－언어자체도 사멸된다. 이것은 곧 언어에 대한 분석에서 개별언어－민족어를 기본대상으로 하는 동시에 언어의 민족적특성을 전면적으로 분석연구하는것을 기본과제로 내세워야 한다는것을 말하여준다. 이러한 민족어를 떠난 세계적언어를 연구하거나 또 개별언어를 대상으로 하는 경우에도 그의 민족적특성을 무시하고 전인류적 언어의 보조적인 대상으로밖에 보지 않는다면 언제 가도 언어의 본질에 파고들어갈수 있는 길이 열리지 않는다는것은 명백한 리치이다.

매개 언어에 인류공동의 규칙, 구조가 나타나는것은 응당 있을수 있는 현상이다. 왜냐하면 언어는 인간의 창조물인것만큼 인간공동의 사유법칙, 론리규칙이 있고 아무리 서로 력사와 사회적환경이 다른 민족, 종족들이라 하여도 생활체험, 의식, 문화에서 련관이 있고 공통성이 있기마련이기때문이다.

이러한 인간일반에게 존재하는 공통성이 언어에 반영되면 응당 매개 언어에는 공통의 규칙과 구조가 나오게 된다.

언어연구에서 이러한 공통적인 규칙과 구조들을 연구하여 체계화하고 그것을 기준으로 매개 언어들의 대비연구와 비교—력사적연구를 진행하는것은 필요하다.

3. 심층구조의 모형화

언어의미를 분석하는데서 문장구조의 모형화가 필수적으로 제기된다. 다시말하여 문장의미이상의 언어의미를 분석하려면 그 문장이 어떤 구조의 문장인가를 먼저 알아야 하는데 그것을 알자면 그 문장을 비교해볼수 있는 원형구조의 문장틀이 있어야 한다. 어떤 문장이나 구조적틀만 알면 그 문장구조를 거기에 비교해서 생성, 해석할수 있다.

바로 그러한 원형구조의 문장틀을 문장구조모형이라고 한다. 이 원형구조의 문장틀을 대신하는것을 우리는 심층구조원리에서 찾을수 있다.

아는것처럼 인간의 창조적언어활동의 산물인 문장은 무한대하다. 문장개수는 아무리 세여나가도 또 새롭게 만들어낼수 있다는것으로부터 무한대하다고 말한다.

무한히 많은 문장이지만 그것을 류형별로 묶으면 일정한 개수의 부류로 묶을수 있는데 그 매 부류를 대표하는 문장이 원형구조의 문장들이라고 가상할수 있다.

이렇게 놓고 보면 원형구조를 출발로 하여 수많은 역시 무한대의 문장이 만들어지는것처럼 임의로 만들어진 문장은 자기 소속 문장류형을 찾은 다음 원형구조문장들에 비교하며 비교가 성립되는 원형구조만 찾으면 임의의 문장을 해석, 생성할수 있다는 결론이 나온다.

이 공정은 바로 심층구조에 변형규칙을 적용하여 무한대한 표층구조문장을 생성하는 원리와 같다고 볼수 있다.

콤퓨터에서 언어의미해석이나 여러 언어문장의 의미비교 및 번역을 실현하는 경우에 문장구조분석은 보다 더 문장구조모형을 절실히 요구하므로 심층구조원리에 의한 자연언어문장의 해석은 필수적으로 제기된다.

이러한 요구로부터 심층구조의 원리와 그 변형생성규칙을 자연언어에 도입하려면 자연언어문장에 대한 류형화작업과 매개 언어의 구조적특성을 세밀히 분석해야 한다.

조선어문장구조의 해석에서는 특히 단순문구조를 모형화하는 작업이 선차적이다. 왜냐하면 대부분의 언어와 마찬가지로 조선어는 단순문구조만 모형화하면 그 이상의 문장단위(복합문)는 그것을 기초로 능히 해석할수 있기때문이다.

이러한 관계로 조선어문장구조모형화에서 심층구조원리를 적용하려면 첫째로, 단순문구조의 표식을 모형화의 특성에 맞게 뚜렷이 갈라내야 한다. 이것은 임의로 제기된 문장이 단순문인가 아닌가를 먼저 갈라보아야 그것을 심층구조 즉 원형구조모형으로 이끌어갈수 있기때문이다.

조선어문장에서 모형구조의 특성에 맞게 단순문구조를 식별하려면 다음과 같은 기준을 세울수 있다.

① 용언이 하나만 있어야 단순문이 된다는 원칙을 보다 정밀하게 해석해야 한다.

○ 자신을 믿는 사람은 언제나 승리한다.

이것은《자신을 믿다.》,《그 사람은 승리한다.》로 갈라 진다.

○ 보람찬 개척지로 떠나갔다.

《(개척지)는 보람차다.》, 《개척지로 떠나갔다.》

② 주어나 보어에 체언이 둘이상 접속되여 나타나는 구조도 잘 갈라 보아야 한다.

○ 학습장과 연필을 새로 샀다.

《학습장을 새로 샀다.》, 《연필을 새로 샀다.》

○ 청년들이 탄전과 농촌으로 진출한다.

《탄전으로 진출한다.》, 《농촌으로 진출한다.》

③ 주어와 보어에 둘이상의 체언이 수식관계로 이어지는것도 잘 갈라주어야 한다.

○ 청년분조의 담배밭이 제일 크다.

《담배밭은 청년분조의것이다.》, 《청년분조의 담배밭이 제일 크다.》

둘째로, 단순문식별이 끝나면 원형구조를 출발로 하여 다양한 문장구조들이 이루어질수 있는 규칙이 작성되여야 한다.

마치 심층구조를 토대로 하고 변형규칙의 작용밑에 수많은 표층구조문장이 생성되는것과 같은 원리에 따라 수많은 단순문을 원형구조로 하여 언어사용에서 실현하는 다양한 문장구조들을 전제로 하는 규칙이 나와야 한다.

그 규칙은 주어－보어－술어를 머리부로 하고 거기에 덧붙은 규칙[례를 들면 주어, 명사(체언)에 붙은 관형사와 관형사적대명사 등]과 어순이 바뀌는 규칙들을 정밀하게 작성해야 한다. 이러한 규칙은 수많은 문장(본문속에 쓰인것)들을 조사하여 그로부터 얻어지는 조건들을 다 반영하여야 언어현실에 맞는 규칙과 모형이 완성될수 있다.

이처럼 심층구조와 표층구조는 의미분석을 위하여 문장구조모형작성과 문장구조해석에 리롭게 리용할수 있다.

제3절. 직접구성성분과 구구조분석

언어를 순수한 구조의 체계로 보는 구조주의언어학적방법에서는 언어구조해석의 기본핵을 결합규칙으로 보고있다. 그것은 언어란 사상을 표현하고 전달하는 물질적, 물리적현상인 음성과 문자의 복합체 즉 기호렬에 불과하므로 개별적인 기호들이 어떤 형식과 질서로 기호렬을 조합시키는가 하는 규칙을 밝혀내는것이 언어구조해석의 중심과제로 된다고 보기때문이다.

의미를 떠난 구조주의적언어분석방법에서는 사실상 어휘나 초문장단위는 의의가 없고 문장구성의 기초에 놓이는 구문 즉 단어들의 결합체가 기본연구대상으로 되였다.

구문해석에서 결합규칙을 우선시한것은 필수적인것이지만 그것을 문장 내지 언어구사의 론리－기능적출발점으로 삼는데서는 많은 문제점이 있다.

구문의미구조분석에 결합규칙의 원리를 받아들이는데서 가장 기초적으로 나서는 방법은 직접구성성분과 구구조분석이다.

1. 직접구성성분

직접구성성분(Immediate constituent－IC)분석방법은 구조주의언어학의 기둥이라고 할만큼 중시해오던 분석방법이다.

이것은 처음 불룸필드에 의하여 고안된 후 그 제자들에 의하여 구조주의언어학의 리론적기초로 내세워졌고 점차 언어구조분석전반에 도입류포되였다. 특히 미국구조주의가 현대언어학의 주류로 득세한 시기에 직접성분분석은 하나의 류행처럼 부르죠아언어학계에 파급되였다. 여기에서 주로 니다, 웰스 등이 주축을 이루었다.

이들의 주장에 의하면 언어의 본질은 그의 구조에 있는것만큼 구조를 밝히자면 반드시 순수한 구조만을 밝혀내는 방법만이 가장 과학적이라는것이다. 그러므로 이들은 직접성분분석(IC)을 구조주의언어학의 최고수단으로 삼아왔다.

문장구조를 이루는 구성성분중에서 첫 차례로 결합하는것들을 직접성분이라고 하는데 다시말하여 상위성분을 이루는 두 하위성분이 직접성분으로 된다.

직접성분이라는 개념의 도입은 문장구조를 이루는 성분들의 결합관계에서 출발점으로 되는 첫 차례에 초점을 두려는데 있다. 임의의 문장이 일정한 구조를 가지는것은 객관적이지만 그것이 첫 차례에서 어떤 성분들끼리 결합하는가에 따라 문장의 구조형식이 달라지며 따라서 성분들의 론리적련관도 달리 된다.

직접성분에 의한 문장구조의 분석에서 기본은 계층구조를 옳게 짜는것이다. 왜냐하면 직접성분은 순전히 론리적관계에 따라 문장의 이룸새를 형상하고 그것을 기초로 문장의 의미를 파악하자는것이기때문이다. 계층구조관계는 문장속에서 단어들의 련관성을 가장 직관적으로 표현한다. 결국 직접성분에 의한 문장구조분석은 계층구조관계의 해석으로 실현된다고 말할수 있다.

계층구조관계의 해석에는 두가지 방법이 있다.

하나는 우에서 본것처럼 최하위(단어)로부터 최상위(문장)로 올라가면서 계층구조관계를 해석하는 《올리방식》이 있고 반대로 문장자체로부터 출발해서 최하위에까지 내려오면서 해석하는 《내리방식》이 있다.

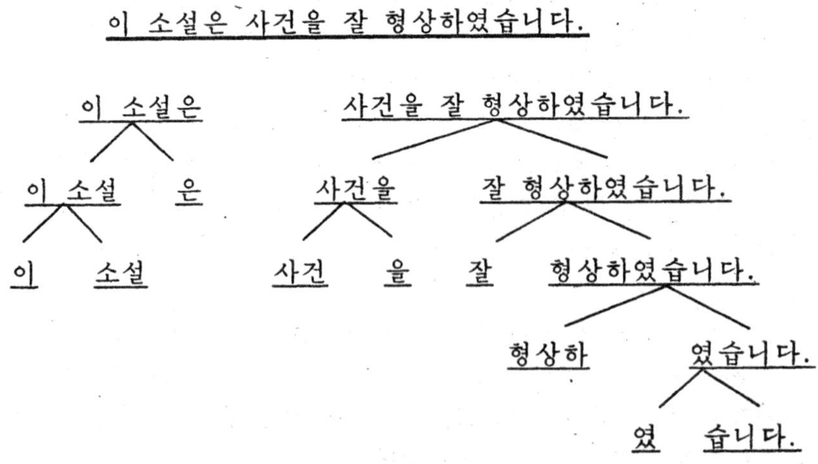

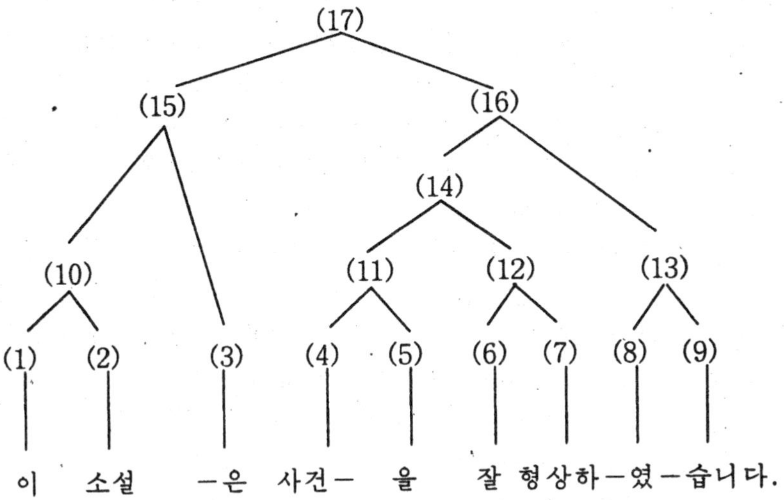

그림에서 볼수 있는것처럼 (1)～(9)까지는 성분을 이루지 못하며 그것들이 첫 단계로 성분을 이룬 (10)～(13)은 1차직접성분이다. 그리고 2차직접성분은 (14), 3차직접성분은 (15), (16)이다. (17)은 마지막구성체로서 성분을 이루지 못하지만 최상위 직접성분 즉 문장으로 된다. 이 그림을 놓고 문장구조를 반드시 이렇게 보아야 한다는 절대적기준은 찾을수 없다. 즉 (3)이 3차직접성분인 (15)에 올라가 맺어지는 관계와 (8)과 (9)가 (13)을 따로 이룬 다음 3차에 올라가 맺는 관계를 실례로 들수 있다.

이것은 도움토(주어) 《은》이 대명사 《이》까지 구성하는가 아니면 《소설》만 형태화하는가 하는 문제이고 특히 진술성을 나타내는 《－였, －습니다》가 《형상하－》의 형태인가 아니면 《사건을 잘 형상하－》의 걸림관계로 보는가 하는 문제이다. 이에 따라 문장구조는 많이 달라지는것이다.

직접성분분석방법이 언어일반에 대한 구조해석과 그 모형화에서 출발적전제를 준다는데서는 일정한 의의가 있다.

왜냐하면 인간언어의 기본형식인 문장을 구사하는데서 인간사유의 론리적과정이 곧 문장에서 단어들의 맞물림으로 실현되는것만큼 그것을 모형화 형식화하는데서는 직접성분분석이 유익한 측면을 가지고있기때문이다. 더우기 여러 언어의 비교연구나 콤퓨터에 의한 언어의미해석과 같은 극히 일반적이고 형식화된 모형화작업에서 직접성분은 응당 출발적원리로 되지 않을수 없기때문이다.

이러한 직접성분분석은 인간의 창조적사색과 자주적활동의 산물인 다양하고 복잡한 개별민족어들의 구체적인 문장구조들을 해석하는데서 근본적인 제약을 가지고있다.

우선 자연언어의 구조적모호성, 다시말하여 외적형식은 같으나 내적의미는 서로 다른것들을 분석할수 없는것이다. 이것은 바로 인간언어의 본질적속성을 이루는 자연언어의 다양성, 모호성을 직접성분분석으로는 해결할수 없다는것을 말하여준다.

○ 강아지는 까불대는 고양이의 새끼와 다투고있다.

① 까불대는→고양이 ⌉ 어느것인가
② 까불대는→새끼고양이 ⌋ 하는 모호성

○ 달린옷을 입은 두번째와 세번째 계집애가 곱게 생겼다.

① 달린옷을→두번째만 ⌉ 입었는가?
② 달린옷을→두번째와 세번째가 ⌋

○ 무지개는 고향마을 배나무골에 뿌리를 박은듯 하였다.

① 고향마을의 이름이 곧 배나무골인가?
② 고향마을에 속해 있는 배나무골인가?

○ 청년은 처녀를 정신 나가게 사랑했다.

① 정신 나가는것이 청년인가?
② 정신 나가는것이 처녀인가? 하는것 등이다.

또한 직접성분분석방법은 문장구조해석에서 매개 언어의 류형적특성에 관계없이 일반적으로 또는 주관적으로 해석함으로써 언어의 본질적특성을 분석할수 없게 한다.

○ 이 도자기가 10세기이전의것이라는 주장은 새로운데가 있다.

① [이 (도자기가)]
② [(이 도자기)가]
③ [이 (도자기가) (10세기이전의것이라는) 주장은]

○ 축구감독 겸 문지기로 활약하였다.

① [축구감독(겸) 문지기]

② [(축구감독 겸) 문지기]

③ [축구감독(겸 문지기)]

직접성분분석이 이처럼 구조주의적방법론으로부터 자연언어의 모호성이나 구체적인 개별민족어들의 고유한 특성을 원만히 해석할 수 없는데로부터 일반론적인 도식과 형식과의 방법으로 리용되는것은 극히 타당한 리치라고 본다.

그러한 의미에서 조선어문장구조의 의미론적해석을 위해서도 전형적인 전개된 단순문구조를 기준으로 모형화한 후 그로부터 변형모형을 얻어내는 방법은 효과적이라고 본다.

2. 구구조분석

구라는 술어는 전통문법에서도 많이 써오는 말이다. 문장구성의 기본단위로서 대체로 문장론적단어결합의 전개된 형태를 말하였다. 명사구, 부사구라는 형태로도 쓰고 규정어구, 술어구라는 식으로 언어마다 특성에 따라 써왔다.

구구조라고 할 때의 구도 대체로는 이와 류사하지만 보다 정밀화되고 단일화되여있다.

구는 어휘적단어결합이 아닌 문장속의 성분화된 구성단위(단순문장보다는 작다.)를 말하는데 앞에서 본 직접성분에 가깝다고 볼수 있다. 또 실제상 구의 출발적전제도 직접성분에서처럼 문장구조내에서 맨 첫 결합체로 묶이여진 구성성분을 말하기도 한다.

○ 온갖 새들이 저저마다 분주히 지저귀였다.

명사구 부사구 동사구

실례에서 보는것처럼 매개 구는 문장에서 성분화된 단위로서 직접성분에 가까운 구성체들이다.

때문에 구에서 기본표징은 성분이다. 여기로부터 구구조를 성분구조라고도 한다.

이러한 구를 단위로 하여 범주화한 다음 계층별로 묶어서 체계화한것을 구구조라고 한다. 다시말하면 직접성분분석에서 얻어진

구를 범주별로 이름을 달아가면서 최상위까지 체계화한 문장의 구조형식이다.

앞에서 실례로 든 문장구조를 구구조로 표시하면 이것을 똑똑히 알수 있다.

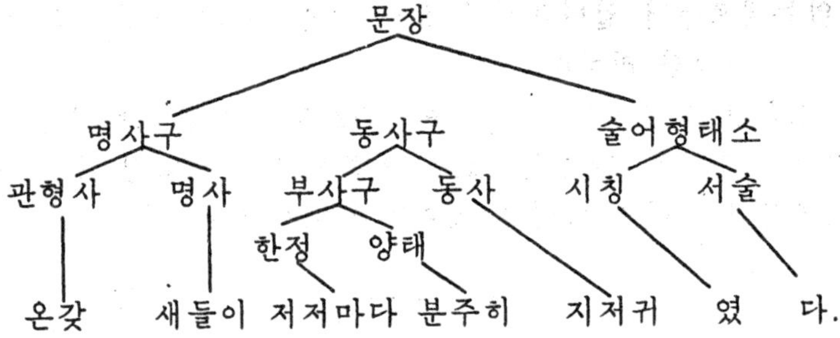

구의 명칭은 해당 구를 이루는 핵심품사를 말한다. 여기에서 명사구, 동사구, 부사구 할 때의 명사, 동사, 부사가 구의 명칭으로 된다. 그런데 명사는 오직 명사만이 아니라 수사, 대명사 등 체언이 다 포함되며 동사는 형용사를 포함한 용언이 다 해당된다. 그리고 명사구라고 해서 명사 하나만으로 이루어지는것도 아니고 명사를 핵으로 하여 덧붙는 품사들, 례하면 관형사, 규정어로 쓰이는 단위들이 다 포함된다.

구구조는 이처럼 핵심품사에 의존되여 이루어지는 범주에 따라 구를 이룬 다음 그것들이 계층관계를 맺어나간다.

이러한 구조를 그림으로 표시하기 위하여 다음과 같은 부호들을 사용하는것이 통례이다.

명사 : N

관형사 : Det

동사 : V

부사 : ADV

후치사 : P

정도 : DEG

식 : M

시칭 : TA

명사구 : NP

관형사구 : Detp

동사구 : VP

후치사구 : PP

부사구 : ADVP

양태 : MANN

서술형태 : AUX

문장 : S

구구조모형은 이러한 부호로 구구조를 형상한 도형을 말한다. 구구조모형은 기본적으로 2가지로 형식화하는것이 일반적이다. 그 하나는 나무가지식모형이고 다른 하나는 괄호식모형이다. 나무가지식모형은 앞에서 본것과 같은것이고 괄호식모형은 다음과 같이 묘사한다.

[S[NP[Det 온갖][N새][VP[ADV 저저마다][ADV 분주히][V 지저귀][AUX[TA 였][M다]]

구구조모형화에서 중시되는 방법의 하나는 X－bar리론이다. 이 방법은 초기변형생성문법의 구구조모형화리론을 더욱 발전시키기 위하여 시도된것이다. 이 방법에서 기본으로 되는것은 범주구조를 보다 정밀화하기 위하여 어휘로부터 구범주에 이르는 중간단위들을 정밀표식하여 모형구조를 묘사하는것이다.

○ 새 : N－어휘범주

온갖 새 : $\bar{N}$－중간범주($\bar{N}$를 N－bar라고 한다.)

온갖 아름다운 새 : $\bar{\bar{N}}$－명사구($\bar{\bar{N}}$를 N－wbar라고 한다.)

이와 같은 구구조분석을 형식문법으로 해석하는 원리는 다음과 같다.

형식적으로 볼 때 언어는 문장의 모임이다.

문장이란 그 언어에 속하는 하나 또는 그 이상의 기호(단어)의 렬을 말한다. 그리고 문장의 모임으로서 언어를 유한의 형태로 정의하는것이 문법이다.

구구조문법은 다음의 4개의 부분으로 이루어진다.

V_T : 종단기호의 모임, 정의하려는 언어의 기호(단어)이다.

V_N:비종단기호의 모임, 문법의 정의에 리용되는 기호들중에서 V_T를 제외한 나머지기호(표식)(어휘 V는 종단기호와 비종단기호의 합 $V=V_T U V_N$으로 정의한다.)

P : 구구조규칙의 모임, 매개의 구구조규칙은 다음의 형태로 표시된다.

즉 $\alpha \rightarrow b$

S : 개시기호, V_N의 요소이다.

이것으로부터 자연언어의 문장구조는 다음과 같이 구성할수 있다. 즉 문장은 주어와 술어로 구성되며 주어는 명사 혹은 형용사와 명사로 이루어진다. 이렇게 문장의 구조를 전체로부터 세부로 순차적으로 규정해간다.

고유명사→영호 | 철호 | 평양…

형용사→훌륭하 | 좋 | 기쁘 | …

명사→선생님 | 책 | 책상…

부사→급히 | 빨리 | …

동사→보 | 받 | 주 | …

토→ㄴ | 는 | 은 | ㅆ다 | 았다…

여기서 화살표의 왼쪽에서 쓰인 기호가 비종단기호이며 그 모임을 V_N으로 표시한다. 명사, 명사구 등의 문법적범주의 모임이다. 화살표의 오른쪽에서만 표현되는 기호가 종단기호이며 그 모임을 V_T로 표시한다. 이것은 단어의 모임이다.

간단한 조선어문장을 구구조문법으로 표시하면 다음과 같다.

문장→주어부, 술어부(S→SUB, PRED)

주어부→명사구(SUB→NP)

명사구→명사, 토(NP→N, P)

명사구→형용사구, 명사구(NP→AP, NP)

술어부→동사구(PRED→VP)

술어부→부사, 동사구(PRED→ADV, VP)

형용사구→형용사, 토(AP→A, P)

동사구→동사, 토(VP→V, P)

이와 같은 규칙을 리용하여 문장(S)으로부터 출발하여 차례로 바꾸어쓰기규칙을 적용하면 문장이 이루어진다.

즉 S⇒SUB, PRED⇒NP, PRED⇒AP, NP, PRED⇒A, P, NP, PRED⇒A, P, N, P, VP⇒A, P, N, P, V, P⇒…⇒훌륭한 선생이 왔다.

⇒는 왼쪽으로부터 오른쪽이 된다는것을 의미한다.

바꾸어쓰기규칙이 비종단기호에 적용되여 바꾸어 쓸 기호가 더는 없을 때 문장이 만들어진다. 이와 같은 분석방법으로 사용되는 것이 구구조문법이다. 또한 이것은 문장구조를 형식적으로 명백하게 한다는 의미에서 형식문법이라고도 한다.

그러면 문장론적분석에 리용할수 있는 조선어의 구구조문법을 작성하여보자.

[문법] ㄱ) S→NP, VP
ㄴ) NP→AP, NP
ㄷ) AP→A, P
ㄹ) NP→N, P
ㅁ) VP→V, P
ㅂ) A→훌륭하
ㅅ) N→선생
ㅇ) V→오
ㅈ) P→ㄴ
ㅊ) P→이
ㅋ) P→았다
ㅌ) Pro→이

이 문법규칙은 분석방법에 따라서 왼변을 오른변으로 바꾸어 쓸수 있으며 또 반대로도 리용할수 있다.

3. 구구조변형규칙

구구조변형규칙은 변형생성문법에서 구구조를 서술하는 문법을 말한다. 여기에서 서술되는 문법은 구체적인 언어의 문장을 생성하는 문법규칙이 아니라 론리적으로 구구조를 묘사하기 위한 규칙을 념두에 둔다.

구구조변형규칙은 변형생성문법의 초기리론인 표준리론(ST)으로부터 시작된것인데 여러가지 류형과 변화를 가져왔다.

그러나 가장 많이 통용되는것이 초기표준리론의 문법이며 이것을 지금에 와서는 변형생성문법의 고전처럼 다루는것만큼 그것부터 보기로 한다.

구구조표식은 앞에서 보여준 범주나 품사들에 대한 략자와 함께 문법기호들을 일정하게 약속적으로 쓴다.

즉 《다시 쓰라》는 《→》, 《직접련접》은 《−》

실례로 《모든 대학생들이 일찌기 등교하였다.》라는 문장을 구구조규칙으로 서술하면 다음과 같다.

A. 문장→명사구−동사구−서술형태소 S→NP−VP−AUX

B. 동사구→부사구−동사 VP→ADVP−V

C. 부사구→양태 ADVP→MANN

D. 서술형→시칭, 맺음형 AUX→TA−M

E. 명사구→관형사−명사 NP→Det−N

서술된 규칙을 나무가지모형으로 묘사하면 다음과 같이 된다.

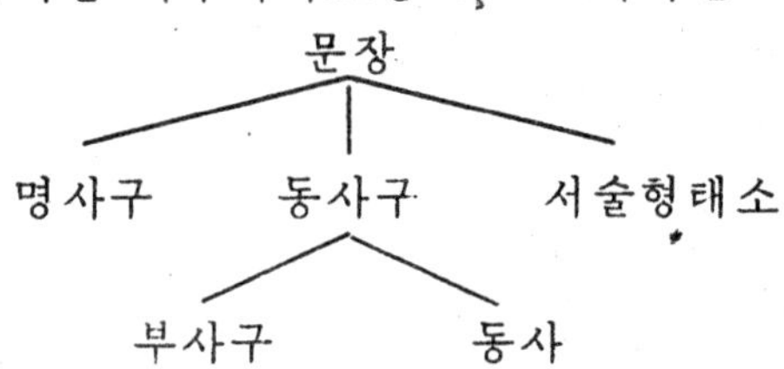

이것을 어휘삽입단계로 더 전개하면 다음과 같다.

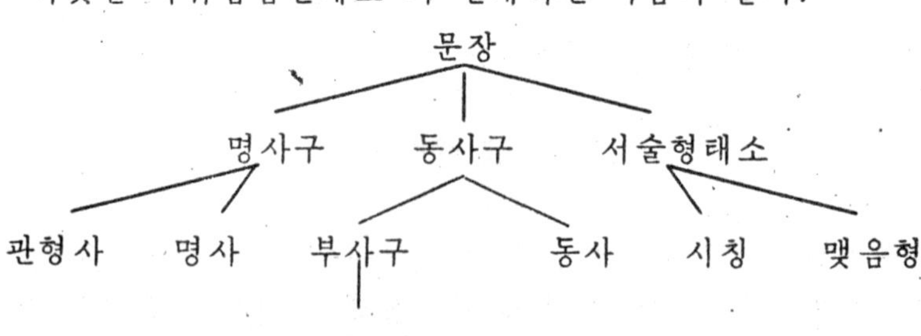

어휘삽입은 어휘삽입규칙에 의하여 이루어지는데 이것을 어휘부(Lexico)라고 하여 사전(어휘목록)과 어휘삽입규칙으로 이루어진다.

사전의 실례는 다음과 같다.

모든 [Det] 남김없이

대학생 [N] 고등교육을 받는 학생

등교하 [V] 학교에 나오다.

일찌기 [ADV] 정한 시간보다 빨리

였 [TA] 과거완료

다 [M] 맺음형

여기에서 알아야 할것은 구구조문법의 어휘부에 속하는 사전은 3요소로 구성된다는것이다. 즉 실질어휘명, 품사, 의미이다. 의미는 이 사전의 특성에 맞게 주석을 약속적으로 제시한다.

어휘삽입규칙이란 바로 이러한 사전에서 뜻풀이에 해당되는 어휘명을 고르고 품사(문법범주)를 대조한 다음 그 어휘를 골라 나무가지모형이나 기타 구구조규칙에 서술된 개소에 그것을 끼워넣는 질서를 말한다.

가령 우에서 실례로 든 구구조모형에다가 사전에서 적중한 어휘를 고르기만 한다면 어휘삽입규칙에 따라 다음과 같은 류형의 문장을 얼마든지 만들어낼수 있다.

○ 《이 아이는 너무 여물었다.》

○ 《그날은 꽤 무더웠다.》

○ 《일체 통행은 완전히 금지되였다.》

변형규칙이란 심층구조를 표면구조로 고치는 문법을 말하는데 앞에서 본것처럼 구구조변형규칙은 표층구조를 서술하는 문법이라고 볼수 있다.

그것은 심층구조만으로는 다양하게 실현되는 문장구조를 서술하기 곤난하다는데로부터 심층구조를 서술한 구구조규칙을 다양한 표면구조로 서술하는 이른바 변형규칙이 제안되였다.

변형규칙은 초기변형생성문법의 표준리론(ST)의 중심내용의 하나를 이루는것으로서 자연언어문장생성의 위력한 수단이라고 인정되였다. 그러나 그것도 일정한 기간 허세를 보이는것으로 그치고 수정에 수정을 가하던 나머지 최근시기 생성문법에서는 변형규칙도 거의 무시하는 지경에 이르렀다. 그러나 구구조규칙을 자연언어문장생성에로 더욱 접근시켜왔다는 점에서는 변형규칙의 의의가 일정하게 남아있다고 보아야 할것이다.

변형규칙은 표면구조를 생성할 때 반드시 기저구조의 의미를 보존(유지)하는 조건속에서 서술되여야 한다.

○ 어린이들이 간첩놈을 잡았다.
간첩놈이 어린이들에게 잡혔다.

붉은기는 대오를 이끌었다.
대오는 붉은기를 뒤따랐다.

(《이끌다》와 《뒤따르다》가 구구조어휘사전에 뜻반대말로 주석되여있어야 함)

변형규칙은 다음의 3가지 방식으로 서술된다.

① 첨가－주어진 항목에 새 형태를 덧붙이는것.

② 삭제－주어진 항목에서 일정한 형태를 없애는것.

③ 대치－주어진 항목에 대등한 형태를 바꿔 넣는것.

이 세가지 방식으로 하나의 심층구조로부터 천태만상의 자연언어문장을 생성할수 있다고 가정하고있다. 그 실례를 몇가지로 보면 다음과 같다.

－첨가 : [Neg] 바람이 분다.⇒

※ 여기에서 [Neg]란 [부정]이라는 기호로서 문장을 부정문으로 만들라는 뜻이며 [⇒]는 변형규칙을 서술하라는 기호이다. 즉 《바람이 안 분다. 바람이 불지 않는다.》로 표면구조문장을 생성할수 있는데 이때 부정형 《안》이 첨가됐다. 물론 《바람이 없다.》, 《바람이 잔다.》로 생성할수도 있는데 이것은 부정문도 아니고 첨가방식도 아니기때문에 요구에 맞지 않는다.

－삭제 및 대치:[Q] 혁명가를 부른다.⇒

※ 여기에서 [Q]는 의문문을 서술하라는 기호이다.

○ 혁명가를 부르는가?

○ 혁명가를 부르니?

○ 혁명가를 부르느냐?

보는것처럼 서술적형태 《－ㄴ다》가 삭제되고 《－ㄴ가, －니, －느냐》 등으로 바꾸어 지는 문장구조가 이루어졌다.

이처럼 심층구조를 서술한 구구조규칙을 표면구조의 문장으로 생성시키기 위한 서술방식을 변형규칙이라고 하며 여기에 적용되는 방식은 주어진 항목에 따라 각기 달리 적용된다.

변형규칙에는 몇가지 류형이 있다. 그것을 어순바꾸기, 줄이기, 덧붙이기규칙이라고 하여 3가지 기본류형으로 갈라본다.

① 어순바꾸기－심층구조를 이룬 문장의 어순을 움직여 변형구조를 이룸으로써 표층구조문장을 생성하는것을 말한다.

○ 콤퓨터가 언어를 번역한다.⇒
언어는 콤퓨터가 번역한다.

② 줄이기－변형구조를 생성하면서 심층구조에 있던 일부 요소들을 축약하는것을 말한다.

○ 엄지닭은 자기의 새끼들을 자기의 품에 안는다.⇒
엄지닭은 병아리들을 품에 안는다.

○ [명령] 자기의 유치원에 가다.⇒¢유치원에 가라.

③ 덧붙이기－새로운 항목을 더 넣어 심층구조의 문장을 표층구조로 변형시키면서 감정, 의지 등을 강조하는것을 말한다.

○ [확인] 렬차가 정시로 출발한다.⇒렬차가 정시로 출발하는가? 모르겠군.

변형규칙을 서술하는 방법은 구구조서술방법과 좀 다르게 진행된다. 기호와 표식은 기본적으로 같으나 서술형식을 달리하고있다.

실례로 심층구조문장으로부터 출발하여 표층구조문장을 생성할 때 변형규칙을 서술하는 방법을 보면 다음과 같다.

○ [Neg] 영희가 노래를 불렀다.⇒영희가 노래를 부르지 않았다.

[Neg]－NP－V－AUX…구구조

$$\left.\begin{matrix} X & V & X \\ 1 & 2 & 3 \end{matrix}\right) \cdots \text{변형서술}$$

1 2+지 아니하3…변경구조

○ 고양이가 강아지를 물었다.⇒강아지가 고양이에게 물리였다.

NP－NP－V－AUX … 구구조

NP－NP－V X
1 2 3 4 …변형서술

2 1+에3+기 4 …변형구조

이러한 서술방법은 실질적인 어휘와 형태부들의 변형까지를 다 표시할수 있다는 점에서 일정하게 쓸모있는것으로 여겨졌으나 변형생성리론의 수정과정에 별로 인기없는것으로 여겨지게 되였다.

제4절. 격구조

1. 격문법

의미구조해석에서 문장구조부분과 의미부분을 결합시켜 고찰하면서 나온것이 격구조이다. 앞에서 고찰한 심층구조와 출발점은 같다고 볼수 있으나 격구조에서는 의미부분을 두드러지게 인정하면서 그것을 문장의 내면격과 표면격의 관계로 고찰하는 립장을 취하였다. 따라서 격구조에서는 내면구조가 변형에 의하여 표면구조로 전개되는 과정이 곧 의미생성으로 된다. 이러한 규칙을 격문법이라고 하는데 생성의미론과 함께 이것은 현대의미론에서 매우 관심을 모으고있는 분야이다.

격구조와 격문법에 대한 리해를 바로 가지자면 앞에서 론의된 심층구조와 표층구조와는 다른 립장에서 내면구조와 표면구조 그리고 내면격과 표면격에 대한 인식을 생성의미론의 관점에서 알아야 한다.

격구조에서 내면구조란 순수한 의미부분이고 그 의미부분을 표현전달하기 위하여 리용되는 음성체가 표면구조이다. 그런데 이것을 구태여 《구조》라고 하는것은 바로 의미생성과 전달을 가능케 하는 규칙으로서의 《문법규칙》이 《내면》과 《표면》을 다 지배하기때문이다.

내면구조와 표면구조설을 전개하는데서 가장 선차적으로 나서는 문제는 내면구조가 과연 언어현상인가 다시말해서 내면구조라는것이 존재하기는 하는가, 그렇다면 그것이 언어학의 연구대상인가 하는 문제이다. 왜냐하면 내면구조란 음성으로 발화되기 이전단계의 현상이거나 과정인데 언어는 반드시 음성화(글자화)되여야만 객관적실체로 인정되기때문이다.(이때에 《속대사》와 같은 잠정언어는 다른 문제이다.)

격문법에서는 내면구조는 현실로 존재하지는 않으나 인간에게 그러한 구조생성장치와 능력이 있으며 따라서 그것을 도출해내면 그것이 곧 언어적의미구조로 된다고 보고있다. 언어에 내재하는 규칙을 생득적으로 보는 이러한 관념론적립장에서 해석하는 격문법의 방법론은 의미구조자체가 가시화하기 어려운 비물질적현상인것만큼 내면구조설정자체는 의미해석에서 불가피한것이라고 본데서 나온것이다. 그것은 인간언어(자연언어)에서 고유한 속성인 모호성과 다의성이 언어행위와 언어교제에서 혼란이나 부담을 주는것이 아니라 오히려 표현력을 더해주는데서 충분히 설명된다.

실례로 《큰 사람이 연단에 나서다.》라는 문장에서 《큰》은 《키가 크다.》, 《직위가 높다.》, 《학술, 예술 등의 권위가 높다.(큰 학자)》 등으로 해석될수도 있으나 교제과정에는 이러한 모호성의 혼란이 오는것이 아니라 오히려 《키가 190㎝인 사람》 등등 보다 더 표현적효과가 보장된다.

이처럼 모호성, 다의성을 초월하여 언어행위가 자연스럽게 이루어지는것은 언어교제대상들인 말하는 사람과 듣는 사람의 지식과 문맥장면과 언어환경에 기초하여 진행되기때문이다.

이러한 지식구조를 결국 격문법에서는 내면구조, 내면격이라고 보았다.

그러한 기성의 지식 즉 내면구조가 론리-의미적으로 해석되려면 문장을 이루는 실질의미와 관계의미에서 다같이 분석되여야 한다.

실례로 어휘적실질의미구조의 분석을 보면 다음과 같다

○ 큰 사람이 연단에 나섰다.

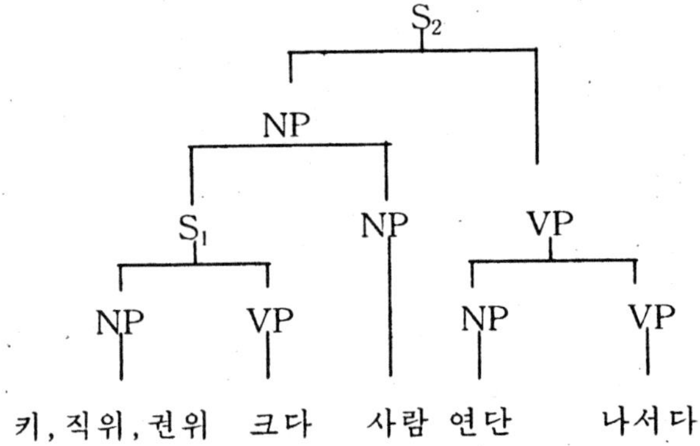

이 구조에서 기본은 S_1이 먼저 내면구조로 해석됨으로써 적중한 의미선택을 실현할수 있게 한다.

이처럼 내면구조는 서로 같은 표면구조에 대해서도 서로 다른 의미로 표현전달될 때 볼수 있는 그러한 지식구조이다. 물론 단일한 표면구조에 같은 의미로 의사소통이 일치될 때의 바로 그 지식도 내면구조에 따른것이다.

한 민족어안에서는 물론 여러 언어들사이에도 《번역》과 의사교환이 가능하다는것은 바로 천태만상의 표면구조의 밑에 놓인 내면구조가 인간사유와 보편적인식으로부터 형성되는 사회적인 의식의 한 형태라는것을 보여준다. 다시말하여 사람마다, 지방마다, 민족과 나라마다 말과 글은 달리해도 자주적인 의식과 창조적인 활동에 의하여 얻어지는 지식에는 보편적인 론리구조와 체계가 있기때문에 표면구조는 결국 지식을 표현전달하는 《신호체계》에 불과하고 그안에 담겨진 지식은 내면구조로 존재한다고 보아야 한다.

내면구조는 보통 나무가지모형으로 도형화하는데 이것은 여러 측면에서 합리적이고 유익하다.

바로 이 나무가지모형으로 내면구조를 도형화하는 규칙이 격문법이며 그 규칙의 수단과 수법을 《격》이라고 한다. 이것을 특수한 서술방식이라고 하는데 그것은 전통문법의 서술방식이나 술어로써는 표현하기 곤난하다.

이처럼 내면구조의 문법을 격문법이라고 하고 그 문법규칙의 실체를 《격》이라고 하는만큼 격구조를 전통문법과 다른 방식으로 서술하기 위하여 제안된것이 나무가지모형화이다.

격구조의 나무가지모형에 대한 일반도형을 보면 다음과 같다.

주어 : NP→S(←S)

직접보어 : NP→VP(←VP)

간접보어 : NP→S(←S)

술어 : VP→S(←S)

본동사 : V→VP(←VP)

문장 : S

관계 : →

지배 : ←

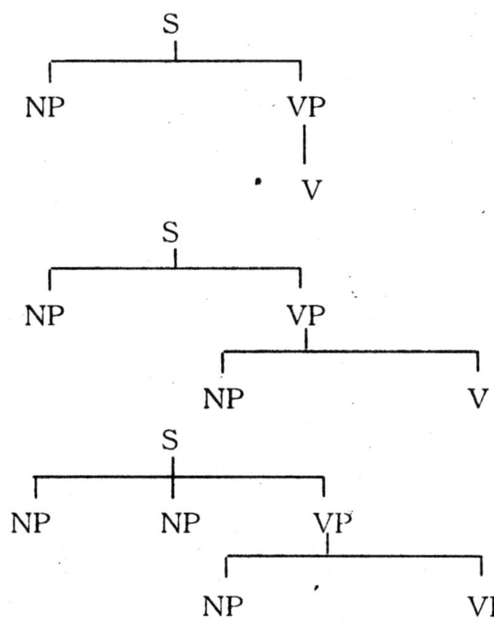

이 도식은 실제에 있어서 내면구조의 모형이 아니라 표면구조 도형으로 인식하게 된다. 그것은 내면구조는 본질상 의미구조이기 때문에 문법적형태를 갖춘 자연언어문장구조로 형상되지 않기때문이다.

그러나 내면구조가 사람의 머리속에 보편적으로 생성되는 추상적인 의미구조체이기때문에 그 모형을 해석하거나 형상할 때에는 기성의 문법적형태와 자연언어문장구조로 표현하지 않을 수 없다.

이 도형을 통하여 알수 있는것은 내면구조를 원시구조로 하여 표면구조로 변형되는 과정에 격형태를 갖추면서 의미—문법적인 문장구조가 생성된다는것을 알수 있다.

2. 내면격과 표면격

격문법의 체계속에서 내면구조와 표면구조는 언어형상으로 표현되지 않은 지식구조와 언어표현으로 나타난 표면상태의 구조를 의미한다고 하는것은 결국 문장구조해석 특히 구문해석에서 두가지 문제를 시사해준다.

그 첫째는 구문상에서 표현되는 관계적의미가 바로 격문법의 대상으로 된다는것이고 둘째는 관계적의미구조가운데서 의미—기능적련관과 구조—기능적련관이 격의미에서는 따로 갈라진다는것이다.

첫번째의 문제인 관계적의미가 곧 격문법의 대상으로 된다는것은 우리 말의 경우 격토를 비롯한 토의미구조가 그대로 격문법의 대상으로 된다고 보아야 한다는것을 밝혀준다.

두번째 문제는 의미—기능적결합관계를 나타내는 의미는 내면격구조를 이루고 구조—기능적결합관계를 나타내는 의미는 표면격구조를 이룬다고 보아야 한다는것을 밝혀준다.

그러면 내면격과 표면격의 구체적인 내용과 차이는 무엇인가?

△ 내면격

구문의미의 관계적결합구조바탕에 놓이는 의미구조를 말하는데 이것은 결국 표면구조에 상대하여 보다 추상화된 의미이다. 즉 어휘의미들을 결합규칙에 따라 련결시켜 의미－기능적전일체로서의 구문의미를 만들어주는 구조가 바로 내면구조이다. 내면의미구조는 언어표현자체로서는 형태화되지도 않고 지각되지도 않는다는 점에서 표면구조와 크게 구별된다. 내면구조가 형태화되지도 지각되지도 않는것만큼 그것을 표현할수도 전달할수도 없다. 여기로부터 내면의미구조를 형태화하여 언어형상으로 전환시키는 격문법의 표면구조를 리용하게 된다. 그러나 내면격자체도 가시화할수 없는 내면구조로서는 표현할 가능성이 주어 지지 않으므로 표면구조상에서 서술하게 된다.

내면격의 가장 본질적인 기능은 인간언어구사의 능력을 담보해주는것이다. 다시말하여 인간의 구문생성능력에서 내면격은 주요한 역할을 수행한다. 자연언어의 제한된 단어와 문법적수단을 가지고 무한대의 문장을 만들수 있는것은 인간이 축적한 지식과 론리적사유에 기초하여 언어행위를 진행하도록 내적인 언어구사규칙의 한 형태로서의 내면격이 작용하기때문이다.

《사람은 자기 주위에서 벌어지는 생활, 자신이 체험하는 생활로부터 출발하여 일정한 사상감정을 축적한 다음에야 말하게 된다. 정상적으로 사고하고 행동하는 사람들은 이러한 론리에 맞게 말하는데 익숙되여있기때문에 말할 때에 언어행위의 론리적과정에 대하여 특별히 주의를 돌리지 않는다. 그러나 사람들은 누구나 자기 말이 사실에도 맞고 리치상으로도 어긋나지 않으며 도덕관념에도 부합되는것임을 납득시키기 위하여 머리를 쓴다.》

언어행위의 론리적과정에 대하여 별로 주의를 돌리지 않고도 사람들이 정확히 문장구사를 하는것은 체험하고 축적한 지식과 익숙된 언어생활론리가 있기때문이며 이러한 익숙되고 습관된 언어행위의 론리적과정을 지배하는것이 문장생성규칙이다. 이 규칙의 주요한 구성부분의 하나가 내면격이다.

내면격은 형식상 언어형태로 로출되지 않으나 사람들은 그것을 알고쓰는 여기에 언어구사의 고유한 특성과 우월성이 있다.

내면격의 또 하나의 주요한 기능은 구문의미의 다의성을 표면구조로 충분하게 실현시키는것이다.

내면구조가 언어의식형태의것이라면 표면구조는 물질적형태 즉 어음복합체 또는 글자렬로 나타난다. 때문에 이 량자간에는 불일치현상이 있기마련이다.

한 형태의 다의미현상, 한 의미의 다기능현상이 그 대표적실례이다.

자연언어에서 하나의 형태가 여러가지 의미를 표현하거나 하나의 의미가 여러가지 기능을 수행하는것은 그 형태와 의미에 그러한 기능이 잠재해있어서가 아니라 그러한 형태의 뒤에 기초적으로 그러한 다양한 의미와 기능을 발현할수 있는 내면구조가 있기때문이다.

실례로 우리 말에서 속격토 《의》는 매우 다양한 의미를 표현하는데 결코 그 다양한 의미내용을 토 《의》가 다 가지고있는것은 결코 아니다. 토 《의》는 《소유, 속성》과 같은 의미를 가지고있는것으로서 전통문법에서는 《속격토》라고 하면서 그 이상의 의미는 부여하지 않는것으로 규정하였다. 말하자면 토 《의》는 표면격으로서는 소유, 속성의 의미를 가진다.

그러나 실제로 문장속에서는 그것이 참으로 다양하고 미세한 의미를 나타내며 따라서 수많은 의미구조를 가진 구문을 생성시킨다.

○ 이 책은 녀류작가의 작품이다.

①—이 책은 녀류작가가 쓴 작품이다.

②—이 책은 녀류작가를 형상한 작품이다.

③—이 책은 녀류작가가 보관했던 작품이다.

아래의 세개 문장대신에 우의 기본문장 하나로 언어교제가 실현되는것은 토 《의》의 내면구조에 아래의 《…가》, 《…를》, 《…가》라는 의미를 포함하고있고 이것이 로출되지 않아도 사람은 론리—의미적으로 그것을 인식파악하기때문이다.

그 해석공정은 다음과 같다.

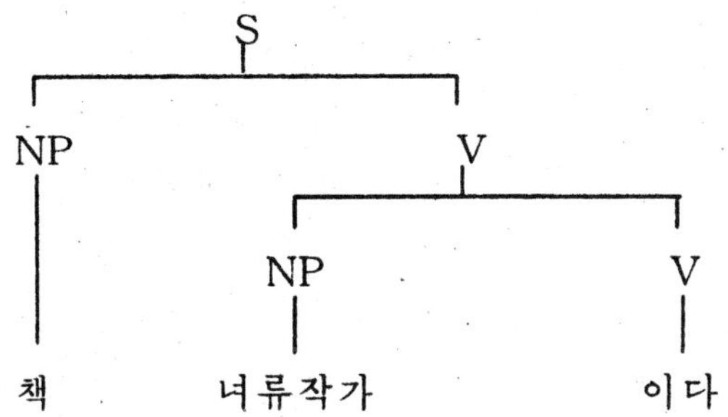

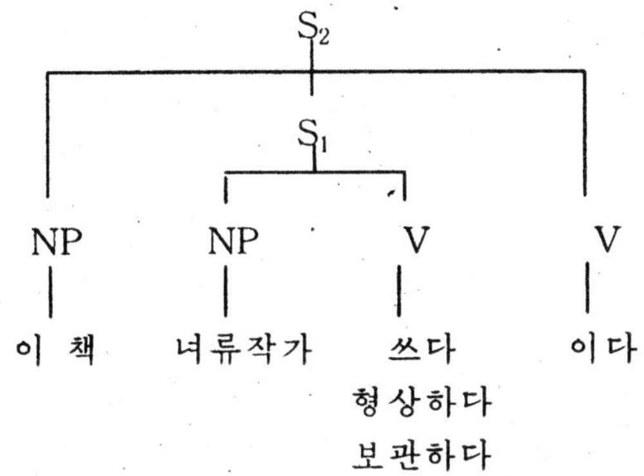

단순구조를 가진 첫 구조모형이 보다 복잡하고 다양한 두번째 구조모형으로 확대될수 있은것은 결코 첫 구조모형자체의 기능에 의한것이 아니다.

그것은 다만 내면구조에서 《S_1》을 표면구조에로 변형시킬수 있는 격문법 즉 내면격의 기능이 작용하기때문이다.

△ 표면격

격구조자체만을 놓고 보면 언어의식형태인 내면격이 물질적형태로 전환한것이 표면격이라고 보아야 할것이다. 다시말하여 내면구조를 물질적인 어음적외피로 실현시킬 때 얻어진 상관관계가 표면격이다.

구문구조에서 표면격은 구조－기능적상관관계의 의미만을 표면구조라고 하고 의미－기능적부분은 내면구조로 보는것만큼 사실상 엄밀한 의미에서 표면격은 내면격으로는 표현할수 없는 부분까지 다 포함하고있다.

례를 들면 우리 말에서 도움토나 양태성을 표현하는 일련의 경우에는 내면격으로서는 표현할수 없는것이므로 전적으로 표면격에 속한다. 때문에 표면구조는 내면구조에 의하여 표현하는 필수적인 의미요소를 다 포괄하면서도 거기에 첨가되는 보충적의미까지 표현한다.

표면구조의 기능은 우선 내면구조가 지닌 의미－기능적상관관계를 언어화 즉 물질적어음현상으로 실현시키는 역할을 한다.

내면구조를 물질화, 언어화한것이 곧 표면구조라고 할 때 그것은 두가지 의미를 가진다.

그 하나는 정보론적으로 내면구조의미를 표현하는것이고 다른 하나는 언어표현적기능에 따라 다양하게 형상하거나 묘사하는 것이다.

정보론적으로 내면구조를 표면구조로 전달하는 경우에는 의미－구조적상관관계를 파괴함이 없이 언어로 옮기는것이고 다양하게 표현전달하는 경우는 그 구조를 달리하게 된다.

△ 정보론적표면구조

○ 제강소에서는 강철생산전투를 힘있게 벌린다.

《－에서는》－행동의 주체[명사, 도움토]

《－를》－행동의 대상[명사, 대격토]

《－힘 있게》－행동의양상[부사]

《－벌린다》－행동[동사]

이것은 본질상 《제강소에서 강철을 많이 생산한다.》는 정보를 정상구조의 의미—기능적상관관계로 표현한것이다.

즉 {제강소에서는 [강철생산전투를 (힘있게 벌린다.)]}

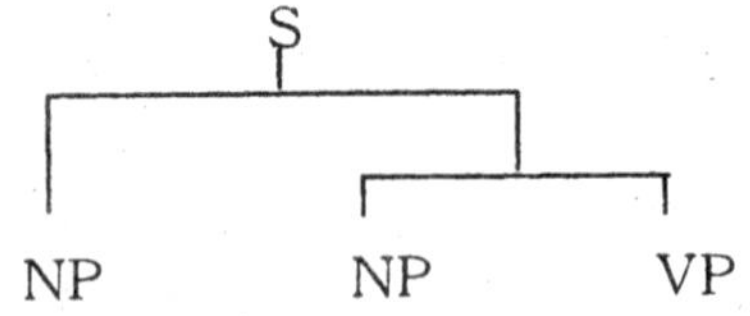

△ 형상적표면구조

○ 철의 도시 밤하늘에 붉은 눈이 내린다.

같은 정보적내용 즉 《강철을 많이 생산한다.》의 의미적내용을 형상적으로 표현한 문장이다.

물론 론리-의미적으로 볼 때 《붉은 눈》(흰 눈이 아니다.), 《철의 도시 밤하늘에 눈이 내린다.》(눈이 하늘에서 땅으로 내리는것이 아니다.)와 같은것은 형상적표현효과를 위해 쓴것이므로 관계구조에서는 론의할 문제가 아니다.

이러한 문장구조의 상관관계를 보면 역시 표면구조로서의 정상모형을 이룬다.

{(붉은 눈이)[(철의 도시) 밤하늘에](내린다)}

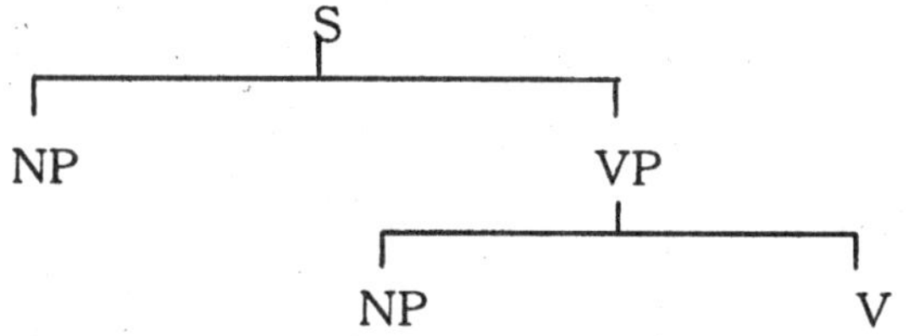

표면격이 구문의미생성에서 노는 또 하나의 중요한 기능은 내면구조로써는 표현할수 없는 추가적인 의미를 표현할수 있게 하는것이다.

표면격의 이러한 기능은 주로 도움토, 일부 존칭, 계칭, 양태성의 표현에서 나타난다.

이러한 첨가적의미는 내면격으로는 표현할수 없고 또 기본의미구조에 변화를 주는것은 아니지만 그렇다고 무시할수 있는 의미구조는 아니다.

오히려 진술성에서 현실과의 관계표현에 절실한 의의를 가진다.

표면격은 이러한 첨가적의미를 표현함으로써 언어교제의 구조-기능적역할을 담보한다.

3. 격의 류형

격의 분류원칙을 의미-기능적상관관계로 보는가 아니면 구조-기능적상관관계로 보는가에 따라 내면격과 표면격으로 갈라진다.

그런데 내면격은 언어로 형식화되지 않으므로 그것을 언어화한 것은 표면격으로 나타난다.

격은 본질상 내면격을 가리키는것이지만 표면격으로밖에 실현될수 없으므로 류형적으로 볼 때 내면격과 표면격을 따로 갈라 표현하기는 어렵다. 다만 첨가적의미격은 순수한 표면격이라고 말할수 있지만 그밖의 기본격들은 다 내면격을 표면격으로 표현하였다고 보아야 할것이다.

격의 류형에서 가장 절실한 문제는 격의 본질이나 성격보다도 리론-실천적으로 어느 정도 격의 수를 세분화시키는가 하는것이다.

그것은 격의 분류기준은 객관세계의 사물현상의 련관관계와 분화 그리고 론리-의미적상관관계가 기본으로 되기때문에 그 수를 얼마든지 늘여서 세분할수 있기때문이다.

이 문제해결에서 기본은 격의 분류목적이 구문의미의 모형화를 실현하여 자연언어의 리해와 처리를 편리하게 효률적으로 하자는데 있는것만큼 그 수를 실천적요구에 맞게 정하는것이다.

지금까지의 연구결과를 보면 35~40정도의 격을 한정하고 분류하는것이 합리적이라고 발표되고있다.

(1) 행동-대상격: 행동에 관계되는 대상을 나타내는 격류형들이다.

① 주격-행동, 상태, 성질의 주체로 이루어진 대상을 나타내는 의미단위

○ 붉은기가 휘날린다.(운동주격)
○ 만경대는 아름답다.(상태주격)
○ 고래는 동물이다.(속성주격)

② 대격-행동을 일으키는데 관계되는 대상을 나타내는 의미단위

○ 선생님은 신문을 읽으신다. (직접대격)
○ 학생이 선생님께 신문을 드리였다. (간접대격)

③ 장소격-운동이 일어나는 장소와 위치를 가리키는 대상을 나타내는 의미단위

○ 경기장에서 집단체조가 진행된다.

○ 리기주의에 원인이 있다.

○ 순희에게서 그 말이 나왔다.

④ 시간격－행동이 진행되는 시간을 가리키는 대상을 나타내는 의미단위

○ 새벽에 총소리가 멎었다.

○ 처녀는 밤낮으로 웃어댔다.

○ 시험은 오늘 친다.

⑤ 방향격－행동의 방향으로 되는 대상을 나타내는 의미단위

○ 세계의 시선은 평양쪽으로 쏠렸다.

○ 서북쪽에서 찬바람이 불어왔다.

○ 가슴속에서 분노가 솟구쳤다.

⑥ 목표격－행동의 목표로 되는 구체적대상을 나타내는 의미단위

○ 유격대원들은 조국으로 진군하였다.

○ 어뢰정은 적함으로 육박하였다.

○ 제비는 자기 둥지로 다시 날아왔다.

⑦ 출발격－행동의 출발점을 가리키는 대상을 나타내는 의미단위

○ 여름을 난 제비는 자기 보금자리를 떠나가버렸다.

○ 갑자기 머리속에서 좋은 생각이 떠올랐다.

○ 지배인한테서 전화가 왔다.

⑧ 도착격－행동의 도착점으로 되는 대상을 나타내는 의미단위

○ 원산까지 승용차로 갔다.

○ 연구소에 새 과제가 내려왔다.

○ 심장속에 뿌리내렸다.

⑨ 수단격－행동의 수단으로 되는 대상을 나타내는 의미단위

○ 콤퓨터로 문장을 번역하였다.

○ 합성고무로 차바퀴를 만들었다.

○ 일심단결의 위력으로 적들을 타승하였다.

⑩ 자격격－행동에 관계하는 대상의 자격을 나타내는 의미단위

○ 청년동맹비서로 사업하였다.

○ 항구도시는 수도의 관문으로 되였다.

○ 머슴군으로부터 장령으로 자라났다.

⑪ 정량격—행동의 량을 한정하는데 관계되는 대상을 나타내는 의미단위

○ 하루에 100리를 달렸다.

○ 한번에 두알씩 식전에 먹는다.

○ 제대군인 500명이 진출하여왔다.

⑫ 원인격—행동의 원인으로 되는 대상, 현상을 나타내는 의미단위

○ 미제의 고립압살책동으로 우리는 《고난의 행군》을 하지 않으면 안되였다.

○ 감기때문에 결석하였다.

○ 발파소리에 모두 펄쩍 뛰였다.

⑬ 목적격—행동의 목적과 관계되는 대상을 나타내는 의미단위

○ 혁명동지를 위하여 피를 바쳤다.

○ 산토끼 잡으려다 집토끼 놓친다.

○ 이달안으로 끝낼 심산으로 걸싸게 내밀었다.

⑭ 양식격—행동의 양식으로 되는 대상을 나타내는 의미단위

○ 이미전부터 준마처녀로 혁신하였다.

○ 그 선수는 언제나 쳐넣기로 많은 점수를 올린다.

○ 대표단은 비행기로 왔다.

(2) 대상—련관격: 대상과 대상사이의 어떤 련관을 나타내는 의미단위

① 대비격—두 대상이상사이에 이루어지는 대비관계를 나타내는 의미단위

○ 강낭떡이 황금덩이보다 낫다는 옛말이야.

○ 먹물같이 캄캄한 밤이였다.

○ 장맛이 이전과 다르다.

② 라렬격—대상, 현상들을 동등한 자격으로 라렬하는 의미단위

○ 하늘, 땅, 바다를 철벽으로 지켜선다.

○ 콩이요, 팥이요 따지고들것이 있나.

○ 첫째도 둘째도 셋째도 학습이다.

③ 상대격—두 대상이상이 서로 맞서는 관계를 나타내는 의미단위

○ 네가 하나면 나는 열이야.

○ 고양이앞에 쥐신세라고 하더구만.

○ 병주고 약주는 식의 기만술책이였다.

④ 동반격—두 대상이 동반하는 관계를 나타내는 의미단위

○ 길영조영웅처럼 자폭용사가 될 결의를 다졌다.

○ 해병들의 위훈은 조국과 더불어 영생하리라.

○ 처녀의 얼굴은 사과알같이 빨갛게 익었다.

⑤ 대등격—두 대상이 서로 대등한 관계임을 나타내는 의미단위

○ 비가 오나 눈이 오나 가야 할 혁명의 길

○ 낫 놓고 기윽자도 모른다.

⑥ 제시격—특정의 대상을 앞에 제시하여 강조를 나타내는 의미단위

○ 조국, 그것은 어버이장군님의 품이다.

○ 언어란 인간교제의 수단이다.

○ 봄, 봄 참으로 좋은 계절이다.

⑦ 전환격—하나의 대상이 다른 대상으로 전환됨을 나타내는 의미단위

○ 비전향장기수들은 신념과 의지의 화신으로 떠받들리고 있다.

○ 삽시에 내리던 비가 눈으로 변하였다.

○ 승냥이가 양으로 변하지 않는다.

⑧ 지향격—희망이나 지향하는 대상을 나타내는 의미단위

○ 혁명적인 지식인으로 혁명화, 애국주의화한다.

○ 어서 커서 박사가 되여라.

(3) 속성격:사물, 현상의 상태와 성질, 속성을 나타내는 의미

단위

① 상태격－사물, 현상의 주어 진 상태를 나타내는 의미단위

○ 칠보산은 언제 봐도 아름답다.

○ 경축야회장은 사람바다를 이루었다.

○ 수술을 한뒤 몸상태는 깨끗합니까?

② 속성격－사물, 현상의 속성을 나타내는 의미단위

○ 아름다운 칠보산은 언제 봐도 싫지 않다.

○ 우리 말의 우수성과 고유성을 적극 살려나가야 한다.

○ 괴상한 짐승이 나타나 사람을 해친다는 전설이 있는 곳이다.

③ 되풀이격－상태나 속성의 특성을 강조하여 되풀이하는 의미단위

○ 삭주, 구성은 산 넘어 먼 륙천리

○ 아득히 펼쳐진 열두삼천리벌에 두루미떼 난다.

○ 밝고 밝은 아침해살이 산야에 퍼지였다.

④ 대치격－성질이 서로 대립됨을 나타내는 의미단위

○ 크고 단 참외가 어디 있나.

○ 약은 쓰더라도 삼켜야 한다.

○ 조용하면서도 결패있는 청년이였다.

(4) 행동격 : 행동자체의 상태나 과정을 나타내는 의미단위(행동은 주로 본동사로서 격을 지배하여 대상격에로 넘어간다.)

① 행동대상격－행동자체가 대상화됨을 나타내는 의미단위

○ 밭 갈고 씨 뿌리며 살아왔다.

○ 춤 추고 노래하며 즐기였다.

○ 보고 보고 또 봐도 싫지 않다.

② 행동분리격－행동이 엇갈라 짐을 나타내는 의미단위

○ 죽으나사나 해놓고 보자.

○ 먹든말든 상관하지 않는다.

○ 앉았다섰다 안절부절 못하였다.

③ 행동상태격－행동의 과정이나 성질자체를 나타내는 의미단위

○ 강성대국건설을 다그친다.

○ 언어생활에서 주체성, 민족성을 살려나간다.

○ 비가 오고 눈이 내리면서 바람이 분다.

(5) 양상격: 구문에서 보충적으로 첨가되는 의미로서 .주로 표면격으로만 나타난다.

실례로 강조격, 양보격, 가정격, 포함격, 한정격 등과 같은것들이 있다.

제5장. 문맥의미구조

제1절. 문맥의미에 대한 일반적리해

1. 문맥의미의 개념과 특성

문맥의미란 언어교제과정에 언어수단의 선택과 리용수법,언어환경과 장면의 도움에 의하여 이루어지는 언어의미이다. 다시말하여 구조적체계로서의 단어나 문법적수단, 수법들이 구체적인 언어환경과 장면의 제약속에서 적중하고 론리성있게 선택리용될 때 형성전달되는 정보적내용을 문맥의미라고 한다. 여기로부터 현대의미론에서 말하는 문맥의미는 한마디로 《언어행위》의 의미이다. 언어의미의 관점에서 보면 어휘와 문장의 의미는 언어구조의 의미 즉 언어행위속에서 실현되는 의미가 아니라 구조적으로 이미 주어진(실례로 사전적어휘의미와 같은)것이라면 문맥의미는 말을 하고 글을 쓸 때 실현되는 《산 언어의미》를 말한다.

이처럼 현대의미론에서 문맥의미를 《언어행위의미》 또는 《담화, 화행, 화용, 실용적의미》라고 보는것은 전통언어학에서 론의한 《문맥》의 개념을 훨씬 넓혀서 취급하고있다는것을 알수 있다.

지금까지의 언어학에서 《문맥》의 개념을 크게 두가지 방향에서 규정하였는데 그 하나는 문장들의 련결관계 또는 통합의 관계이고 다른 하나는 단어의 의미실현조건 즉 장면으로 본것이다.

문맥에 대한 첫번째 개념은 한 문장안에서 단어들의 론리적련결 즉 성분들의 맞물림관계로부터 시작하여 서로 잇달려있는 여러 문장들의 앞뒤관계까지 취급하는것인데 이때의 그 《관계》의 본질적 내용과 언어적실체는 똑똑히 밝혀지지 않았다. 다만 그 관계가 론리적련계라 하여 《통합》과 같은 범주를 설정하였지만 그것이 과연 언어구조적관계인지, 객관세계의 론리법칙의 작용인지, 아니면 그 중간의것인지는 알수 없게 되여있다.

문맥에 대한 두번째 개념은 단어의 뜻이 실현되는 언어환경이나 장면을 들고있는데 이것은 결국 문맥의 언어적단위는 단어이고 그 실체는 언어외적인 환경과 장면으로 규정한것이므로 언어학의 연구대상으로서는 불합리성이 매우 심하게 남아있다.

현대언어학에서 설정한 《문맥의미》(또는 《화행의미, 담화의미, 실용의미, 사용의미, 화용의미》라고도 부른다.)를 론할 때의 《문맥》의 개념은 지금까지의 문장련결관계나 단어의미실현조건과 같은 내용들을 포괄하면서도 기본은 언어교제시에 실현되는 구체적인 《말》과 《글》의 의미이다.

《사람들의 사상감정을 가장 구체적으로 섬세하게 드러낼수 있는것은 말이다.》(《영화예술론》, 230페지)

인간의 복잡하고 섬세한 사상감정을 충분히 표현하고 전달하는 위력한 수단으로서의 언어의 기능은 물론 언어구조와 체계에 있다. 그러나 그러한 구조와 체계를 만들어내고 그것을 활용하는것은 바로 인간의 창조적인 활동의 결과이다. 때문에 사전적으로 풍부한 어휘적의미나 구조적으로 째인 형태와 문장이 결코 언어적기능의 전부가 아니며 그것을 인간활동과정에 적중하고 창조적으로 활용할 때에만 복잡한 사상감정과 섬세한 심리정서를 드러내고 전달할수 있는것이다.

문맥의미는 바로 이 점에 주의를 돌려 설정된 폭 넓은 개념이다. 다시말하여 언어구조와 체계의 잠재적기능을 최대로 발양시켜 인간교제활동을 충족시키는데 작용하는 언어학적요인이 무엇인가 하는데 대답을 주기 위한것이다.

그러한 주되는 언어학적요인이 바로 언어적수단의 선택과 그것들의 련결방식, 그것을 조건지어주는 언어환경과 장면이다.

여기에서 언어수단의 선택과 련결수법은 언어구조와 언어규칙

(규범)에 관한것이지만 그것이 언어환경과 장면의 도움이 없이는 교제목적을 충분히 실현할수 없다. 반대로 언어장면과 환경은 객관세계(주위환경)에 대한것이지만 그것은 반드시 언어수단과 언어규칙(규범)의 제약속에서만 언어교제를 실현할수 있게 되여있다. 이러한 관계속에서 볼 때 언어수단의 선택과 언어적(문장론적)련결방식은 언어현상이 분명한 동시에 그자체로서는 문맥의미의 본질을 밝혀낼수 없으며 언어환경과 장면은 분명 언어현상은 아니지만 문맥의미의 내용구성에서 필수적인 구성요소이다.

지난 시기 언어학에서 문맥의 개념을 《잇달린 문장들의 앞뒤관계》 또는 《한 문장안에서 문장성분들의 론리적관계》라고 본것은 사실상 언어수단의 선택과 리용방식만을 고찰대상으로 삼고 그것을 제약하는 언어환경과 장면은 대상밖에 두었다.

여기로부터 지금까지 문맥에 대한 분석은 문장론적 또는 론리적분석에 치우쳐 《문맥의미》라는 개념자체도 제기될수 없었다.

문맥의미를 언어행위적의미 즉 말과 글을 통한 인간교제과정에 실현되는 정보적내용으로 분석하려면 반드시 언어환경과 장면의 영향까지를 포함한 문맥구성의 전모에 대한 해석이 진행되여야 한다.

실례로 《여기는 벌써 아침이다.》라는 문장(언어수단)이 충분한 교제목적을 실현하려면 언어장면과 환경의 도움을 받아야 한다. 그것은 충분한 교제목적이란 바로 정확한 정보적내용을 전달해야 한다는것을 의미하기때문에 언어적수단으로서의 순수 문장만으로는 그것이 불충분하기때문이다.

즉 《여기》가 어디인가, 《벌써》란 어디에 대비한것인가, 《…이다》는 말하는 사람과 듣는 사람의 관계가 어떠한가 하는데 대한 대답이 주어져야 한다.

이에 대한 대답을 보충해 주는것이 바로 언어적환경과 장면인데 그것을 하나로 묶어 《문맥》이라고 보았다.

보는것처럼 교제에 참여하는 언어, 화자, 청자와 교제환경으로서의 시간, 장소, 교제실체로서의 문맥 등에 의하여 이루어지는 의미를 문맥의미라고 하는것만큼 이것은 순수한 언어적현상이 아니다. 여기로부터 문맥의미를 전통언어학에서는 언어학의 연구대상으로 보지 않았고 따라서 지금까지 문맥의미에 대한 연구는 소홀히 되여 왔다.

물론 문맥의미의 포괄내용에 비언어적인것이 있다고 하여도 말과 글은 어데까지나 인간의 언어교제 즉 언어행위, 언어사용 내지 언어생활을 통하여 그 본질적기능이 발현되고 체계적발전이 이룩되는것만큼 언어교제자체를 언어연구밖에 내버려둘수는 없는것이다. 이것은 언어를 순수한 구조적체계로만 보는가 아니면 인간의 본질적특성과의 련관속에 보는가 하는 방법론상의 문제이다.

《언어는 인간생활의 힘있는 수단이다. 인간의 활동은 언어를 떠나서 이루어질수 없으며 사회적존재로서의 인간의 호상관계는 언어의 역할을 떠나서 생각할수 없다. 언어는 인민대중의 자주성을 실현하기 위한 투쟁에서 힘있는 무기로 된다. 말과 글이 있어야 사람들을 주체형의 인간으로 교양하는 사업도 잘할수 있고 경제와 문화, 과학과 기술을 발전시켜 자연과 사회, 인간을 주체의 요구대로 개조해나갈수 있다.》

사회적존재로서의 인간의 호상관계도 인간생활과 인간의 모든 활동도 언어를 떠나서 이루어질수 없다. 자주성, 창조성,의식성을 본질적특성으로 하는 인간의 사회적관계와 사회적운동에서 언어가 필수적으로 작용하는 기본고리는 언어교제이다.

언어교제, 그것은 말과 글이 산생되게 된 요인일뿐아니라 언어의 본질적사명이며 기능의 발현이기도 하다.

때문에 언어를 연구대상으로 하는 학문으로서의 언어과학에 있어서 언어교제를 연구분석하는것은 놓치지 말아야 할 주요한 과제의 하나이다.

언어교제를 언어학의 연구과업으로 내세우려는 시도는 오래전부터 제기되였다.

1938년 모리스가 《기호3분법》을 제기한 때로부터 이 문제가 론의되기 시작하였는데 그는 언어기호와 그의 정보전달은 문장구조, 의미구조와 함께 교제(담화)에 의하여 체계화되고 실현된다고 보았다. 이것은 그후 언어학을 문장론, 의미론외에 담화문법(화용론)으로 리론화하였다.

여기에서 문장구조는 언어기호체계에서의 순수한 기호들의 련관관계라면 의미구조는 언어기호와 그 기호가 가리키는 사물현상간의 련관관계이다. 그러나 언어교제면을 리론화한 담화문법이나 문맥의미의 구조는 언어기호－사물현상－언어사용자－언어환경을 다 포괄한 다면적관계를 나타낸다.

이러한 시도는 문맥의미를 고찰할수 있는 일정한 시초를 열어놓았으나 그후 구조주의문법에서 언어학의 연구대상을 순수한 언어기호에 국한시키고 언어는 기호의 체계이며 그밖의 언어외적인것은 언어연구에서 일체 배제함으로써 의미론과 문맥의미의 연구는 더 심화되지 못하였다.

현대언어학 특히 변형생성문법과 해석의미론, 생성의미론이 대두하면서 언어교제환경에 따르는 담화문법, 화용론 나아가서 본문언어학과 같은 분과들이 분화되였지만 이것들 역시 문맥의미의 개념을 정립하고 그에 대한 연구를 체계화하지는 못하였다.

문맥의미의 개념을 과학적으로 해명하려면 반드시 인간의 언어활동의 본질을 주체의 방법론에 기초하여 밝힘으로써 사회적현상으로서의 언어교제과정에 표현전달되는 언어적의미가 무엇인가를 찾아내야 한다.

주체의 언어리론은 언어는 인민대중의 자주성을 실현하기 위한 투쟁에서 힘있는 무기라는것을 밝히면서 자주성과 창조성,의식성을 가진 사회적존재로서의 인간의 모든 활동과 사회적관계는 언어를 통한 교제과정을 거쳐 실현된다고 보았다. 이것은 말과 글에 의한 언어교제를 떠난 인간생활, 인간활동, 인간관계란 생각할수 없다는것을 말한다.

언어교제과정에 문맥의미가 형성전달되는만큼 이때에 언어적수단의 단위가 무엇인가 하는것이 문맥의미의 본질적개념을 밝히는 출발점으로 될것이다. 다시말하여 문맥의미는 언어교제과정에 실현되는데 말과 글을 통한 인간교제의 기본언어단위를 문장으로 보는가 아니면 초문장론적단위로 보는가 하는 문제이다.

지금까지의 언어학에서 언어의 기본단위는 단어이고 언어행위의 단위는 문장이라고 보았다. 그런데 이때의 언어행위는 언어교제와 질적으로 구별되는데 그것은 언어행위의 개념은 어데까지나 음운론적구성단위 또는 론리적판단의 구성단위와 관련되는것이라면 언어교제는 언어를 통한 인간활동의 측면을 가리킨다. 때문에 언어행위는 기호적관점에서의 언어단위가 아니라 언어교제과정에 산생되는 초문장론적단위이다. 이때에 《초문장》이란 구조적단위로서의 문장을 넘어선 문단, 단락, 본문과 같은 개념으로 설명할수도 있지만 주요하게는 의미적단위로서의 론리적판단(즉 문장구조의미)이 아니라 정보적단위로서의 언어교제내용이다.

이처럼 문맥의미는 다른 언어의미단위 즉 어휘의미, 문장의미 등과 구별되는 측면이 있는데 그 표식을 요약하면 다음과 같다.

첫째, 문맥의미는 순수한 언어적수단만이 아니라 언어외적요인과 결합하여 이루어지는 의미이다.

둘째, 문맥의미는 언어체계에 내재한 의미 즉 사전적어휘의미나 문장구조의 의미와 달리 언어교제과정에 정보전달로써 실현되는 의미이다.

셋째, 문맥의미는 언어단위의 한계를 벗어난 초문장론적단위의 의미이다.

이러한 표식에 의하여 식별되는 문맥의미의 본질은 무엇인가?

그것은 인간의 자주적이며 창조적인 활동과정에 체험하고 축적한 사회적의식과 지식을 언어행위를 통하여 상대방에게 표현전달하는 언어정보의 한 형태이다. 이것은 인간의 정보전달령역에서 가장 중요하고도 기본적인 구성부분을 이룬다.

인간언어는 언어행위를 통하여 자기의 기능이 발현되는데 문맥의미는 바로 이때의 언어적기능 즉 언어교제과정에 표현, 전달, 인식되는 정보적의미이다.

사람이 말을 하거나 글을 쓸 때에는 반드시 대화상대가 정해지며 그시그시 장면과 문맥의 정황이 주어진다. 이 모든것에 대한 정확한 론리적판단과 인식에 기초하여 말을 하고 글을 쓸 때에만 이야기하려고 하는 의도와 사상이 정확하고 충분하게 표현되고 전달된다.

언어행위의 이러한 리치와 공정을 축적된 지식으로 터득하고있는 인간은 언어교제시에 거의 습관화된 형식으로 말을 하고 글을 쓴다.

결국 언어교제의 환경과 글의 문맥에서 이루어지는 언어의미는 인간의 이러한 사회적의식과 지식의 총화에 의한 결과물이다.

사람은 누구나 말을 할 때 상대방에게 자기 의사를 납득시키기 위하여 애쓴다. 이를 위해 청자가 누구이며 어떤 사회적관계와 지식, 년령, 취미, 감정정서를 가진 사람인가를 파악하고 말할 때의 장면마다 조성되는 정황을 파악하고 그에 적합한 문맥을 꾸며 이야기하려는 내용을 표현서술한다.

이것은 문맥의미가 단순히 언어적체계와 구조에 내재하는 의미가 아니라 구체적인 정황속에서 사람이 말을 하고 글을 쓸 때에 언어수단을 리용하여 표현하고 전달하는 사상과 감정, 지식의 총화라는것을 보여준다.

이러한 리해에서 볼 때 문맥의미는 다음과 같은 특성을 가진다.

첫째로, 문맥의미는 개별적이며 개성적인 구체적의미이다. 다른 언어의미는 일반적이며 사회적인 추상적의미이다. 어휘적, 문법적, 문장론적의미들은 지시적의미이거나 관계적의미로 주어지는데 그것은 사회적으로 공통된 인식에 기초하여 민족어사용자모두가 꼭같이 리해하고 파악하는 의미이다.

그러나 문맥의미는 구체적으로 누가(필자), 언제, 어디에서 어떤 정황과 장면에 따라 누구에게 말할 때 전달되고 리해한 개별적이며 구체적인 의미이다.

때문에 문맥의미는 단의적인 구조를 가진다. 단의성을 상실하면 그것은 문맥의미를 파괴시킨다. 왜냐하면 언어교제에서 다의성은 모호성으로 되기때문이다. 다시말하여 다의성을 가진 문맥의미구조는 언어교제의 기능을 저하시키며 따라서 정보전달의 소음을 산생시키기때문이다. 문맥의미가 완전한 단의성구조를 가지기 위하여서는 언어외적인 요소, 환경, 장면, 말하는 사람과 듣는 사람의 협력이 필수적으로 제기된다.

여기로부터 문맥의미가 개별적이며 구체적이라는 본성적특성은 결국 언어외적도움에 의하여 단의적의미구조를 완결하려는 속성이라고 말할수 있다.

둘째로, 문맥의미의 특성은 필자와 독자의 협력의 결과에 이루어지는 의미이다.

필자의 말과 글은 독자의 리해와 인식에 의해서만 의미전달이 실현된다. 때문에 필자는 독자를 납득시키고 리해시키기 위하여 애쓴다.

언어교제의 이 요구는 협력의 원칙에 의해서만 실현된다.

아무리 장황하고 구구하게, 《유식》하고 표현력있게 말을 하고 글을 써도 독자가 리해하지 못하거나 감흥이 없으면 그것은 언어교제의 목적을 충분히 실현할수 없고 따라서 문맥의미를 이루지 못한다. 문맥의미는 반드시 말과 글자체를 놓고 론하는것이 아니라 그것을 듣고 읽을것을 전제로 한 청자와 독자의 인식리해와 결합되여 분석해야 한다.

문맥의미의 이러한 특성은 말을 하고 글을 쓸 때 독자의 사상의식수준, 직업과 년령, 사회적관계를 필수적으로 고려해야 필자가 의도하는 정보교환과 전달의 목적과 인식교양적요구를 실현할수 있다는것을 보여준다.

문맥의미가 이처럼 필자와 독자의 협력의 원칙에서만 실현되는것이기때문에 문장구조자체만의 분석으로 문맥의미구조를 해석할수 없고 여기에 화술과 문체, 대화장면과 환경의 분석이 결합되여야 한다.

셋째로, 문맥의미는 앞뒤문맥과의 련관속에서 실현되는 방향성을 가진 의미이다.

의미의 방향성이란 의미의 정보적내용이 앞뒤언어단위(문맥)와 련관되여 해석되고 실현되는 성질을 말한다. 단어나 문장의 의미는 그 언어단위한계안에 페쇄되여 해석된다.

그러나 문맥의미는 언어적단위속에 페쇄되지 않고 흐름의 속성을 가지고 주로 앞방향으로 련쇄되여 나아가는 성질을 가진다. 이것은 정보전달의 관점에서 구정보와 신정보의 개념을 도입하여 분석하는 경우가 많다.

문맥의미가 방향성을 가지기때문에 문맥에 대한 언어적단위를 최소한 문장이라고 할 때도 있지만 그것은 상대적이다. 바로 이 상대적 성질로 해서 문맥을 초문장론적언어단위라고 하는것이다.

다시말하여 문맥의미의 언어단위를 최소한 문장으로 한정하는 경우라 하더라도 그것이 절대적이고 자립적인 단위는 못되고 앞뒤 문장과의 련관을 전제로 한다는것을 말한다.

이것은 문맥의미분석을 언어학적측면에서 진행하는 경우 문장들의 련관과 집합, 신정보와 구정보의 관계를 충분히 고려해야 한다는것을 말해준다.

2. 문맥의미리론의 발전과정

문맥의미를 연구하고 리론을 체계화한것은 1940년대부터이지만 그것이 언어학의 분과로 분화되여 정립된것은 변형생성문법단계부터라고 보아야 한다. 촘스끼의 생성문법이 대두한 1960년대이후 해석의미론과 생성의미론이 전개되면서부터 문맥의미론이 의미리론의 범주로 취급되였으며 그 이전시기에는 문맥환경에 따르는 언어교제문제를 의미론의 밖에서 고찰하였다.

여기로부터 문맥의미리론발전의 력사적경위를 고찰하는데서 1942년에 카네프의 《언어사용론》을 문맥의미연구의 시초로 볼수 있으나 이것이 곧 문맥의미론의 본격적인 연구단계라고 보기는 어렵다. 카네프는 언어학을 기술의미론과 기술문장론, 언어사용론의 구성체로 보면서 여기에서 언어사용론을 언어학의 기본분과라고 하였다. 그는 의미론과 문장론은 순수 서술언어학에 불과한것이기때문에 언어연구의 형식면에 불과한것이고 언어장면과 문맥에 따르는 언어사용의 의미현상연구가 언어구조의 내용면으로 접근할수 있는 길이라고 하였다.

이것은 언어교제문제를 연구대상으로 상정시키고 인간의 산 언어활동을 고찰하려고 한데서 문맥의미연구의 시초를 열어놓았다고 할수 있다. 그러나 그는 1938년 모리스가 제기한 언어기호－언어표현；언어표현－지시물；언어표현－지시물－언어사용자의 관계로 고찰하던 3분법(의미론, 문장론, 사용론)을 답습한데로부터 의미연구의 범주안에서 문맥의미문제를 제기할수 없었다.

그후 달스끼의 모델리론, 바－하이렐의 색인리론 등에서 언어사용리론에 언어사용장면과 문맥의 분석을 도입하는 방법을 적용함으로써 문맥의미의 뚜렷한 특성이 나타났다.

이들은 언어교제과정에 지시체를 직접 명명하는 단어외에 명사, 추상명사, 부사, 계사 등을 비롯한 많은 언어수단들이 자체로서는 지시하는 능력을 가지지 못하므로 여기에 문맥과 장면의 분석이 개입된다고 하였다.

실례로 인칭대명사 《나, 너, 우리》 등과 지시대명사 《이것, 그것, 저것》, 부사 《많이, 높이, 좀》, 시간추상명사 《지금, 래일, 옛날》, 방향추상명사 《앞, 뒤, 옆》 등은 언어장면과 문맥조건에서만 정보적의미를 가질수 있다고 보고 이때에는 반드시 《나－누구?》, 《이것－무엇?》, 《많이－얼마?》, 《래일－언제?》 등등에 대답할수 있는 문맥의미분석이 가해져야 한다고 하였다.

이것은 언어연구에서 언어체계와 단위구조에 대한 연구로 국한되였던것이 언어교제의 장면과 문맥에 대한 연구로 넓혀 문맥의미연구를 시도하였다는것을 충분히 알수 있다.

이 시기에 발생한 문맥의미연구는 언어사용론으로 체계화되여 그후에도 화용론, 본문언어학, 담화문법 등으로 분화되거나 이어지게 되였다.

1960년대말 촘스끼문법을 보강하거나 반박하려는 해석의미론, 생성의미론, 격문법이 전개되면서부터 문맥의미연구는 활발해졌고 일정한 체계로 정립되게 되였다.

그 과정을 대표적인 견해들을 통하여 보면 다음과 같다.

촘스끼는 초기표준리론에서 문장구조해석에 중점을 두면서 언어구조의 기술에만 치우치다가 1972년에 처음으로 언어기술은 마땅히 언어의미가 언어사용까지의 넓은 틀속에서 연구되여야 한다는 견해를 내놓았다. 그러나 실제적인 연구작업은 문장구조 즉 언어의 형식면을 벗어나지 못하였는데 그것은 그가 문법의 개념을 언어능력의 기술로 인식하고 언어응용의 해석은 문법밖에 두었기때문이다. 특히 촘스끼로서는 언어능력과 언어운용의 2분법을 도입하여 언어능력을 문법서술로, 언어운용을 언어사용분석으로 보았기때문에 문맥의미는 언어연구의 틀거리속에 넣는것이 응당하다고 주장하면서도 실제적인 연구수법은 도출해내지 못하였다.

이러한 태도와 방법을 그대로 제창한 카쯔는 1976년에 촘스끼식으로 《문법－능력》, 《사용－운용》의 2분체계를 받아 들인후 그것을 문맥의미연구에로 한걸음 전진시켰다.

즉 문법기술이 언어능력을 밝히는것이라고 한것은 결국 《문형》을 얻어내여 인간언어의 내재적인 문장생성장치를 탐구하는것이라고 보면서 반대로 인간이 말과 글을 사용하는 과정에 발현되는 《문》을 찾아 언어운용의 실체를 분석한다고 하였다. 이것은 촘스끼의 《문법－능력》을 《문법－능력－문형》으로, 《사용－운용》을 《사용－운용－문》으로 전진시켜 실제적인 언어장면과 문맥에서의 언어교제를 분석대상으로 고찰하였다고 본다.

여기까지는 언어교제문제를 언어연구의 대상으로 보아야 한다는 주장을 제기한데 불과하고 아직 그것을 문법의 연구분야에는 소속시키지 못하였다. 그것을 문법기술에까지 접근시킨것은 생성의미론의 절정기에서부터이다.

생성의미론의 주창자들인 로스와 라코프 등은 언어사용의 교제환경과 콘텍스트(문맥)에 의한 의미해석을 문법령역에 포함시키면서 주요하게는 심층구조에서 볼수 없는 필자, 독자, 담화, 시간, 장소 등의 요소를 담화장면의 지표로 설정하였다. 그리고 이것을 인칭, 시칭, 계칭, 지칭 등의 문법범주로 설정하였다.

이것은 이미 교제장면과 문맥에 의하여 얻어지는 정보를 문법정보로 이끌어 문맥의미의 개념과 범주를 문법화하였다는것을 뚜렷이 보여준다.

이밖에도 몬타규의 진리조건적의미론에서 의미론의 연장선우에서 언어교제의 콘텍스트의미에까지 들어가야 의미론의 결속이 이루어진다고 한것이라든가, 크레스웰이 의미론적언어사용론과 언어사용론적의미론의 개념을 도입하여 현대의미론을 체계화하려고 한것은 다 문맥의미연구를 리론적으로 정립하려는 시도들이였다.

특히 제위스가 1972년 언어사용리론을 내놓으면서 언어교제의 색인지표를 제시한것이다.

그는 언어교제의 색인지표로서 인식세계, 시간, 장소, 필자, 독자, 지시체, 앞선문맥지표 등을 설정하고 그에 기초하여 문맥의미해석을 시도하였다.

이와는 달리 그리크는 1975년에 담화의 일반원칙으로 《협동의 원칙》을 제시하면서 질, 량, 관계, 형식의 범주지표를 설정하고 언어교제에서 정보교환의 효과성을 지향하는 문맥의미론연구를 진행하였다.

이상의 연구경향과 과정을 통하여 문맥의미연구가 1940년대로부터 시도되였다가 1970년대 변형생성문법의 성행에 편승하여 활발히 전개됨으로써 언어학의 독자적인 분과들을 산생하였다는것을 알수 있다. 문맥의미론연구의 대표적분과는 언어사용론, 담화문법, 언어교제론, 본문언어학 등이다. 여기에서도 특별히 주목을 끌고있는것이 언어사용론이다.

언어사용론을 일부 실용론, 화용론, 어용론이라고 부르기도 한다. 언어사용론은 초기언어현상을 종합적으로 고찰하려면 문장론, 의미론을 기본으로 하면서도 언어활용면에 대한 연구가 심화되여야 한다는것을 주장한 기호학자들에 의하여 제창되다가 점차 언어학의 분과로 체계화되였다.

3. 문맥의미구성의 내용

문맥의미를 이루는 구성요소에는 말하는 사람과 듣는 사람, 글쓰는 사람과 읽는 사람의 사상정신상태와 의도, 감정, 사회적관계, 지성정도, 년령 등이 관계되며 다른 한편 말을 할 때의 환경과 장면,

화제의 시간과 장소 등도 포함된다. 이러한 사회적 및 생활적요소들이 문맥의미를 이루는데서 근본요인으로 작용하기때문에 문맥의미의 특성과 구조, 류형을 분석하려면 반드시 필자, 독자, 화제 등에 대한 인식을 똑바로 가져야 한다.

△ 필자와 독자

필자는 언제나 한사람이다. 그러나 독자는 한사람일수도 있고 둘 또는 여러 사람일수도 있으며 《전체》일수도 있다.

이것은 단 둘이 하는 대화, 여럿이 하는 대화와 담화, 강의, 강연, 회의 그리고 라지오, 방송, 텔레비죤방송 등과 같은 각이한 형태의 입말교제형식을 놓고 보아도 알수 있고 편지, 속보, 신문, 잡지, 도서 등의 출판물과 글말생활전반을 가지고 분석해보아도 알수 있을것이다.

언어교제형식의 이러한 특성으로부터 문맥의미의 구성요소를 찾기 위한 구체적인 분석이 있어야 한다.

문맥은 우선 입말교제와 글말교제에서 다 제기되는데 입말의 경우 문맥은 《화맥》이라고 따로 부르기도 한다. 그러나 의미분석의 원리와 방법은 별로 다를바가 없으므로 둘 다 《문맥》으로 통하여 쓰는것이 합리적이라고 보았다.

필자와 독자의 관계에서 이루어지는 의미구성요소들을 찾아 구체적으로 분석하는것이 무엇보다 중요하다.

필자는 언제나 말을 하고 글을 쓸 때 언어교제목적과 요구가 제기되는데 그것이 바로 말하려는 의도와 사상 즉 화제내용이다. 이때의 화자와 청자는 두가지 류형이 있는데 하나는 실질적인 담화시의 화자와 청자이고 다른 하나는 본문속에 등장하는 인물들의 대화상대들이다.

첫번째 류형은 주로 입말교제인데 일상언어교제, 전화대화, 강의, 강연 같은 경우이며 례외적으로 편지, 통보(알림글, 광고, 안내 등)가 있다. 이때의 교제형식은 1 : 1의 화자, 청자관계가 기본이고 청자가 대중인 경우는 비전형적인 형식이다.

이러한 류형을 주로 담화라고 통칭한다.

두번째 류형은 기본이 글말교제인데 주로 도서, 잡지, 신문 등의 출판물형식을 의미한다. 이때에 필자와 독자란 필자와 독자의 관계가 기본이고 특수한 형태로 본문속에 등장하는 인물들의 대화형식이 있다.

글말형식의 교제는 대체로 독자가 대중이며 필자란 상징적지위에 놓인다.

△ 교제환경과 담화장면

언어교제시의 환경과 장면을 흔히 언어환경, 언어장면이라고 하는데 이것을 전문으로 연구하는 학문으로 언어환경학과 담화문법이 있다.

언어환경은 화제와 주제가 언어의미로 실현될 때 언어교제를 제약하는 사회적, 시대적, 지역적인 요인들과 같은 보다 넓은 범위의 개념이라면 언어장면은 말을 하고 글을 쓸 때 구체적이며 개별적인 요인들을 나타내는 개념이다. 때문에 언어환경은 같은 조건(필자, 독자, 화제, 주제 등이 같을 때)에서 큰 변화가 없지만 언어장면은 같은 조건에서도 매우 가변적이다.

언어환경과 언어장면의 기본표식은 시공간적차이에서 나타난다. 언어환경은 공간상에서 보다 넓고 시간적으로 보다 길고 지속적이라면 언어장면은 공간상에서 상대적으로 좁고 시간적으로도 짧다. 이것은 언어행위과정을 놓고볼 때 화제(주제)단위에 하나의 언어환경이 지배한다면 언어장면은 하나의 화제에 여러번 바뀌는것으로도 알수 있다.

이로부터 문맥의미에 작용하는 언어환경은 구체적으로 필자와 독자에 대해서는 주로 그의 사상정서적립장과 수준으로, 화제(주제)에 대해서는 시대적, 지역적, 력사문화적배경으로 나타난다.

그러나 언어장면은 화자와 청자의 수시로 변화되는 감정과 의도 그리고 화제와 주제에 오르는 사건과 인물의 구체적이고 순간마다의 정황으로 나타난다.

이처럼 언어환경과 언어장면은 자기의 고유한 특성을 가지고 문맥의미조성과 표현에 작용하기때문에 어떠한 환경과 장면에서 말을 하고 글을 쓰는가 하는것은 그 말과 글의 뜻과 의도를 파악하는데서 필수불가결의것이다. 특히 말을 하고 글을 쓸 때 교제목적과

의도가 언어환경과 장면의 제약속에서 원만히 실현되며 같은 말과 글도 서로 다른 환경과 장면에서는 교제목적과 의도가 달라진다는 원리에서 볼 때 이 문제는 리론실천적으로 매우 중요한 의의를 가진다.

언어환경과 장면은 어데까지나 객관적현실세계이다. 때문에 그것이 언어의미형성에 주는 영향은 서로 다른 언어에 대하여서도 같이 작용할수 있다. 그러나 의미형성과 의미표현의 주체인 필자도 사람이고 의미를 접수하고 인식파악하는 주체인 독자도 사람인것만큼 이들의 세계관과 사상감정에 따라 같은 언어환경과 장면에서도 서로 다른 의미형성과 인식의 결과를 낳는다. 이것이 문맥의미의 민족적특성과 개성, 시대성과 지역성, 계층별 특성을 낳게 한다.

한마디로 말하여 문맥의미는 고유한 민족적특성과 개성적특성을 가지는 동시에 사회제도와 문화적배경에 따르는 시대성, 계층별 특성, 지어 지역적특성까지도 반영한다. 이것이 언어적의미로서의 문맥의미가 어휘의미, 문장의미와 구별되는 특성이다.

△ **화제와 주제**

문맥의미를 구성하는 실제적인 정보적내용 즉 객관적사실과 사건이 담화와 본문에 반영된것을 화제와 주제라고 한다. 입말교제의 경우 화제라고 하고 글말교제 특히 도서, 잡지, 신문, 문서와 같은 형식의 경우 주제라고 한다.

화제와 주제를 정보로 발생시키는것은 화제와 필자이다. 그러나 그것이 의미정보로 실현되는것은 청자와 독자이다. 시간적견지에서 볼 때 이것은 화자와 필자가 없으면 화제와 주제가 정보로 발생될수 없으며 독자가 없으면 정보전달이 이루어지지 않으므로 의미정보로 실현될수 없다.

이것은 단독적으로 알아들을수 없는 《말》을 하거나, 어렵고 까다롭게 글을 쓰면 이야기하려는 내용이 전혀 무엇인지 모르거나 그만큼 적은 정보밖에 전달할수 없는 언어교제현실을 보면 알수 있다. 누구나 다 알아들을수 있는 쉬운 말, 쉬운 글을 언어규범에 맞게 쓸데 대한 요구도 여기에 기인된것이다.

이처럼 화제와 주제는 《말거리》나 《글감》에 지나지 않으므로 그것을 문맥의미로 분석하려면 필자와 독자사이에 맺어지는 관계와 대화장면에 따라 리용되는 언어적수단과 수법의 특성이 밝혀져야 한다. 어휘표현, 문법수단, 문체론적수법과 같은 언어적수단과 수법이 전면에 제기되지만 그것은 어데까지나 문장의미해석의 테두리에서 고찰되는것이고 여기에서는 그 한계밖의 문맥의미를 초점으로 둔것만큼 사실, 사건이 진실인가, 거짓인가 하는 식별을 출발로 하는것이 기본문제로 제기된다.

화제에 대한 화자의 선택과 구상, 그를 대하는 립장과 자세가 언어적으로 어떻게 나타나는가 하는것은 언어마다 차이가 있으나 그 전체에 대한 진리치의 평가기준은 공통성을 가진다. 다시말하여 화제와 주제의 과학성과 현실성은 어데까지나 객관현실을 반영한 사건과 사실이기때문에 론리적으로 과학지식으로 평가할 때 하나의 답이 나오게 되여있다.

그러나 해당한 사건과 사실을 화제로 올리거나 주제로 선택한 화자와 필자의 립장과 자세, 그것을 언어적으로 형식화하는것은 개성적이고 개별적이다. 그리고 그렇게 가공되고 언어적으로 형식화된 사건과 사실을 듣거나 읽는 청자와 독자의 인식과 감정정서도 사람에 따라 다르다.

바로 공통의 사실과 사건에 대한 개별적이며 개성적인 사상감정이 보충된것이 소여의 담화와 본문의 문맥적의미로 나타나는것이므로 화제와 주제의 실체도 그러한 정보적내용속에서 분석되여야 한다. 담화와 본문에 직접 관계되는 정보원천은 사건과 화제에서 머물고 객관세계자체에까지는 이어지지 않는다. 그것은 객관세계의 사실과 현상이 화자나 필자의 의식에 반영된 다음 사건과 화제로 이루어지고 그것이 언어수단과 환경장면의 영향밑에 청자와 독자에게 전달되기때문이다.

그러므로 엄연하게 교제과정에 등장하는 사건과 화제는 객관세계 그자체는 아니다.

문맥의미에서 론의되는 사건과 화제 역시 이러한 측면에서의 화자와 청자사이에 전달, 표현되는 정보적내용을 말한다.

사건과 화제는 문맥의미구성에서 의미매체에 속한다고 볼수 있다. 그것은 문맥의미실체를 이루는 바탕이 바로 사건과 화제인 동시에 그자체는 아직 언어형상인것이 아니라 객관현실이 인간의식에 반영된데 불과한것이기때문이다.

언어정보론이나 의미론에서 사건과 화제는 가장 포괄적인 의미내용을 이루는데로부터 지난 시기 그것은 주로 문학의 연구대상으로 삼아왔다.

그러나 현대의미론에서 연구대상으로 하는 사건과 화제는 어떤경우에나 언어수단과 수법, 화자와 청자, 언어환경과 장면의 작용밑에 언어적의미발생의 구성요소로 고찰한다.

4. 문맥의미의 실현

문맥의미의 구성내용을 이루는 화자와 청자, 환경과 장면,화제와 주제의 유기적통일속에서 문맥의미가 실현된다. 이때에 그 어느 구성요소라도 빠지면 문맥의미는 실현되지 않는다.

그가운데서 문맥의미론의 중심적인 연구대상은 교제환경과 담화장면이다. 필자와 독자, 화제와 주제는 의미론연구의 직접적인 연구대상으로는 되지 않는다. 환경과 장면을 통칭해서 담화정황이라고 하며 문맥의미의 실현과정은 언어정황의 분석을 통하여 고찰하는것을 일반적수법으로 보고있다.

그것은 문맥실현이 필자로부터 독자를 거쳐 해당한 주제와 화제가 언어적의미로 성숙되는 기본요인이 바로 언어정황이기때문이다.

이것을 옳게 리해하자면 그 구성요소로 되는 문장들의 문법적맞물림관계도 잘 알아야 하지만 특별히 정황적맞물림관계도 잘 알아야 한다.(즉 언어정황을 잘 알아야 한다.)

문법적맞물림관계는 표면화된 언어요소(이음수단, 단어반복, 대용어사용, 끼움말과 같은 문장련결사 등)의 존재여부에 의하여 실현된다.

례: ① A : 늦었구만?

B : 뻐스가 고장났습니다. 그래서…(이음말)

A : 그랬댔구만, 다시는 늦지 않도록 하시오.(대용어)
B : 예, 알았습니다.

② A : 저 아이들은 뭘하고있습니까?
B : 저들은 롱구를 하고있습니다.(대용어－반복)

③ A : 한마디로 말하면 학생들의 야영은 제대로 진행됩니까?(끼움말)
B : 예, 학생들은 즐거운 야영생활을 하고있습니다.(같은말되풀이)

우의 례문들에서 보는바와 같이 두개의 문장군들은 각각 이음말 《그래서》, 대용어 《그랬댔구만》, 《저들은》, 같은말되풀이 《학생들은》, 끼움말 《한마디로 말하면》 등과 같은 언어적수단과 수법에 의하여 그 의미적련관관계가 쉽사리 반복된다. 이와 같이 표면화된 문장련결수단이 존재하는 경우의 문법적맞물림관계는 담화의 의미적련관관계를 쉽게 파악할수 있게 하는 직접적요인으로 된다.

그러나 표면화된 문장련결수단이 없이 즉 련결수단이 잠재해있는 조건에서 담화의 구성요소인 문장들의 의미적련관관계는 어떻게 파악할수 있겠는가?

그것은 다름아닌 언어정황에 의해서, 언어의 잠재적조건에 의해서 파악할수밖에 없는것이다.

모든 언어행위가 다 그러하지만 특히 담화는 언어정황의 영향을 민감하게 받는다. 언어정황이 주어지지 않는 담화란 있을수도 없으며 언어정황에 의거하지 않는 담화란 무의미한것이다. 언어정황이야말로 담화의 의미내용과 문장들의 기능에 영향을 주는 필수적조건이다.

그것은 언어정황이 문맥의미구성의 제반 요소들을 대신하기때문이다. 다시말하여 언어행위가 진행되는 환경, 언어생활을 둘러싸고있는 필자와 독자의 관계, 문맥의 구체적장면들을 언어단위의 의미와 기능을 통하여 현실적인것으로 확정하여주는 규정적요인이 바로 언어정황이기때문이다. 그러한 언어적조건, 현실적인 규정적요인에는 언어교제의 환경(장소, 시간, 장면 등), 화자와 청자의 보충적행위(손짓, 몸짓, 눈짓, 어조 등) 등이 속한다.

이때의 언어정황에 대한 리해는 서로 같지 않다. 어떤 견해들에서는 언어정황을 매우 포괄적인 개념으로 리해하는가 하면 다른 견해들에서는 그 폭을 좁혀 문맥에 대응시킨다. 필자는 언어정황에 언어내적조건, 언어외적조건, 문맥을 다 포괄시키며 독자는 언어적 환경에만 국한시킨다.

우리는 언어정황을 넓은 의미로 리해하면서 《문맥적정황》도 언어정황과 련관시킨다.

언어정황에 의해서 담화문에 아무런 표면화된 언어적요소,련결 수단이 없이도 담화는 순조롭게 파악된다.

○ A: 동무도 갔댔소?

B: 갔댔소.

A: 어떻던가? 재미있던가?

B: 예, 교양적의의도 크고…

이것은 영화구경하러 갔다 온 B에게 A가 물음을 제기한데 대한 반응을 보인 답변으로 된 담화이다. 이 담화의 물음—대답의 《한쪽 말》, 《대구》는 거의나 다 《불완전문》으로 되였으며 문법적요구에 충족되는 문장도 아니다. 영화관람이라는 언어정황이 없이는 이 담화의 내용도, 구조도 리해할수 없을것이다. 언어정황은 이와 같이 담화의 통신적의미를 규정하는 결정적요인으로 된다.

언어정황은 세가지 요소로 구성되여있다. ① 언어내적정황, ② 언어외적정황, ③ 문맥적정황이 그것이다.

언어내적정황이란 앞문장의 내용, 언어관습, 어휘—문법적수단과 수법의 실재 등으로써 언어행위의 현실성을 규정하는 언어적조건이다. 언어적수단과 수법의 조건이라고도 한다.

언어외적정황이란 이야기장면, 장소, 시간, 손짓과 몸시늉 및 눈짓 등 수단으로써 언어행위에 현실성을 보충해주는 언어적조건으로서 보충적조건이라고도 한다.

문맥적정황이란 앞뒤문장을 관통하는 줄거리로써 담화의 의미와 기능을 식별해주는 언어적조건으로서 문맥적조건이라고도 한다.

언어내적정황과 언어외적정황은 주로 입말에 고유한 조건이며 문맥적정황은 주로 글말에 고유한 조건인데 담화문이 글로 된 한에서는 문맥적정황(문맥적조건)도 본문의 변종인 담화문(특히 문장군으로 된 담화문)에서 중요한 언어정황으로 된다.

이상과 같은 언어정황의 구성요소들은 담화의 현실적의미를 결정하는 규정적요인이다.

○ 《불을 좀…》(《불 좀…》)

○ 《물을 좀…》(《물 좀…》)

《물음—대답》의 언어적조건으로도 이루어지지 않은 이러한 문장(단어결합문장이다.)도 그 현실적의미는 언어정황에 따라 《불을 좀 켜주시오.》로도 되며 《불을 좀 꺼주시오.》로도 된다. 말하자면 담화문의 현실적의미는 언어정황에 의하여 결정되는것이다.

○ —전화가 와요.

—나 목욕중이요.

—그래요.

이 대화에는 문법적맞물림관계는 전혀 없다. 다만 《부탁(요청)—설명(거부)—승인(리해)》의 구조로 된 언어교제의 묶음이다. 그러므로 언어정황에 의해서만 앞뒤문장의 의미적련관을 《추정》해야 하며 언어정황의 맞물림관계를 헤아려야만 한다.

이 담화는 청소중인 부인과 목욕중인 남편사이에 진행된다. 이런 정황으로 보아 첫 발언(부인의 말)에서는 《어서 전화를 받으세요.》가 잠재적으로 줄어졌다는것을 알수 있고 두번째 발언(남편의 말)에서는 《나는 지금 목욕을 하고있기때문에 전화를 받을수 없소. 당신이 받소.》로 추정할수 있으며 세번째 발언(부인의 말)에서는 《예. 내가 전화를 받지요.》라는 뜻으로 대답했다는것으로 헤아릴수 있다.

두사람의 의사소통은 훌륭히(아무런 혼란이 없이) 실현되였다. 정황의 힘은 이렇게 담화내용을 실현시켜주는 기능을 수행하였다.

언어정황은 여러가지 언어적조건으로 표현될수 있다. 그 주요한 조건은 다음과 같다.

언어교제가 이루어지는 환경은 그것대로 여러가지일수 있다. 즉 전화교환에서의 대화, 기계나 기구앞에서의 대화, 짧은 이야기토막으로 주고받는 급한 정황에서의 대화, 사고력을 집중시켜야 할 교실에서의 문답 등 다양한 조건들이 조성된 언어교제환경에서는 거기에 맞는 담화형식을 요구한다.

례컨대 전화에서는 이야기취지가 명백하고도 례절있는 대화련쇄가 필수적이고 기계나 기구를 다루는 장면에서의 대화에서는 가급적으로 짤막한 문장들이 리용되여야 하며 급한 정황의 대화에서는 최대로 간결하고도 함축된 표현들이 리용되여야 한다.

○ —게 누구 있소?

—예.

—스위치를 좀…

이 장면은 대화자에게 《전기불을 넣어 달라.》는 요구일수도 있고 《전기를 꺼달라.》는 요구일수도 있다.(현실적의미는 언어정황에 달렸다.) 손시늉이 동반되여 문장의 뜻은 더욱 명백해진다.

언어교제는 담화의 앞뒤문장구조, 정보전달방식, 단락이나 문단의 전체내용 등의 문맥적조건에 따라서도 실현된다. 이때의 문맥은 담화의 내용을 파악할수 있게 하는 힘있는 조건, 언어정황으로 된다.

○ (정보전달방식으로 된 문맥적조건의 례)

— 누가 학습당에 갔는가?(신정보—구정보)

— 학습당엔 박동무가 갔습니다.(구정보—신정보)

— 박동무외는 또 없는가?(신정보)

— 예, 없습니다.(구정보, 신정보)

이와 같이 문맥적정황은 담화의 현실적의미를 헤아릴수 있게 하는 힘있는 조건의 하나로 된다.(즉 정보내용을 정확히 실현할수 있게 한다.)

언어교제는 대화자들의 보충적인 몸동작(손짓, 몸짓, 얼굴표정, 손시늉 등)이나 어조(말소리의 길고짧음, 높낮이, 소리빛갈 등)에 의해서도 현실적의미를 파악할수 있게 한다.

담화에서의 몸동작과 어조는 보충적인 언어조건으로서 대화쌍방의 현실적의도를 잘 파악할수 있게 하는 힘있는 요인의 하나로 된다.

언어정황은 이밖에도 여러 장면으로 펼쳐지면서 대화쌍방의 담화내용을 부각케 하는데 작용하며 현실적의미를 정밀화한다.

제2절. 문맥의미의 구조

1. 진실성과 론리구조

언어교제의 주되는 목적은 말하는 사람이 말을 듣는 사람에게 자신의 의도와 사상, 자신이 보거나 체험한 사실과 사건에 대하여 정확히 표현전달하는데 있다. 이때 제기되는 기본요구는 진리성이다. 다시말하여 말과 글의 내용이 진실인가 허위인가 하는것인데 이것은 오직 문맥의미구조에서만 판별된다.

실례로 《선희선생은 뜨거운 얼음을 삼켰다.》, 《선희선생은 뜨거운 눈물을 삼켰다.》는 모두 문장구조적으로 틀린데가 없다. 즉 언어규범으로서는 《진실》이며 정확하다고 보아야 한다.

그러나 언어교제에서 첫째 문장은 성립될수 없다. 아무리 비유적으로 쓰이는 경우라고 하여도 《얼음》을 《뜨겁다》고 하지는 않기 때문이다.

그러나 두번째 문장은 《눈물》이라는 단어가 눈물자체만이 아니라 사람의 감정을 표현하는 비유적의미를 가지고 쓰이기때문에 성립될수 있다.

이처럼 언어규범적(문장구조)으로 정확한 문장이 언어교제에서 진실과 허위로 갈라지는것을 판별하려면 문장구조분석이 아닌 다른 수단과 수법이 있어야 한다. 여기로부터 우의 두 문장의 진리치를 얻기 위한 분석을 진행하려면 순수한 언어구조분석외에 론리적분석이 요구된다.

그것은 《얼음》과 《눈물》이라는 단어의 의미에는 주어져있지 않는 《차겁다》는 속성과 《감격, 슬픔》이라는 인간감정표현의 지식을 사람들이 생활과정에 터득하는것이므로 그것을 사용하는데는 기성의 지식에 기초한 론리가 작용한다.

즉 얼음은 어떤 경우에도 뜨거울수 없으나 눈물은 울음의 상징으로 된다는것, 따라서 《뜨거운 얼음》은 거짓이고 《뜨거운 눈물을 삼키다.》는 속마음으로 세게 울었다는 허위가 아니라 진실이라는 론리적판단이 얻어진다. 그러나 두번째 문장의 진리치는 문장의미로서는 성립되지만 《왜 선희선생이 뜨거운 눈물을 삼켰는가?》라는 물음에는 대답이 주어져있지 않다. 이 문장에서의 진리치는 바로 이것인데 그것을 구체적으로 보면 다음과 같다.

여기에서 《선희선생은 뜨거운 눈물을 삼켰다.》는 결국에 《선희선생은 울었다.》는 뜻인데 문맥의미구조분석리론에 의하면 《선희선생은》은 주제부 또는 전제이며 《울었다》는 진술부이면서 초점이다.

문맥의미구조로서의 초점은 확정적인 응답이거나 강조의 부분이다. 다시말해서 이 문장에서 이야기하려는 기본내용은 《울었다》이며, 이것은 《선희선생은 어찌하였는가?》라는 물음에 대한 대답으로 된다.

문장한계안에서 얻을수 있는 대답은 《울었다》이지만 실질적인 정보는 《어째서 울었는가?》라는 물음에 대한 대답이 얻어져야 확정적이고 완전한것으로 된다. 즉 《선희선생은 기뻐서/슬퍼서/아파서…울었다.》로 대답이 주어져야 한다. 이것은 문맥을 통해서만 해결된다.

○ …수술실앞 복도는 사람들로 메워졌다.

《내 피는 O(오)형입니다.》

《같은 소대원들부터 먼저 합시다.》

높이 든 팔을 흔들며 웨쳐대는 군중은 열기에 떠있었다.

선희선생은 뜨거운 눈물을 삼켰다. 그러면서도 등으로 수술실문을 힘주어 버티는것을 잊지 않았다.…

문맥을 통하여서만 《울었다(눈물을 삼켰다.)》에 대한 진실(사실)이 밝혀지게 되는 원인은 다만 언어구조적으로 분석단위가 하나의 문장단위가 아니라 여러 문장의 결합이라는데만 있지 않다.

그것은 사실자체가 《판단》의 범위를 벗어난 보다 복잡한 론리구조를 가지고있다는데 원인이 있다.

즉 《선희는 의사이다.
선희는 수술에 참가했다.
수술환자는 군인이다.
수술환자에게는 피가 요구된다.
군중은 자기 먼저 수혈해줄것을 호소한다.
군중은 흥분하였다.
선희는 울었다.》

문맥의미구조는 바로 진리인가 허위인가를 이러한 론리구조 즉 추리단계를 거쳐 해명하려는 의도에서 제기된 개념이다. 이러한 측면에서 설정된 론리구조에 따르는 문맥의미구조의 개념이 바로 주제부와 진술부, 전제와 초점이다.

주제부와 진술부, 전제와 초점은 물론 문장을 단위로 설정하는 것을 기본으로 하지만 그것은 어데까지나 분석의 기초단위를 문장으로 선택할뿐이다. 앞문장으로부터 얻어지는 문맥의미구조를 전제로 하여 뒤문장의 문맥의미구조를 분석하는 방향성의 원리를 기초로 하는것만큼 주제부, 진술부, 전제, 초점은 상대적이다.

이것은 결국 문맥의미구조를 론리구조에 따라 분석한다고 하는것은 언어단위로서는 문장을 분석대상으로 하지만 의미해석은 론리, 주로는 생활론리구조에 따라 하게 된다는것을 말하여 준다.

언어는 론리성을 주요한 속성으로 하고있기때문에 정확하고 표현성이 높은 말과 글은 언어규범에도 맞을뿐아니라 론리적으로도 째여있다.

문맥의미구조가 바로 언어교제과정에 표현전달되는 정보적내용을 밝히는것이라는 점으로부터 볼 때 론리구조를 하나의 분석수단으로 리용하는것은 응당한것이다.

론리구조에 의한 문맥의미구조설정에서 첫 공정은 생활론리에 따르는 문맥의미구조의 해석이다.

생활론리는 사회생활과정에 모든 사람들에게 공통으로 인식되고 판별되는 개념, 례를 들면 긍정과 부정, 좋은것과 나쁜것, 아름다운것과 추한것 등에 대한 론리적리해이다. 이러한 리해와 인식의 표현이 언어적으로 형식화될 때 그 형태는 언어마다 다르고 한 언어안에서도 사람마다, 문체에 따라 다르고 시대와 지역에 따라 다를수 있다. 때문에 여러가지 형태, 천태만상으로 표현하는 언어교제과정을 언어공통의 론리구조에 따라 해석하는것은 매우 합리적이고 효과적이다.

왜냐하면 문맥의미구조분석의 목적이 복잡다양한 자연언어본문의 의미를 고도로 추상화하여 보다 단순하고도 명료하게 직관화하자는데 주요한 목적이 있기때문이다.

문맥의미구조를 론리구조에 따라 해석하는 과정을 순차적으로 보면 다음과 같다.

본문을 포함한 모든 언어단위와 언어자료의 기본출발단위는 단어이다. 때문에 우선 생활론리에 따라 단어준위에서부터 진리치를 판별할수 있어야 한다.

례;1) ① (ㄱ) 어머니의 사랑은 따사롭다.(○)
(ㄴ) 따사로운 어머니의 사랑…(○)
② (ㄱ) 어머니의 사랑은 차겁다.(×)
(ㄴ) 차거운 어머니의 사랑…(×)
2) ① (ㄱ) 어머니의 눈빛은 따사롭다.(○)
(ㄴ) 따사로운 어머니의 눈빛…(○)
② (ㄱ) 어머니의 눈빛은 차겁다.(○)
(ㄴ) 차거운 어머니의 눈빛…(○)

우의 례에서 보면 1) ②는 생활론리에 완전히 맞지 않는다. 그러나 같은 구조의 문장들인 2)는 모두 가능하다. 이러한 현상은 순전히 단어들이 가지고있는 의미와 그것들이 문맥속에서 맺는 련관관계가 생활론리에 맞는가 맞지 않는가 하는데 따라 판별되는것들이다.

즉 《어머니》와 《사랑》은 《따뜻하다》와만 의미관계를 맺을수 있고 《차겁다》와는 전혀 의미결합을 할수 없다는것은 인간공통의 생활론리에 기준한것이다. 이 단어자체의 어휘적의미만으로는 이러한 인간공통의 인식이 얻어질수 없다. 왜냐하면 론리와는 달리 언어는 민족적인것이기때문이다.

《차겁다》는 단어가 《어머니의 사랑》에는 결합할수 없지만 《어머니의 눈빛》에는 결합할수 있는것은 《사랑》과 《눈빛》의 의미상 차이에도 원인이 있지만 이 두 단어의미에 대한 생활론리에 기본원인이 있다. 즉 《사랑》이 차거워지면 그것은 벌써 《사랑》이 아니지만 《눈빛》은 감정심리에 따라 변화된다는 인간심리와 생활론리가 굳어져있기때문이다.

보는것처럼 단순한 어휘적의미만이 아닌 사회적언어의식과 문화, 감정과 정서가 문맥에 작용하는것만큼 그것을 형식화할수 있는 인간공통의 생활론리에 따라 문맥의미구조를 해석하는것은 합리적이다.

론리구조의 해석원리는 단어의 한계를 벗어나 문장구조와 본문구조해석에 다같이 작용한다. 특히 앞뒤문장의 맞물림관계나 한 문장안에서 문장성분들의 론리적련관을 문맥의 한 측면으로 보는것만큼 문맥의미구조에서 론리성은 필수불가결의 속성으로 된다.

서로 잇달린 문장들의 앞뒤관계는 물론 언어적수단 즉 《그리고, 그래서, 왜냐하면, 이와 같이》 등과 같은 언어적수단이 작용하기는 하지만 그것들까지 포함하여 잇달린 모든 문장들의 앞뒤관계는 철저히 론리적관계의 지배를 받는다.

주제부와 설명부, 전제와 초점이 한 문장안에서 해석되면서도 그것이 절대성을 띠지 않고 상대적으로 해석되는것도 여기에 원인이 있다.

말을 하고 글을 쓸 때 론리성을 중시하고 그것을 옳게 구현해야 글이 째이고 문맥이 잘 통하며 전달표현하려는 사상과 의도가 정확히 실현된다. 때문에 문법규칙을 따져가며 글을 쓰는것도 중요하지만 하나의 단어와 문장, 단락과 문장이 다 자기의 의미와 내용에 맞는 론리구조를 갖추는것은 더욱 중요하다.

2. 방향성과 정보론적구조

문맥의미는 시간방향으로 흐른다. 다시말하여 문맥의미는 1차원적구조를 가지고 앞으로 나가는 성질을 가지고있다. 이러한 특성을 문맥의미의 방향성이라고 한다. 문맥의미의 방향성은 언어행위 자체의 특성으로부터 오는것이다.

아무리 복잡하고 립체성을 띤 사실이나 사건이라도 그것을 글이나 말로 표현하고 전달할 때에는 《한줄》로, 한 방향으로 흐른다.

문맥의미의 이러한 방향성은 자연히 앞선것이 뒤의것으로 되고 다른 새로운것이 앞선것으로 바뀐다. 마치 오늘이 하루 지나면 어제가 되고 래일이 오늘로 바뀌는것과 같다고 할수 있다.

이러한 방향성으로 하여 여러개의 문장이 잇달려 이루어지는 언어교제에서는 의미적으로 새로운것, 알지 못하던것이 낡은것, 아는것으로 되고 보다 새로운것이 련이어 잇달려나가는 형식을 갖추게 한다.

문맥의미에서는 방향성이 정보론적구조를 가지게 한다. 그것은 정보란 바로 모르던것을 새로이 알게 될 때 얻는 지식을 말하기때문이다.

언어를 통하여 새로운 지식을 얻는 과정이란 곧 글을 읽거나 말을 듣는 형식으로 표현된다. 그러므로 문맥의미의 방향성은 곧 언어교제과정에 실현되는 필자와 독자사이의 정보의 발생과 전달, 정보의 접수와 인식과정에 작용하게 된다.

문맥의미의 정보론적구조는 주로 구정보와 신정보의 의미구조로 이루어진다.

구정보는 앞의 문장을 통하여 소개되였거나 독자가 이미 알고 있는 사실이 새 문장에서 나올 때에 신정보에 상대하여 제시한 개념이다. 신정보는 구정보가 있는 문장에서 새롭게 소개되는 사실에 대한 개념이다. 때문에 언제나 구정보와 신정보는 시간적차원에서 상대적개념이며 언어교제가 진행되는데 따라 신정보는 구정보로 바뀐다.

론리구조에서는 대체로 구정보가 전제로, 신정보는 초점으로 된다. 때문에 언어행위에서 확정적인 대답은 신정보 또는 초점에서 얻게 된다.

어순구조에서는 구정보가 앞에, 신정보가 뒤에 오는것이 일반적현상이지만 물음에 대한 응답의 대화문에서는 그것이 거꾸로 되는 경우가 많다. 물음에 대한 대답의 중점(초점)을 강조하기 위하여 신정보를 앞어순에 놓는다.

이러한 현상은 언어일반에서 찾아볼수 있다.

문맥의미의 정보론적구조에서 구정보와 신정보에 대한 개념의 도입은 매우 조건적이다.

옹근 본문에서 정보론적의미구조는 대체로 사실과 사건에 대한 론리적련관의 구조이라면 문맥의미의 정보론적구조는 잇달린 문장들의 정보론적련관관계로 볼것이다.

하나의 문장을 놓고 구정보와 신정보의 의미구조를 해석하는것은 언어적단위를 기본으로 하여 정보적내용의 련관관계를 고찰한것이기때문에 그것은 언제나 언어수단과 수법을 통하여서만 해석할수 있다.

가령 본문에서 각이한 형태의 정보량을 구하거나 정보론적련관관계를 밝힌다고 하여도 본문에 출현하는 언어적단위들의 출현확률이나 가결합성, 사용빈도를 계산하는것으로부터 시작하는것이다.

그리고 문장에서 어순이나 생략문의 구조를 가지고 구정보, 신정보를 판별하며 대명사와 같은 지시적의미만을 가진 단어들을 출발점으로 정보추측을 하는것 등도 결국은 본문에서 의미해석을 언어수단과 수법에 의거하여서만 진행할수밖에 없다는것을 보여준다.

이러한 원리에서 구정보와 신정보, 주제와 설명의 의미구조를 해석하면 문장을 기초로 한 문맥의미해석의 틀을 얻을수 있다.

실례로 이미 알려진 사실인 《태풍》에 대한 이야기가 진행된다고 할 때 이 단어(《태풍》)는 화제에 반복출현(고빈도)하여 정보량이 작아졌으며 문장구조에서 주어로 어순의 앞자리를 차지하거나 생략되게 된다. 그러므로 여기에서 《태풍》은 언제나 구정보와 주제로 설정되고 신정보와 설명은 태풍의 발생장소, 시간, 파괴력, 피해상 등이 될것이다.

○ 태풍 13호는 우리 나라의 서해남단을 지나갔다.

○ 태풍 13호는 이달 16일 밤에 들이닥쳤다.

○ 태풍 13호는 무서운 파도와 해일을 일으켰다.

○ 태풍 13호는 부두가에 정박해놓았던 고기배들을
(구정보) 주제부 (신정보)

모조리 파괴하고 침몰시켰다.
설명부

《태풍 13호》와 관련한 화제가 끝날 때까지 그것은 구정보의 자리에 놓이지만 이것은 어데까지나 단어 《태풍 13호》에 한한것이고 실제적인 《태풍 13호》와 관련한 정보(사실, 사건)는 설명부(신정보)에 의하여 하나씩 밝혀지게 된다.

만일 이 화제에 관계없이 《부두가에 매여놓았던 고기배들은 왜 이 모양이 되였는가?》라는 물음이 제기되였다면 그때에는 《태풍 13호가 고기배들을 모조리 파괴하고 침몰시켰다.》라는 대답이 주어진다. 이때에 《태풍 13호》는 신정보의 위치로 바뀐다. 다시말해서 어순이나 문장구조에서는 별다른 변화가 없어도 정보론적관계는 급변한다.

우의 실례에서 볼수 있는것처럼 문맥의미의 정보론적구조는 새로운 사실과 지식을 주는 언어적단위가 어디에 있는가 하는것을 밝히려는 목적에서 문맥을 해석하는데 적용되는 하나의 수법이다. 때문에 구정보와 신정보, 주제부와 설명부 같은 개념에만 국한할수 없고 보다 합리적인 정보분석수단과 수법들이 제기되여야 한다.

특히 자연언어처리를 위한 언어학적방법과 언어공학적방법을 적극 연구응용하여 언어교제와 정보전달에서 소음과 여유도(군더더기)를 줄이며 보다 효률적이고 표현성있는 문맥구조를 해결하는 문제는 절실한 과제의 하나이다.

3. 선택성과 결합구조

문맥의미구조해석에서 적중한 언어단위를 선택하고 환경과 장면에 맞게 쓰는 문제는 매우 중요한 자리를 차지한다. 언어체계를 이루는 각이한 구성단위와 수법들은 그자체로서는 충분한 언어적기능을 발양하지 못한다. 오직 언어의 창조자이고 주인인 사람이 언어적수단과 수법을 지식으로 습득하고 그것을 언어교제과정에서 적중하고 능숙하게 활용할 때에만 언어체계가 무한히 풍부하고 섬세한 표현적기능과 의사교환의 사명을 다할수 있다.

이러한 측면에서 볼 때 문맥단위에서 언어습득과 언어활용능력은 매우 중요한 자리를 차지한다. 그가운데서도 적합한 언어적단위를 선택하며 환경과 장면에 맞는 단어결합, 문장, 문단을 구성하는것은 실제상 문맥의미실현의 기초공정이라고 말할수 있다.

문맥의미에서 선택성이란 해당한 문맥조건에서 오직 하나밖에 없는 가장 적중한 어휘, 표현들과 그것들의 결합가능성에 대한 성질이다.

말하는 사람과 듣는 사람의 협력에 의하여 목적한 의미정보를 발생, 전달, 접수, 인식하는데서 선택성은 구체적인 결합구조의 제약을 받는다.

이때의 결합구조란 언어규범과 언어관습에 따라 선택리용되는 언어적수단과 수법이 해당한 문맥조건에서만 이루어지는 의미구조를 말한다.

실례로 《말》이라는 단어가 《적다, 많다, 없다, 있다》 등과 결합하여 굳어진 성구적결합을 이루고 《긍정》과 《부정》의 의미를 가지게 된것은 우리 말 규범과 언어관습에 따르는것이다. 그러나 이것이 문맥조건에서 어떠한 의미구조를 이루는가 하는것을 해석하려면 보다 복잡한 분석이 가해져야 한다.

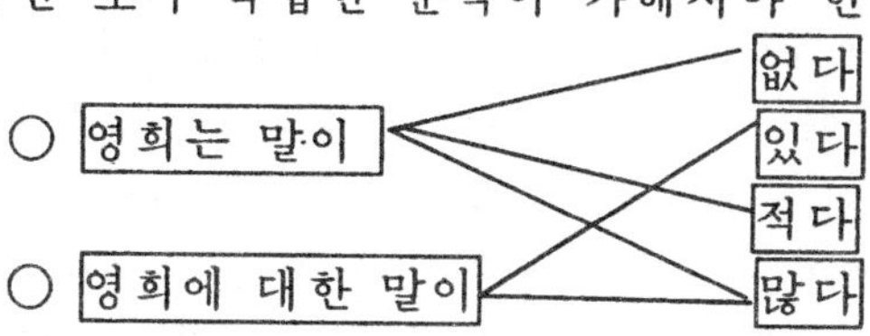

이상 두개의 주제부에 4개의 진술부를 가진 문장집합은 모두 필자이다. 그러나 진술부를 놓고 볼 때 처음의 주제부에 해당한 진술의미는 필자이고 두번째 주제부에 해당한 진술의미는 《군중》이다.

즉 영희가 복잡한 녀자(《말이 많다.》)인가, 조용한 녀자(《말이 적다.》)인가 하는것은 필자에 의해서 확정된것이고 영희에 대한 여론이 있거나 많다는것은 그 이전에 군중에 의해 평가된것이다.

이러한 관계가 선택성과 결합구조에서 어떻게 나타나는가?

우선 선택성이 미약하거나 없으면 결합관계를 이룰수는 있어도 문맥의미의 결합구조는 이룰수 없다.

우의 례에서 보는것처럼 세 문장은 영희의 품성평가를 위한 결합구조를 이루지 않는다.

○ 영희에 대한 말이 있다.

○ 영희에 대한 말이 없다.

○ 영희에 대한 말이 적다.

이 세 문장은 다른 문맥조건에서는 문맥의미의 결합구조를 가질수 있다. 즉 첫째 문장은 영희의 《혼사말》 같은것이 있다던가, 둘째 문장은 영희에 대한 소식이 없다, 셋째 문장은 영희에 대한 여론이 크게 있을것 같은데 그렇지 않다와 같은 문맥조건에서 설정될수 있다.

그러나 영희의 품성이 좋다, 나쁘다를 평가하는 문맥에서 이 세 문장은 결합구조를 이루지 못한다.

결합구조속에서도 선택성의 변종에 따라 의미구조는 달라진다.

《있다, 없다, 적다》라는 단어의 선택성은 이 문맥조건에서 한번씩이고 《많다》만은 두번이다. 그리고 긍정과 부정의 의미구조에서도 강한 긍정(《영희는 말이 없다.》)은 한번뿐이고 강한 부정(《영희는 말이 많다.》, 《영희에 대한 말이 많다.》)은 두번이며 중간형(《있다, 적다》)도 두번이다. 결국 첫번째 문장구조(《영희는 말이…》)에서는 강한 긍정과 부정, 중간형을 다 갖추었지만 두번째 문장구조(《영희에 대한 말이…》)에서는 중간형과 강한 부정이 있다. 이것은 《없다》라는 단어의 선택성이 두번째 문장의 문맥구조에서는 주어지지 않았기때문이다. 영희에 대한 여론이 있다는 전제밑에서 형성된 문맥조건이기때문에 《영희에 대한 말이 없다.》는 선택이 무의미한것이다.

선택성과 결합구조가 문맥의미구조에서 필수적이기때문에 다양한 언어교제환경과 장면에서 그것을 세밀하게 분석하는것은 매우 중요한 문제로 나선다.

특히 조선어에서 성구론적단어결합이 몇개의 격토를 중심으로 널리 발달되여있는 조건에서 정확하게 말을 하고 글을 쓰는데서 이것은 필수적요구로 나선다.

제3절. 문맥의미구조의 분석원리

1. 둘레뜻에 의한 의미분석

현대의미론에서 많이 쓰이는 둘레뜻(함의)에 대한 개념은 주로 여러 의미단위들의 련관관계를 해석하기 위하여 도입된것이다.

둘레뜻이란 가장 가까운 거리에 있는 련관된 의미단위들을 포괄적으로 나타내는 의미이다.

실례로 《형, 동생, 삼촌/옆집, 웃집, 아래집…》이라는 의미단위집합에서 첫 세 단어의 둘레뜻은 《친척》이며 다음 세 단어의 둘레뜻은 《이웃》이다.

문맥의미구조분석에서 둘레뜻에 대한 개념은 주로 의미가 현실과의 관계에서 진실인가 허위인가 하는것에서 많이 쓰인다.

앞에서 본것처럼 문맥의미가 진실인가 허위인가 하는것은 의미와 현실과의 관계에서 생활적으로 납득되고 모든 사람에게 인정되여야 한다는것을 나타내는 개념이다.

실례로 《새가 노래한다.》의 의미가 진실인가 아닌가 하는것은 《노래한다》의 의미가 《가사를 선률에 담아 소리를 내다.》이면 《새가 노래한다.》는 허위이며 《노래한다》의 의미에 《날짐승이 듣기 좋은 소리로 울다.》가 보충되면 그것은 진실이다.

이것을 의미성분화방법으로 분석하면 다음과 같다.

[짐승]—[생명체][날개][두발][네발]

[새]—[생명체][날개][두발]

[노래하다]－[가사][선률][소리]

[울다]－[슬픔][소리]

의미의 공통성분에 따르면 《짐승》은 《새》에 대하여 둘레뜻을 가지지만 《노래하다》는 《울다》에 대하여 둘레뜻이 될수 없다. 그것은 공통의미성분은 있어도 시차성분이 다르기때문이다. 의미성분분석에 따르면 《노래하다》와 《울다》사이에는 [소리]라는 시차성분이 아닌 하나의 공통성분이 있지만 둘레뜻은 이루지 못한다. 이로부터 《새가 노래한다.》는 허위라고 볼수 있다.

그러나 두 단어의 의미성분사이에 [소리]라는 하나의 공통성분이 확대되면 제한된 문맥조건 즉 비유적으로 쓰일 경우에 진실로 된다는것을 알수 있다.

이러한 실례를 통하여 볼 때 둘레뜻에서부터 진실과 허위를 갈라내려면 둘레뜻에 대한 성분분석을 진행한 다음 문맥속에서 그 성분들의 련관관계를 분석하여야 한다.

두 의미사이에 공통성분이 하나이상 있으면 련관관계는 이루어지지만 시차성분을 공통으로 가지지 않으면 둘레뜻으로 될수 없다. 시차성분이란 의미성분가운데서 가장 본질적인 특성을 가진 요소이다.

○ 손님은 아침에 죽을 먹었다.

○ 손님은 아침식사를 하였다.

두 문장의 진술부는 둘레뜻의 관계를 가진다. 즉 《아침식사를 하다.》는 《아침에 죽을 먹다.》를 포함하고있다.

이때 두번째 문장이 둘레뜻구조를 가지므로 첫번째 문장이 진실인가, 허위인가를 갈라보아야 한다. 그 방법은 첫번째 문장이 부정되여도 두번째 문장이 성립되면 그것은 진실이다.

○ 손님은 아침에 죽을 먹지 않았다.

○ 손님은 아침식사를 하였다.(진실)

이러한 분석은 설명부에서만 적용되는데 그 부분은 임의의 문장성분에 관계할수 있다.

△ －손님은 <u>2등실</u>에 들었다.

－손님은 <u>국제려관</u>에 들었다.

－손님은 2등실에 들지 않았으나 국제려관에 들었다.

△ －손님은 위스키를 마시였다.

－손님은 술을 마시였다.

－손님은 위스키를 마시지 않았으나 술을 마시였다.

△ －손님은 신문을 읽었다.

－손님은 신문을 보았다.

－손님은 신문을 읽지 않았으나 신문을 보았다.

이러한 분석방법의 정확성은 둘레뜻구조를 가진 문장을 앞에 놓고 거꾸로 하면 문맥의미도 거꾸로 되는가를 확인해보면 알수 있다.

○ 손님은 술을 마시였다.

○ 손님은 위스키를 마시였다.

○ 손님은 술을 마시지 않았으나 위스키는 마시였다.(허위)

둘레뜻에 의한 이러한 분석방법을 언어교제분석에 직접 적용하려면 둘레뜻에 대한 구조가 명확히 밝혀져야 한다.

특히 추상적인 개념을 가진 단어들을 사용하는 문맥에서 이 문제는 매우 중요하다.

실례로 《사랑하다》의 의미성분을 [귀중해 한다.], [좋아 한다.]로 보고 이 단어를 쓴 설명부를 둘레뜻을 가진것으로 인정한다면 다음과 같은 문장을 얻을수 있다.

○ 처녀는 꽃을 사랑한다.

○ 처녀는 꽃을 좋아한다.

○ 처녀는 꽃을 그리워한다.

여기서 둘레뜻을 가졌다고 보는 《처녀는 꽃을 사랑한다.》를 부정하면 나머지 두개 설명부가 허위로 되는가 하는것이다. 물론 허위는 아니며 따라서 첫 문장의 설명부가 둘레뜻구조를 가진다.

그러나 추상화된 단어들이 현실과의 관계에서 구체성을 띤 의미와 둘레뜻구조를 맺지 못한다.

○ 철수는 축구를 사랑한다.

○ 철수는 축구를 즐긴다.

○ 철수는 축구를 많이 한다.

○ 철수는 축구를 자주 한다.

우의 4개 문장에서 둘레뜻을 가진 설명부를 찾아야 한다. 그러자면 그러한 설명부를 부정하였을 때 나머지 3개 문장이 다 허위로 되여야 한다. 그러나 《축구를 사랑하지 않지만 잘한다./즐긴다/많이 한다/자주 한다》는 식으로 부정되지 않으며 따라서 허위로 되지 않는다. 이것은 《…축구를 사랑한다.》가 둘레뜻구조를 가지지 못하였다는것을 말하여준다.

이상에서 보는것처럼 둘레뜻구조의 분석은 그자체에 목적이 있는것이 아니라 의미적으로 린접된 다른 문장들과의 관계속에서 문맥의미가 진실인가, 허위인가를 식별함으로써 문맥의미의 중심 즉 초점을 밝히려는데 있다.

문맥의미분석에서 선차적과업은 물음에 대한 확정적인 대답을 주는 초점을 밝혀내는것이다. 이것을 해결하려면 초점과 전제 즉 둘레뜻구조를 가진 진술부를 해명해야 한다.

결론적으로 초점의 전제는 둘레뜻구조를 가진 진술부에 의하여 해석되며 문맥의미의 진실과 허위를 가르는 출발점이다.

2. 초점에 의한 의미분석

둘레뜻구조에 의하여 전제와 초점이 구분되며 초점이 부정되여도 전제는 부정되지 않는다. 이것은 초점이 물음에 대한 확정적대답으로 되는 동시에 정밀하고 단정적인 의미구조를 가지고있다는것을 말하여준다. 다시말하여 둘레뜻구조안에 초점이 있으며 초점의 의미구조는 의미성분적으로 보다 좁고 단순하다는것을 말하여준다.

실례로 물음에 대한 확정적대답이 《승용차》에 있다고 하자.

○ 손님은 승용차를 타고 비행장으로 나갔다.

○ 손님은 자동차를 타고 비행장으로 나갔다.

이 두 문장에서 《승용차》가 보다 확정적인 대답 즉 초점으로 되는것은 《자동차》라는 둘레뜻구역에 《승용차, 빠스, 택시, 화물자동차…》 등 여러가지가 있는 가운데서 현실적으로 리용한것이 바로 승용차이기때문이다.

그러면 이것이 초점이라는것을 어떻게 갈라보는가? 초점을 부정하여도 전제가 허위로 되지 않으면 그것은 단정 즉 초점이 분명하다.

○ 손님은 승용차를 타지 않고 자동차를 타고 비행장으로 나갔다.

이러한 원리가 작용하는것은 그것이 의미성분화분석에 기초를 둔것이기때문이다.

[자동차]—[륜전기계][운송기계][화물][사람]

[승용차]—[륜전기계][운송기계][사람][소형]

[뻐스]—[륜전기계][운송기계][사람][대형]

의미성분을 보면 《자동차》는 《승용차》에 대하여 [+화물]이라는 성분이 더 있고 《승용차》는 《뻐스》에 대하여 [소형]이라는 차이가 있다.

때문에 초점으로 된 승용차가 부정되여도 차이나는 성분이 남아있기때문에 전제가 부정되지도, 허위로 되지도 않는다.

이러한 분석에 기초해서 현대의미론에서는 다음과 같이 전제와 초점의 개념을 구분한다.

○ 손님은 승용차를 탔다. [초점]

○ 손님은 자동차를 탔다. [전제]

○ 손님은 려객자동차를 탔다. [전제]

이때에 의미성분으로서 초점은《손님은 화물자동차를 타지 않았다.》, 《손님은 뻐스를 타지 않았다.》로 좁혀지면서 결국은 승용차를 탔다는것으로 단정된다.

문장구조를 바꾸어도 전제가 부정되지 않으면 초점은 확정적인것으로 된다.

○ 손님은 승용차를 타지 않았다. [자동차]

○ 손님이 자동차를 탔는가? [자동차]

이것은 마치도 언어교제환경에서 확정적인 대답을 얻기 위해 둘레뜻으로부터 한걸음씩 초점에로 접근해가는 경우와 근사하다고 볼수 있다. 즉 전제가 부정되지 않으면 확정적인 대답이 그속에 있다는것을 믿을수 있기때문이다.

초점에 의한 분석을 심화시키려면 가상적인 질문이 선행되여야 한다.

○ 청년들이 고속도로를 건설하였다.

① [누가 고속도로를 건설하였는가?]

② [청년들이 무엇을 건설하였는가?]

질문 ①에 대한 대답은 초점으로 된다.

○ 고속도로를 누가 건설하였다. [전제]

○ [누가]는 청년들이다. [초점]

질문 ②에 대한 대답은 초점으로 된다.

○ 청년들이 무엇인가를 건설하였다. [전제]

○ [무엇]은 고속도로이다. [초점]

이처럼 언어교제에서는 질문이 달라지면 초점이 달라지고 문장구조가 달라진다. 그러나 아무리 문장구조가 바뀌고 성분이 달라지거나 일부 성분들이 생략되여도 초점만은 그냥 유지된다.

○ <u>청년들이</u> 고속도로를 건설하였다.

○ <u>청년들이</u> 그것을 건설하였다. [대명사교체]

○ <u>청년들이</u> 건설하였다. [생략]

○ <u>청년들이</u> [생략]

질문을 바꾸어 초점이 달라져도 역시 초점은 생략되지 않는다.

○ 고속도로를 청년들이 건설하였다.

○ 고속도로를 그들이 건설하였다. [대명사교체]

○ 고속도로를 건설하였다. [생략]

○ 고속도로 [생략]

이러한 변형들은 자연언어의 표면구조에 불과하기때문에 초점만을 유지하면 의미구조는 달라 지지 않는다. 의미구조의 불변성을 고수하는것이 바로 초점이라고 보기때문에 자연언어문장구조는 의미론적해석을 받아야 그 본질을 알수 있다.

변형생성문법에서는 의미해석을 문법으로 간주하면서 그것을 다음과 같이 구조화하였다.

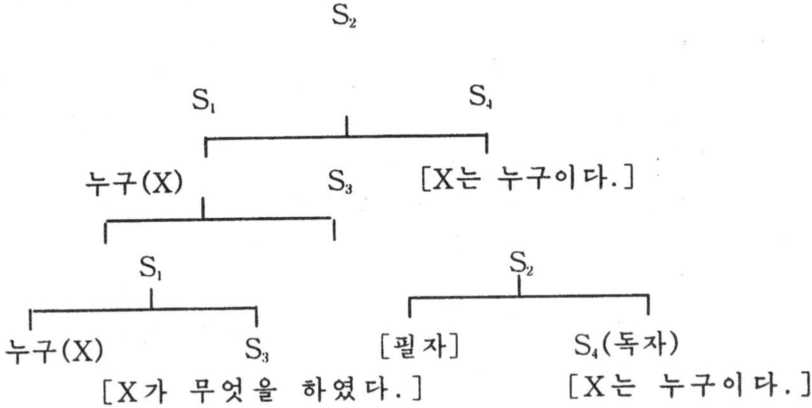

S_1－전제, S_2－초점, S_3－속박변항, S_4－선행사 [대명사] 즉 이것은 4개의 자연언어문장으로 구분된다.

S_1 : 누가 고속도로를 건설하였다.

S_3 : 고속도로를 건설하였다.

S_4 : 나는 너에게 고속도로를

S_2 : 나는 너에게 고속도로를 건설한것이 청년들이라는것을 말한다.

보는것처럼 언어교제 즉 물음과 대답에서는 전제(S_1)는 필자이며 그것은 화자가 생각하건대 독자가 이미 알고있다고 본다. S_2가 초점으로 되는것은 질문자가 바로 그것을 요구하는것이라고 보기때문이다. 전제는 초점을 ×로 숨겨놓기때문에 S_2는 S_3, S_4를 거친 후에 드러난다.

3. 신정보에 의한 의미분석

문맥속에서 문장들이 서로 잇달리는데 작용하는 정보론적규칙은 구정보와 신정보의 맞물림과 교체이다. 구정보는 대화장면에서 이미 알려져있는 사실이라면 신정보는 이야기를 듣는 사람이 제기하는 질문에 대한 확정적인 대답이거나 이야기하는 사람이 강조하려고 하는 부분이다.

구정보와 신정보를 다른 각도에서 고찰하면 전제와 초점으로 대비할수 있다.

문맥의미의 방향성의 원리에서 보면 먼저 시작된 문장에서 일부 정보가 다음문장으로 넘어가 구정보위치를 차지하고 거기에 새로운 정보가 보충되여 다음의 문장을 이루는 식으로 된다.

이때 반복되는 정보가 구정보이고 보충된 정보가 신정보로 된다. 이것은 독자를 중심으로 고찰한것이다.

필자를 중심으로 고찰한다면 주제와 설명으로 된다. 때문에 언어교제에 대한 종합적고찰은 구정보와 신정보, 전제와 초점, 주제와 설명을 다같이 분석해보아야 한다.

○ 봄비는 나무의 움을 트게 하였다.

① 무엇이 나무의 움을 트게 하였는가?

○ 봄비가 나무의 움을 트게 하였다.

봄비	나무의 움을 트게 하였다
초점	전제
신정보	구정보
주제	설명

② 봄비는 무엇의 움을 트게 하였는가?

○ 봄비는 나무의 움을 트게 하였다.

봄비	나무	움을 트게 하였다
전제	초점	전제
구정보	신정보	구정보
주제	설명	

③ 봄비는 나무의 움을 어떻게 하였는가?

○ 봄비는 나무의 움을 트게 하였다.

봄비	나무의 움을	트게 하였다
전제	전제	초점
구정보	구정보	신정보
주제	설명	

물론 주제의 단위가 고정불변한것은 아니다. 그것은 초점을 주제로 내세워 강조하는 경우이다.

○ 나무의 움은 봄비가 트게 하였다.

나무의 움	봄비가 트게 하였다
초점	전제
신정보	구정보
주제	설명

우리 말에서 어순이 상대적으로 자유롭기때문에 주제화변형이 쉽게 오면서 문체론적강조를 충분히 표현할수 있다. 주제화변형이란 초점을 강조하기 위해서 문장의 주제부를 변형시키는것인데 생성문법에서는 이것을 대범주로 인식하려고 하는 때가 많다.

문맥의미해석에서 신정보분석을 진행하려면 우선 신정보의 분포에 영향을 주는 언어적수단과 수법들에 많은 주의를 돌려야 한다.

문장구조와 어순, 문법적형태, 억양 같은 언어적수단과 수법들은 신정보분포에 크게 영향을 준다.

품사의 관점에서 보면 명사구가 구정보로 되고 동사구가 신정보로 되는 례가 많으며 문장성분의 관점에서 보면 주어부가 구정보, 술어부가 신정보로 되는 경우가 대부분이고 어순과 억양에서 구정보가 앞에 오거나 정상억양에 신정보가 뒤에 오고 강조억양을 받는다. 초점이 바뀌여 신정보를 강조하기 위해 앞의 어순에 놓일 때에는 정상어순이 아니다.

문법적형태와 단어련결의 관점에서 볼 때 명사들의 단어형태와 규정어적결합에서 신정보분포가 많이 나타난다.

○ 늙은 암고양이는 어린 강아지한테 싸움을 걸었다.
신정보 구정보 신정보 구정보

○ 늙은 암고양이는 따스한 아래목에서 낮잠을 잤다.
구정보 신정보 구정보

여기에서 고양이는 늘 강아지와 싸움 잘하거나 낮잠을 자는것으로서 알려진 사실(구정보)로 본다면 《늙은》과 《따스한 아래목》이 신정보로 된다.

문맥의미에서 신정보는 생략문에 많이 분포되며 특히 일상회화에서는 이것이 전형적형태로 나타난다.

문맥에서 성분의 생략은 전적으로 환경과 장면의 도움에 의한 것이다. 때문에 생략된 성분이 환경과 장면속에서는 쉽게 복구될수 있어야 한다.

—이 골짜기에 그 구호나무가 있니?

—예.

《이》와 《그》는 이미 알고있으며 따라서 여기에서 신정보는 《예》—즉 긍정 그자체이다.

—영화가 저녁 10시에 방영된다던가?

—9시 45분.

이때에는 오직 정확한 시간만이 신정보로 된다.

—여기서 소형발전소건설장까지 멉니까?

—한 10리 될가?

—아니, 멀지 않아요.

—한 40분 걸립니다.

이러한 경우에도 오직 거리에 대한 정보만이 신정보로 된다.

일반적으로 구정보와 신정보에 의한 문맥의미의 정보론적분석에서 대명사의 지위가 매우 중요하다. 그것은 동일한 정보와 그 지시에 대하여 대명사로 표현하는것이 언어교제 특히 대화에서 매우 발달되여있기때문이다.

조선어에서도 대명사의 분포확률이 다른 품사에 비하여 특별히 높고 대명사의 대부분이 고빈도어휘층에 속하는데서 그것을 충분히 알수 있다.

특히 《우리》, 《이》, 《그》를 비롯한 인칭 및 지시대명사는 회화어나 글말에서 다같이 많이 쓰이며 그것은 전반적어휘출현확률에서 최고빈도률을 가진다.

정보전달에서 대명사의 적극적쓰임은 구정보를 극력 간략화하고 신정보에 언어표현을 집중하려는 정보론적요구로부터 더욱더 적극화되고있다. 사람이름, 지명, 고유한 대상이름들을 잇달린 문장에서 반복해쓰지 않고 《그》, 《그곳》, 《그것》 등으로 표현하거나 대상, 현상에 대한 지시가 앞문장들에서 이미 주제화되여 반복되는 경우 《그의 본질》, 《그의 특성》, 《그의 류형》, 《그의 해독성》 등으로 구정보를 간략화하는것은 정보론적문맥구조분석에서 중시해야 할 문제이다.

제4절. 담화문의 분석

1. 담화문의 언어적형식

담화문이란 입말체형식의 본문이다. 본문에서 담화문은 대화형식으로 서술된 류형을 기본으로 하고있다.(본문분석에 대하여서는 필자가 도서 《언어정보론》에서 서술하였으므로 여기에서는 담화문에 대해서만 다룬다.)

담화문은 자기의 고유한 형식을 가진다.

그 주되는 리유는 민족어마다 력사적으로 형성, 계승발전된 회화체의 언어적형식이 있기때문이다. 매개 언어의 회화체는 많은것들이 일반적인 문장구조와 다를뿐아니라 표현과 언어단위에서도 독특한것들이 적지 않다.

담화문이 글말본문과 차이나는 특수한 형식을 가지는 다른 하나의 리유는 구체적이며 일정한 언어정황속에서 이루어지는 언어단위이기때문이다.

앞에서 본것처럼 필자와 독자의 호상협력의 원칙에 따라 구체적인 시간, 장소, 전후관계를 충분히 인식한 조건에서 이야기가 펼쳐지는만큼 여기에서는 간략, 비약이 많고 비언어적수단과 수법의 도움이 작용한다.

회화체와 언어환경의 전제밑에 이루어지는 담화문에 대한 연구에서 기본은 담화환경의 제약과 도움으로부터 산생되는 본문구조이다. 회화체문제는 따로 연구되여야 할 문제이다.

담화문의 기본형식은 두개이상의 언어행위의 단위들로 이루어진 의미－기능적통일체라는것이다. 그것은 한 방향으로 흐르는 서술형식의 의미－기능적인 통일체와 구별된다. 단독적인 문장과 구별되는 담화문은 모든 본문과 마찬가지로 지향성과 방향성을 기본표식으로 하고 하나의 목적지향성을 가지고 하나의 방향으로 흘러가는 언어교제의 단위라는데서는 차이가 없으나 필자의 본문과 독자의 본문으로 언어행위가 이루어지고 따라서 두개의 언어단위가 하나의 본문으로 형식화된다는데서는 특징적이다.

담화는 흔히 대화쌍방사이에 이루어진다. 대화쌍방은 1:1이 될수도 있고 1:n일수도 있다. 문단의 경우는 1:1, 연설의 경우는 1:n이며 대화상대자가 면전에 없을수도 있다.

담화문의 기본형식은 대화로서 필자와 독자가 서로 맞대답하는것이 보통이다. 그러나 대화문의 언어형식을 구체적으로 보면 여러가지이다.

—문답형식의 대화문

[가] : 몇시입니까?

[나] : 9시입니다.

[가] : 늦지 않았습니까?

[나] : 아니, 아직 40분은 여유가 있습니다.

—말하는쪽 형식

[가] : 안색을 보니 건강이 좋아진 모양입니다.

[나] : (웃음)

[가] : 그만해도 다행입니다.

[나] : (웃음)

[가] : 아무쪼록 몸조리 잘하십시오.

[나] : (머리로 긍정)

—말듣는쪽 형식

[나] : 아니, 왜 놀랍니까?

[가] : (눈짓)

[나] : 아하, 제 옷차림이요.

[가] : (웃음)

[나] : 어때요. 다시 장가라도 들만 하지요. 실은 오늘 저에게 큰 경사가 있습니다.

[가] : (놀람)

[나] : 오늘 제 학위론문을 발표심의합니다.

—혼자말형식

[가] : 뭐, 순애가 나를 따라 앞서겠다구. 그것도 남자애들 있

는데서 큰 소리로 말했다면서, 안될걸, 왜 안되느냐구? 그것도 몰라? 요 이악쟁이 순애야, 너는 머리도 좋구 악발이지만 그대신 너는 게으름뱅이야, 나를 따라 오려면 아직 멀었어. 학급에서 최우등 첫 자리는 언제나 양보하지 않을걸. 그래…그래 두고 보자.

이러한 형식의 담화문은 일반본문과 달리 문장구조, 서술전개, 론리짜임이 매우 축약되고 비약하면서도 숨겨진 내용들이 론리적으로 잘 맞물린다.

다양한 형식과 독특한 구조를 가진 담화문을 관통하는 언어학적 문제는 문맥적의미형식의 주되는 요인인 언어정황문제이다.

례:1) [가]:아이들이 뭘 해요?

[나]:그 애들은 어린 새를 살리느라 애쓰고있어요.

[A]:What are boys doing?

[B]:They are trying to sare a young bird.

례:2) [가]:전화가 와요.

[나]:나 목욕중이요.

[가]:그래요.

[A]: That' s the telephone.

[B]: I' m in the Bath…

[A]: OK.

례 1)에서는 가, 나(A, B)가 각각 하나의 문장으로서 담화를 진행하였으며 물음과 대답의 형식으로 하나의 지향성과 방향성에 집중하여 의미적통일체를 이루었다. 이 담화에서는 《아이들》, 《그 애들은》이라는 언어자료(언어적조건—정황)로서 의미적련관을 훌륭히 실현하였다.

례 2)에서는 가, 나(A, B)가 도합 3개의 문장으로써 담화의 목적을 이루었는데 언어정황이 의미적련관을 실현시켜주었다.

례 1)과 례 2) 문장의 구조상차이는 하나는 언어적맞물림(cohesion)이 있는 반면에 다른 하나에는 정황적맞물림(coherence)이 있을따름이다.

이와 같이 담화가 성립되자면 두개이상의 문장의 대응관계, 하나의 지향성과 방향성이 있어야 하고 언어정황에 의하여 론리-의미적완결성이 표시되여야 한다.(의미적련관은 언어적의미, 정황적의미로 실현되여야 한다.)

담화의 전형은 대화(dialogue)이다.

여기에서는 말하는 사람과 말 듣는 사람들의 물음(자극)-대답(반응)의 관계가 필수적인 구조를 이룬다.

담화형식의 본문에는 여러가지가 있지만 그것들모두가 언어정황을 전제로 하여 이루어지는 언어교제형식의 하나인 본문의 변종이라는데서는 별다른 차이가 없다.

입말교제형식의 하나이며 본문의 변종인 담화의 기본표식은 《대화성》이다. 대화성이란 서술성에 대치되는 개념으로서 독자를 맞대고있는 조건을 필수적인것으로 보고 론리성보다 직선적이며 즉흥적인 성격을 가지는 특징이다.

문답의 형식으로 되건, 독백의 형식으로 되건 또는 연설, 알림 등의 형식으로 되건 담화는 대화성의 기본표식을 가지고있기때문에 정보전달에서 명백성과 함축성을 동시에 중요시하게 된다.

담화의 기본표식이 대화성이라는데로부터 다음과 같은 문장론적특성이 있게 된다.

첫째로, 담화문은 대화성의 표식으로부터 어느 정도 즉흥적이며 생략구조나 제한구조, 축약구조 등의 문장이 많으며 긴 복합문이나 전개문은 적다.

문장구조는 글말문장과 달라서 엄밀한 문법규칙의 요구, 격식화된 고정적인 틀을 벗어나는 경우가 많다.

둘째로, 담화의 문장표현은 직선적이며 직관적이고 에돌거나 모호하고 군더더기가 섞인 표현은 적다. 대화쌍방이 쉽게 리해하고 인차 안겨오도록 문장구조를 짜는것이 특징적이다. 담화에서는 공연한 군더더기나 지루한 설명도 정보적가치를 덜게 한다.

셋째로, 담화의 문장은 통속적이면서도 간결, 정확, 명료성의 표현적효과를 높일수 있게 하는 문체로 되는것도 특징적이다. 까다

롭고 지내 론리적인 문장이나 표현은 피한다.

넷째로, 담화문은 그자체가 완결성을 가지는만큼 한차례의 담화에서도 상대적인 끝맺이가 있으며 언어교제의 완결성이 있게 된다. 대화차례가 상대적완결성을 가지느냐, 절대적완결성을 가지느냐 하는것은 담화의 구조와 언어정황에 달려있다.

2. 담화문의 구조적류형

담화문의 구조를 구획하는 기본단위는 대화바꿈이다. 다시말하여 담화문의 의미적내용을 언어구조적으로 구획짓는 기본단위는 필자와 독자의 한번씩의 대화바꿈이다.

대화바꿈은 문답형식에서는 의미-기능적으로 [물음-대답]의 1회분에 해당되고 한쪽 말형식의 경우에는 [필자-숨은 독자]간의 1회분대화이며 혼자말형식의 경우에는 [필자-필자에 의한 독자]의 말 1회분이라고 보아야 할것이다.

이렇게 놓고보면 대화문의 구조적류형은 [필자-독자] 1회분대화가 문장련결의 관점에서 어떻게 이루어지는가 하는데 따라 갈라진다.

○ [가^{1}]: 한가지 제기할것이 있습니다. [나]: 무엇인데? 기탄없이 이야기하오.	한차례의 담화	대화바꿈
[가^{1}]: 참고서를 많이 보내주시면 합니다. [가^{2}]: 참고서가운데서도 특히 언어례절에 관한것입니다. [가^{3}]: 언어례절에 관한 참고서를 쓰자고 합니다.	한차례의 담화	
[나]: 알았소. 그뿐이요?		

이 례는 《발언(반응)－물음(요청)》이 1:3으로 된 담화이다. 이때의 대화바꿈은 각각 두개의 발언차례를 가지는것으로 되여있다. 이와 같이 발언바꿈은 담화의 기본구조적단위이다.

담화의 차례나 대화바꿈 등의 성격에 따라 담화의 류형(갈래)이 이루어진다.

조선어의 담화구조에는 다음과 같은 기본류형이 있다.

－련쇄구조를 가진 담화

《물음(자극)－대답(반응)》의 대화바꿈이 한번이 아니라 여러번 련쇄되여(반복되여) 진행되는 담화구조이다.

[가]: 박동무는 어디에 갔소?

[나]: 도서관에 책보러 갔습니다.

[가]: 우리 박동무가 신문에 소개됐다면서?

[나]: 그래요!

[가]: 박동무의 지도교원은 누구랬다던가?

[다]: 저, 제가 박동무의 론문을 지도했답니다.

△ 삽입구조의 담화

련쇄구조로 진행되던 담화에 다른 화제가 끼우는 구조의 담화이다.

[가]: 박동무의 집주소를 알고있소?

[나]: 저는 잘 모릅니다.

[가]: 그러면 누가 알고있는가?

[다]: 저, 김동무의 집근처라 하던데요.

[가]: 김동무는 어느 동 몇반에서 사는가?

[라]: 전우동 35반에서 삽니다.

[다]: 그럼 됐구만. 전우동에 가서 물으면 되겠구만.

[라]: 예, 그렇게 하면 됩니다.

△ 곁가지구조의 담화

담화도중에 이상정황이 생겨 그것부터 해결할 목적에서 보충적인 질문을 제기하게 되여 곁가지가 생기는 담화구조이다. 곁가지가 해결되면 다시(계속하여) 본래의 담화로 돌아가는 형식이다.

[가] : 이번주안으로 원산에 현지실습을 떠나려네.

[나] : 뭐, 은산?

[가] : 응, 원산

[나] : 아니 원산인가, 은산인가, 발음을 똑바로 해.

[가] : 이거 미안하네. 원-산-이야.

[나] : 원산으로 또 실습을 나가나?

[가] : 그래, 그래서 이번주에 만나지 못하겠어.

언어외적정황에 따라 대화바꿈이 심하게 나타나거나 지어 담화가 자기 질서에서 리탈될수도 있는 경우도 있다. 실례로 대화장애나 대중담화에서와 같이 가끔 담화구조가 얽히거나 뒤바뀌여 여러 갈래로 진행되여 담화차례나 대화바꿈의 계선이 모호할수도 있는것이다.

이상에서 본 담화구조의 류형들은 전형적인 담화문의 경우에 담화구성을 위주로 본것이다. 이밖에도 담화의 조건과 환경에 따라 여러가지 갈래가 얻어지는데 그 모든 담화구조에서 가장 중심적인 내용을 이루는것은 화제가 어떻게 발단-전개-결속되는가 하는데 있다.

이 요구를 해결하는데서 담화문의 론리-의미구조에 따르는 류형을 잘 구획하는것이 중요하다.

담화문의 론리-의미구조는 필자-독자사이의 협력의 원칙에서 론리성과 언어구사력을 높여 이야기하려는 의미적내용(화제)을 가장 명료하고 간결하게 표현전달하는데서 제기되는 언어교제방식과 관련된 문제이다.

-의미련결의 구조

화제의 의미에 관계되는 여러가지 내용들을 론리적으로 맞물려 나가는 대화문의 짜임새이다.

례 : 1) [가1] : 보기 힘듭니다.

[나1] : 한주일나마 출장 갔댔습니다.

[가2] : 전화하니 출장중이라 그러두만. 설계심의때문에 그러는데 무슨 출장이 그리 많소.

[나2] : 내 일이라는게 출장이 기본이지. 부지답사가 또 제기됐다네. 아직 시작에 불과해.

[가3] : 심의실기사가 현장답사까지 무슨 대상건설이 그리 많이 제기되는가? 좌우간 우리 시공설계심의를 언제 해주겠나?

...

이 담화문에서 화제는 《설계심의》이며 《출장》은 그저 인사말로 오른데 불과한것으로서 화제에는 의미적련관이 없다. 그런데 대화에서 [가2]차례에서 불필요한 《…무슨 출장이 그리 많소.》로부터 론리적맞물림이 버그러져나갔다.

이 담화문이 의미련결구조로서 론리성을 갖추자면 [가1]차례에서 인사말(비화제)을 결속 짓고 화제에로 대화바꿈이 이루어져야 한다.

례:2) [가] : 전화하니 출장 갔다두만. 우리 설계심의를 언제 하겠나?

[나] : 시공설계심의는 이달에 계획된것이 없으니 다음달에나 보아야겠어.

[가] : 깜깜이로구만. 추가계획으로 다 합의 받아 놨는데.

[나] : 그래, 그러면 다음주에 조직하겠네.

보는것처럼 《출장》은 대화에 끌어들이지 않고 《설계심의》날자문제에 중심을 두고 추가계획화문제까지 련관시켜 대화가 전개됨으로써 문맥의미전달이 간결하고 론리적이다. 이 담화문의 주동은 필자쪽에 있고 독자는 피동이며 응답자의 위치에 있다. 때문에 련관구조에서는 필자가 주동이 되여 담화를 론리성 있게 이끌어나가는것이 기본이다.

례 1)에서처럼 필자(가2)가 《설계심의》문제를 먼저 상정시켜놓고도 불필요하게 《출장》에 대해 말거리를 던짐으로써 대화바꿈이 화제에서 벗어나도록 하였다.

—생략구조

담화의 내용을 론리—의미적구조가 째인 형식으로 간결하고 명료하게 표현하는데서 언어환경의 도움밑에 언어단위들을 생략, 합축, 대치하는것은 매우 일반적현상이다.

그러나 생략구조가 완비되지 않으면 언어교제에서 혼란이 온다.

실례로 식당이나 회의실, 뻐스 같은 공공장소에서 빈자리를 찾는 사람과 이미 앉아있는 사람사이의 대화(문장형식)를 보자.

[ㄱ] 있습니까?

[ㄴ] 없습니다.

이 례에서 첫째 경우 생략부분은 《사람이》와 《빈자리가》중 어느 하나일수 있다. 그러므로 우와 같은 생략구조로서는 답의 50%는 맞지 않는다. 즉 사람이 없으면 앉아도 되지만 빈자리가 없으면 앉을수 없다.

둘째 경우《자리(가)(에 사람이)》가 생략되였다면 《자리(가)》가 생략된 때에는 앉을수 없지만 《자리(에 사람이)》가 생략되였을 때에는 앉을수 있다. 역시 이 경우에도 50%의 정확도를 상실한 언어교제이다.

이러한 생략구조의 모호성을 없애려면 생략을 피하거나 대치표현을 써야 한다.

례:I) ① [ㄱ] 사람이 있습니까?

[ㄴ] 없습니다.

② [ㄱ] 빈자리가 있습니까?

[ㄴ] 있습니다.

③ [ㄱ] 자리가 있습니까?

[ㄴ] 있습니다.

④ [ㄱ] 자리에 사람이 있습니까?

[ㄴ] 없습니다.

례 : II)① [ㄱ] 누가 있습니까?

[ㄴ] 없습니다.

② [ㄱ] 앉아도 됩니까?

[ㄴ] 어서 앉으십시오.

례I)의 경우는 생략을 피한것이기때문에 생산적이 못되지만 례II) ② 경우는 생략의 수법의 하나로서 표현대치를 한것이므로 널리 쓰이고있다. 때문에 이 표현이 정보전달도 명백하고 례의도

퍽 높아진다.

—중심되풀이구조

담화문에서 일반적으로 어휘표현의 되풀이를 피한다. 즉 필자와 독자사이에 어느쪽에서 먼저 쓴 어휘표현들은 될수록 피하면서 생략하거나 접속사나 대명사로 바꿔치우려 한다.

그러나 특정의 지시대상, 현상에 대하여서는 반드시 그것을 되풀이하여야 교제목적과 교제정황에 맞는 경우가 있다. 이러한 담화구조를 중심되풀이구조라고 하며 되풀이되는 단위를 중심표현단위로 확정한다.

실례로 《백두산》, 《만경대》, 《주체사상》이라든가 《독도》, 《리순신장군》, 《단군》과 같은 특정의 대상이 화제중심으로 되였을 때 담화문은 《그 산》, 《그 사상》, 《그 섬》, 《그 사람》으로 대치하거나 생략하는 구조가 잘 성립되지 않는다.

○ [ㄱ] 일본놈들이 또다시 독도를 제 땅이라고 생억지를 쓰고있지 않습니까? 이와 관련해서 이야기를 나누려고 선생님과 자리를 같이 했습니다.

[ㄴ] 예. 알고 계시겠지만 독도가 우리 나라 섬이라는것은 력사가 증명하고 세계가 공인하는것입니다.

[ㄱ] 왜놈들이 독도문제를 끈질기게 들고나오는데는 더러운 흉심이 있지 않습니까?

[ㄴ] 그렇습니다. 놈들이 독도에 눈독을 들이는데는 음흉한 정치군사적목적이 있습니다.…

기자와의 문답 한토막을 보아도 여기에서 독도를 《그 섬》, 《그 땅》으로 표현하지 않고있다.

3. 담화문의 정보론적분석

담화문의 의미분석의 주되는 목적은 물음에 대한 대답이 진실인가 아닌가, 화제의 의미적내용이 정보전달의 요구에 맞게 구체적이고 명료한가 아닌가, 대화결과에 얻어지는 정보량이 큰가 작은가를 밝히는데 있다고 보아야 할것이다. 왜냐하면 담화형식이 문답식일 때에는 진실한 대답을 얻어야 하며 대화가 설화의 경우에는 구체적인 사실과 사건, 새로운 정보를 전달접수하여야 하기때문이다.

담화문분석의 이러한 목적을 실현하기 위한 정보론적분석에서는 주로 담화문의 둘레뜻분석, 초점분석, 신정보분석방법을 적용한다.

—담화문의 둘레뜻분석

일반적으로 둘레뜻은 련관된 어휘들의 의미폭의 문맥속에서 하나의 테두리안에서 들어오는 경우 가장 포괄적인 문맥적의미를 가리킨다.

담화문분석에서 둘레뜻분석방법을 적용하는 주요한 목적은 대화바꿈에서 얻어지는 대답이 진실인가 허위인가를 식별하려는데 있다.

례:1) —오래간만입니다. 한동안 보이지 않습니다.
—예, 한달나마 해외출장 나가 있었습니다.
—그래요, 어디 멀리?
—예, 저 아프리카쪽에…

이 대화문에서 얻은 정보는 《해외출장》이다. 왜 보이지 않았는가에 대한 대답이 화제의 전부이기때문이며 그에 대한 결속대답은 《출장》이다. 이러한 대화는 인사말에 불과한 결국 보이지 않은 리유만 대강 아는것으로 담화의 목적은 이루어진다.

그러나 대화바꿈에 의해 실질적대답을 요구하는 화제에로 넘어가며 담화목적이 구체화되며 따라서 진실성있는 대답이 얻어져야 한다.

례:2) —아프리카쪽에요. 더운데 가서 수고가 많았겠습니다. 참 탄자니아에도 들렸댔습니까?
—그럼요. 탄자니아, 우간다, 기네까지 세곳이나 체류했던걸요. 탄자니아에 누가 있습니까?
—예, 그 나라 대사관에 우리 딸애가 나가있지 않습

니까?

-그래요, 알았으면 만나 인사나 전하고 오는걸.

례 1)에서 《아프리카쪽》에 출장갔다고 한것은 대화의 본질적화제에서 벗어난 말치레에 불과한것이였다. 왜냐하면 례 1)에서의 화제는 보이지 않은 리유외에 다른 대답은 담화목적이 아니였기때문이다.

그러나 례2)에서는 대화바꿈이 한차례 이루어져 담화목적이 달라졌다. 즉 탄자니아에 체류하였는가 하는 새로운 담화목적에 따르는 대답이 요구된것이다.

여기서 관심을 돌려야 할 문제는 례 1)과 례 2)가 다같이 담화의 목적이 순조롭게 진행된다는것, 이 대화과정을 보면 물음과 대답이 다 진실이라는것, 허위로 인식되지 않는다는것을 쉽게 인정하게 된다.

그러나 순조롭고 진실한 담화문이 이루어지도록 한 정보론적요인이 무엇인가? 그것이 바로 문맥의미의 둘레뜻에 기인된다.

그것을 보기로 하자.

단어 《해외출장》은 《아프리카》와 《탄자니아, 우간다, 기네》 등의 둘레뜻을 가진다. 즉 뒤의 세 나라의 둘레뜻단어는 《아프리카》이고 이 모든 단어의 둘레뜻은 《해외출장》이 가진다.

이러한 둘레뜻의 관계를 놓고 례 1)과 2)의 진실과 허위를 판별하면 다음과 같다.

둘레뜻에 의한 정보론적분석방법에 따르면

① 둘레뜻이 부정되고 하위뜻이 긍정되면 그 대화는 허위이다.

② 하위뜻이 부정되고 둘레뜻이 긍정되면 그 대화는 진실이다.

○ 해외출장을 가지 않았다.→아프리카에 출장 갔다.(허위)

○ 아프리카에 출장 가지 않았다.→탄자니아에 갔다.(허위)

○ 아프리카에 출장 가지 않았다.→해외출장 갔다.(진실)

○ 적도기네에 가지 않았다.→아프리카에 출장 갔다.(진실)

-담화문의 초점분석

대화에서 화제의 중심은 문맥상에서 초점을 이룬다. 다시말하여 대화에서 확정적인 대답으로 되는 부분을 초점이라고 하는데 이것은 주로 화제를 대화문으로 전개할 때에 전제에 상응한 개념으로 쓰인다.

문답형식을 비롯한 모든 담화문을 분석하는데서 초점분석을 떠나면 문맥의미를 해석할수 없다.

초점은 전제에 상응한 개념이기때문에 대화에서 전제가 부정되지 않아도 초점은 부정될수 있기때문에 언제나 초점분석에 주의를 돌려야 한다.

례:1) ―요즘 출퇴근길에서 볼수가 없습니다. 어데 출장 갔댔습니까?
―아니요.
―그럼 입원이라도 했댔습니까?
―아니요. 집을 이사했습니다.
―그래요.

례:2) ―이사했다구요?
―예. 새집들이를 했답니다.
―어데루요.
―통일거리에.
―그래요.

례 1)에서 전제는 《출퇴근길에 보이지 않은것》이고 초점은 《이사》이며 례 2)에서 전제는 《이사》이고 초점은 《통일거리 새집들이》이다.

매개 대화에서 초점은 확정적인 대답이며 전제는 물음 그자체이거나 초점을 끌어내는 안내문이다.

담화문에서 초점을 옳게 분석하는데서 기본문제는 전제에 대한 정확하고 구체적인 대답을 찾아내는것이다.

례 1)의 화제가 단순히 보이지 않는 원인 그자체라면 《이사》가 초점으로 충족된다. 그러나 언어환경에 따르면 친한 대화자들사이에는 《이사》만으로 초점이 될수 없다. 적어도 보이지 않은데 대하여 매우 궁금하게 생각할 정도의 인간관계라면 그것은 어디로 어떻게 《이사》하였다는 내용이 초점으로 되지 않을수 없다. 즉 례 1), 2)의

두차례 대화바꿈대신 례 3) 하나면 될것이다.

례:3) -요즘 출퇴근길에서 볼수가 없습니다.

-예. 통일거리에 새 집들이로 이사했습니다.

이러한 방식을 살리는것은 정보전달의 경제성, 실리성, 효과성의 견지에서 담화문작성의 필수적요구이다.

그러면 초점분석에서 효과적인 방법은 어떤것이 있는가?

앞에서 본것처럼 대화에서 초점은 언어환경과 문맥에 따라 서로 다르다. 즉 어떤 조건에서는 초점이 전제로 될수도 있기때문이다.

초점분석방법은 우선 담화문에서 선택된 정보가 초점으로 될수 있는가 하는것은 그것을 부정하여도 전제가 긍정되면 된다. 때문에 론리의미적으로 앞의것이 긍정되면 뒤의것을 부정하고 또 뒤의것이 긍정되면 그뒤의것을 부정하는 식으로 담화문에 상정된 사건과 사실을 차례대로 대조하여 보는 방법이다.

우의 례에서 보는것처럼 《이사》하지 않았으나 보이지 않았다.(입원, 출장 등의 리유로) 통일거리로 이사하지 않았으나 《이사》하였다.(광복거리, 천리마거리로 이사할수 있으므로) 새 집들이하지 않았으나 통일거리로 이사하였다(쓰던 집에 이사하였으므로)로 해석할수 있다.

우의 례문들에서는 《통일거리 새집들이》이상 더 다른 사건, 사실이 담화문에 나타난것이 없으므로 바로 그 마지막것이 초점으로 된다. 가령 통일거리 승리1동 1반으로 새 집들이하였다는 사실이 대화문에 로출되였으면 역시 그것이 초점으로 될수 있다. 왜냐하면 《승리1동 1반에 이사하지 않았으나 통일거리로 이사하였다.》가 성립되기때문이다.

다음 담화문에서의 정보론적분석방법은 문맥환경에 따라 담화문이 생략되여도 마지막까지 남는 표현 또는 어휘부분이 초점으로 된다.

○ -군에서 양어장을 새로 건설하였다지요?

-온천물을 리용하여 새로 양어장을 건설하였답니다.

-무슨 물고기를 기본으로 기릅니까?

-새로 건설한 양어장에서는 메기를 기본으로 기른답니다.

—이 양어장에서는 메기를 기본으로 기른답니다.

—메기를 기본으로 기른답니다.

—메기.

례에서 보는것처럼 마지막물음에는 세, 네단계를 뛰여 넘어 마지막대답 《메기》가 놓일수 있으며 그것이 초점으로 된다.

담화문의 정보론적분석은 이밖에도 신정보—구정보분석방법을 비롯하여 여러가지 방법을 적용할수 있다. 이러한 분석방법은 본문의 특수한 변종으로서의 담화문이 가지고있는 문맥적의미해석에서 중요한 의의를 가진다.

조선어학전서 20

조선어의미구조론

집필 교수, 박사 문영호
심사 원사, 교수, 박사 최정후
편집 학사 박동혁 **장정** 김기성 **교정** 정금희

낸 곳	사 회 과 학 출 판 사
인쇄소	평 양 종 합 인 쇄 공 장
인 쇄	주체94(2005)년 1월 5일
발 행	주체94(2005)년 1월 20일

ㄱ－46456